청대 만주족의 샤먼 제사

옮긴이

고려대 민족문화연구원 만주학센터 문학팀

최용철 崔溶澈, Choe, Yong-Chul_고려대 교수, 민족문화연구원 원장

박종천 朴鍾天, Park, Jong-Chun_고려대 민족문화연구원 HK교수

김수경 金洙景, Kim, Soo-Kyoung_고려대 민족문화연구원 만주학센터 연구원

송강호 宋康鎬, Song, Kang-Ho_고려대 민족문화연구원 만주학센터 연구원

문화동역학라이브러리 19

청대 만주족의 샤먼 제사—『祭祀全書巫人誦念全錄』 譯註

초판인쇄 2014년 9월 20일 **초판발행** 2014년 9월 30일

옮긴이 고려대 민족문화연구원 만주학센터 문학팀 **펴낸이** 박성모 **펴낸곳** 소명출판 **출판등록** 제13-522호

주소 서울시 서초구 서초중앙로6길 15

전화 02-585-7840 **팩스** 02-585-7848 **전자우편** somyong@korea.com **홈페이지** www.somyong.co.kr

값 32,000원

ISBN 979-11-85877-24-2 94820
ISBN 978-89-5626-851-4 (세트)

이 책은 2007년 정부(교육과학기술부)의 재원으로 한국연구재단의 지원을 받아 수행된 연구임(NRF-2007-361-AL0013)

고려대학교 민족문화연구원
문화동역학 라이브러리 19

청대 만주족의 샤먼 제사

-『祭祀全書巫人誦念全錄』 譯註

A Study of the Manchu Shamanic Ceremonies in the Qing Dynasty
An Annotated Translation of the Jisi quanshu wuren songnian quanlu
Manchu-Shamanica Illustrata: Die Mandschurische Handschrift

고려대 민족문화연구원 만주학센터 문학팀
최용철, 박종천, 김수경, 송강호 역주

문화동역학 라이브러리 문화는 복합적이고 역동적인 구성물이다. 한국 문화는 안팎의 다양한 갈래와 요소가 상호작용하는 과정을 통해 끊임없이 변화해왔고, 변화해 갈 것이다. 고려대학교 민족문화연구원이 주관하는 이 총서는 한국과 그 주변 문화의 복합적이고 역동적인 양상을 추적하고, 이를 통해 한국 문화는 물론 인류 문화에 대한 새로운 통찰과 그 다양성의 증진에 기여하고자 한다. 문화동역학(Cultural Dynamics)이란 이러한 도정을 이끌어 가는 우리의 방법론적인 표어이다.

소명출판

|일러두기|

1. 본서는 『祭祀全書巫人誦念全錄』의 역주본이다.
2. 본 역주본의 저본에는 국내 서울대 소장본을 수록하였다.
3. 본 역주본에는 奇車山의 中文譯을 참고하였으며 이를 반영하였다.
   예) [奇車山] dele
4. 본 역주본에는 恭正의 漢譯인 東京大 所藏本을 수록하여 비교하도록 하였다.
   예) [東京大漢譯] 銘結肺腑
5. 본 역주본에는 Alessandra Pozzi, 『Manchu－Shamanica Illustrata』를 참고하여 보충하였다.
   예) [Alessandra Pozzi] tere
6. 원문의 삽화는 상하권으로 나누어 각각 일련번호를 붙였으며, 하권의 경우 전체 번호를 괄호 안에 보충하였다.
   예) 상 : 圖-1, 하 : 圖-1(全-38)
7. 만주어 원문에서 2행으로 된 부분은 이탤릭체로 나타냈다.
   예) *bayan i bolori*
8. 만주어의 로마자 전사는 묄렌도르프(P. G. von Möllendorff, 1892) 방식을 사용하였다.
9. 만주어 원문의 구두점은 (.)와 (..)로 나타냈다.
10. 한자 '柳'의 독음은 편의상 '류'로 표기하였다.
11. 본 역주본 중간에 소개된 이미지 자료는 이해를 돕기 위하여 『淸俗紀聞』, 『欽定滿洲祭神祭天典禮』에서 인용한 것이다.

책머리에

고려대학교 민족문화연구원 HK 한국문화사업단에서는 '한국 문화의 동역학'이라는 과제를 다년간 수행해 오고 있다. 그동안 본 사업단에서는 해당 분야의 다양한 논저와 역서 등을 문화동역학 라이브러리로 간행했는데, 이번에 '만주학과 동아시아 문명'이라는 분야의 학술 성과로 만주어 문헌인 『제사전서무인송념전록(祭祀全書巫人誦念全錄)』을 번역하고 역주를 보태어 『청대 만주족의 샤먼 제사』라는 서명으로 간행하게 되었다.

한국 무교(巫敎)의 기나긴 역사를 살펴보면 한국인의 신앙적 바탕, 문화적 심층부에는 샤머니즘이 깊숙이 자리하고 있다는 사실을 알 수 있다. 국내에는 기왕에 시베리아의 샤머니즘을 비롯해서 몽고를 비롯한 북방 민족의 다양한 문헌과 자료들이 소개된 바 있으나 정작 우리와 오랫동안 변경을 가까이 대하고 있었던 만주족의 샤머니즘에 대해서는 언어적 제약으로 인하여 원천 문헌에 접근할 기회가 드물었다.

고려대 민족문화연구원에서는 이 같은 국내 학계의 어려움을 감안하여 연구원 산하에 만주학센터를 설립하고 이 분야 문헌에 접근할 도구 언어인 만주어에 대해 많은 관심과 노력을 기울여온 바 있다. 그 결과 여전히 소수이기는 하지만 원천 문헌을 해독할 수 있는 전문 인력을 배출하기 시작하였다.

이들 가운데 민족문화연구원 만주학센터 문학팀의 일원으로 참여 중인 최용철 원장을 비롯해서 조선시대 의례 등에 천착해온 민족문화연구원 박종천 교수 그리고 동 센터의 김수경 선생 및 만문 문헌 번역을 담당하고 있는 송강호 선생은 청대 만주족의 샤먼 제사를 다룬 이 문헌을 검토하고 국내 학계에 소개하기로 결정하였다. 그 후 몇 차례의 논의를 거쳐 이 문헌의 전사와 입력을 모두 마치고 초역을 끝낸 것이 지난 2013년 말이었다. 초역과 동시에 샤머니즘 일반은 물론 만주족의 제사문화와 관련된 광범위한 논저를 검토한 문학팀은 본문에 관련 역주를 보완해서 향후 이 분야에 관심을 지닌 연구자들에게 만주족 샤먼 제사의 원천 문헌에 다가갈 토대를 제공하고자 하였다. 본 역주본이 청대 만주족의 샤먼 제사는 물론 청대 만주어와 당시의 구어체 한어 연구에도 일정 부분 기여할 것으로 기대한다.

끝으로 본 역주본에 사용한 저본은 서울대 중앙도서관 소장의 사진본과 일본 동경대 소장본이다. 이들 귀중한 자료를 제공해주신 서울대 언어학과의 명예교수로서 만주어 연구의 권위자이신 성백인 선생님께 깊은 감사를 드린다. 아울러 역주와 관련해서 참고문헌을 소개해주신 대구가톨릭대학교 국문과 김동소 선생님과 고려대 민족문화연구원에 방문학자로 머무는 동안 만주족의 언어와 문화에 대해 여러 가지 도움 말씀을 주신 중국 흑룡강대학교 자오아핑[趙阿平] 선생님께도 감사드리는 바이다.

2014년 9월 만주학센터 문학팀

고려대 민족문화연구원 원장 최용철

차례

1부

청대 만주족의 샤먼 제사 해제

청대 만주족의 샤먼 제사 해제(解題)

1. 만주족과 샤머니즘 제사

청대 만주족은 전통문화를 보전하고 만주족의 정체성을 강화하기 위해 샤머니즘 제사 의식을 궁중에서도 행하였다. 북경 자금성 내의 곤녕궁(坤寧宮)과 심양에 있는 청녕궁(淸寧宮)은 모두 황제가 샤머니즘 제사를 행하던 제신전(祭神殿)이었다. 특히 청태종 홍타이지는 황제(皇帝) 제천(祭天)의 전례인 천단(天壇)에서의 제사를 처음 거행했으며, 이와 더불어 천단(天壇)에서의 제천의례(祭天儀禮)와 동격으로 만주족 본래의 신앙인 샤머니즘 제사를 도입하고 관련 제사를 개혁하기도 하였다. 이 같은 제사 의례는 청나라가 멸망할 때까지 지속되었는데, 이와 관련된 문헌들을 통해서 만주족의 샤머니즘 제사 의식을 살펴볼 수 있다.[1]

1 청대 만주족의 샤머니즘 문화와 제사 등에 대해서는 국내 다음의 논고들을 참고할 수 있

청대 샤머니즘 제사를 기록한 문헌으로는 건륭 12년(1747) 만문(滿文) 『흠정만주제신제천전례(欽定滿洲祭神祭天典禮)』(hesei toktobuha manjusai wecere metere kooli bithe)를 비롯해서 『만주도신환원전례(滿洲跳神還愿典例)』(1828),[2] 『공제신간예절지책(恭祭神杆禮節之冊)』(1898), 『제사전서무인송념전록(祭祀全書巫人誦念全錄)』(1771), 『엽혁이랍리씨도신전례(葉赫伊拉里氏跳神典禮)』(yehe bade ilari halai šamsame wecere kooli i bithe), 『살만념간청한표문(薩滿念杆淸漢表文)』(saman somo i jakade jalbarire bithe)(1863) 등이 있다. 그밖에 김구경(金九經)에 의해 『중정만주제신제천전례(重訂滿洲祭神祭天典禮)』[3] 같은 저작이 간행되기도 하였다. 이 가운데 『흠정만주제신제천전례(欽定滿洲祭神祭天典禮)』는 만주족 샤머니즘 제사의 경전과도 같은 책으로 나중에 한역되어 건륭 45년(1780) 『흠정사고전서(欽定四庫全書)』에 수록되었다. 건륭제는 『흠정만주제신제천전례(欽定滿洲祭神祭天典禮)』를 편찬하면서 만주족 샤머니즘 제사에 사용되는 축사(祝辭), 즉 신

다. 成百仁 譯註, 『滿洲샤만神歌』, 명지대 출판부, 1974(『滿文니샨巫人傳』(개정판), 제이앤씨, 2008); 劉智元, 「淸代 皇室祭祀의 샤머니즘적 性格 : 堂子와 坤寧宮 祭祀를 중심으로」, 『明淸史硏究』 4, 明淸史學會, 1995; 국립민속박물관, 『북방민족의 샤마니즘과 제사습속』, 국립민속박물관, 1998; 전북대 인문학연구소 편, 『동북아 샤머니즘 문화』, 소명출판, 2000; 李允碩, 「雍正帝와 淸代 國家祭祀 : 禮制의 측면에서 본 雍正統治」, 『明淸史硏究』 25, 明淸史學會, 2006; 김재선, 「만주족 薩滿과 蘇塗」, 『新羅文化』 28, 동국대 신라문화연구소, 2006; 이훈, 「청 황실의 샤머니즘 제사」, 『웹진민연』, 2012.7. 또 번역서로는 宋和平, 崔元午 編譯, 『滿族의 무속과 무가』 1, 박이정, 2000 등이 있다. 이밖에 光緖, 宣統年間의 滿漢文祭文인 長白山祭文, 松花江祭文, 歷代帝王陵寢祭文 등이 국내에 전해 오고 있어서 청대 국가 제사의 대상과 내용 등을 살펴볼 수 있다.

2 『滿洲跳神還愿典例』는 道光 8년(1828) 覺羅 普年이 편찬한 것으로 滿文 『欽定滿洲祭神祭天典禮』를 요약해서 한역한 것이다. 滿文 원문에 충실하여 漢文 『欽定滿洲祭神祭天典禮』의 오류를 바로잡고 보충하는 성격이 있다. 劉厚生 編, 『淸代宮廷薩滿祭祀硏究』, 吉林文史出版社, 1993 참고.

3 『重訂滿洲祭神祭天典禮』는 金九經의 編著로 奉天 薑園精舍에서 康德 2년(1935) 간행되었는데, 이외에도 그의 저작에는 『滿漢合璧滿洲祭神祭天典禮』(1934년 서문) 등이 있다.

가(神歌)를 중요하게 여겼는데, 그의 상유(上諭)에는 이 같은 특징이 잘 나타나 있다.[4]

hesei toktobuha manjusai wecere metere kooli bithe dergi hese

abkai wehiyehe i juwan juweci aniya nadan biyai ice uyun de . hese wasimbuhangge :

musei manjusa daci banitai ginggun unenggi gūnin hing seme ofi . abka fucihi enduri be gingguleme jukteme . wecere metere torolon be umesi ujelembihebi . hala halai manjusa . meni meni ba na i doro be dahame . wecere metere tuiburengge . heni tani majige encu ba bicibe . amba muru giyalabuhangge hon goro akū . ishunde gemu adališambi . meni gioroi hala wecerengge oci . dergi booci fusihūn . wang gung ni boode isitala . yooni forobure gisun be oyonggo obumbi . nenehe fon i samasa gemu bade banjiha niyalma . ajigen ci manjurame taciha turgunde . yaya wecere . metere . tuibure . ulin gidara . uyun jafara . hūturi baire . suwayan bure . gasan dulebure . usin wecere . morin i jalin wecere jergi wecen de . yooni acara be tuwame baita de teisulebume sain gisun banjibume forobume jalbarimbihe . amala samasa manju gisun gemu ulandume tacihangge ofi . ulan ulan i hūlahai forobure jalbarire gisun i da hergen . da mudan de ulhiyen ulhiyen i acanahakūbi . te bicibe dorgici delheme tucibuhe wang sai boode jalan jalan i ulanduhai

4 劉厚生 編, 『清代宮廷薩滿祭祀硏究』, 吉林文史出版社, 1993 참고.

ishunde acanarakū . meni meni encu oho sere anggala . uthai dolo wecere metere jergi wecen de forobure jalbarire gisun i dorgi de inu fe gisun . fe mudan de majige acanarakūngge bi . te aika amcame tuwancihiyame dasafi bithede tutabume ejerekū oci . ulame genehei goidaha manggi . ele melebure tašarabure de isinara be akū obume muterakū tuttu ofi . cohome wang ambasa be tucibufi . gingguleme narhū-šame baicabufi . hacin meyen be faksalame arabume wecere tetun i durun be nirubufi siran siran i tuwabufi . wesimbubufi . mini beye tuwancihiyame dasame kimcime toktobuha .

forobure gisun i dorgi hergen mudan acanarakūngge be eici amcabuha sakdasa . eici ba i urse de aname fonjifi . bi kimcime dasame toktobuha . jai baitalara jaka hacin i dorgi . nan mu moo jergi daci manju gisun akū . nikan gisun be dahame hūlarangge be gemu gūnin be gaime . manju gisun ubaliyambume . gebulefi . uheri ninggun debtelin obume banjibuha . ede manjusa i fe doro enteheme goidatala waliyabure tašarabure de isinarakū be dahame . mini wecere doro be ujeleme wesihulere gūnin be iletuleci ombi . te weileme šanggaha be dahame . erebe uthai manjusai wecere metere kooli bithe seme gebule . alifi icihiyaha wang ambasa hafasai gebube inu dosimbume arakini sehe .

흠정만주제신제천전례상유(欽定滿洲祭神祭天典禮上諭)

乾隆 12年 7月 初 9日. 上諭.

우리 만주족들은 본래 천성이 공경되고 참되며 마음이 독실하므로, 天·

佛·神을 삼가 제사지내고 祭神[跳神]·祭天[還愿] 의례를 매우 중시하였다. 각 성씨의 만주족들은 각 지역의 禮인지라 祭神·祭天·背燈 제사하는 것이 조금씩 다른 면이 있지만, 대체로 간극이 심히 멀지 않고 서로 모두 비슷하다. 우리 覺羅氏의 祭神에는 황실 이하 왕공의 집에 이르기까지 전부 祝辭를 중요하게 여겼다. 이전 시절의 샤먼들은 모두 옛 지역에서 태어난 사람으로 어려서부터 만주어를 사용하며 배운 까닭에 모든 祭神·祭天·背燈祭·敬神·大祭前報祭·求福祭·麵猪祭·去祟·祭田苗神·祭馬神 등의 제사에서 전부 적절히 일에 맞춰서 吉言하고 祝辭하였다. 나중에 샤먼들은 만주어를 모두 傳習한 것으로 傳授해서 읽다보니 祝辭의 원래 문자와 발음에 점점 부합하지 않게 되었다. 지금은 궁에서 분리해서 나간 王들의 집에서 대대로 전하다가 서로 부합하지 않고 각기 다르게 되었을 뿐만 아니라 궁에서 祭神·祭天 등의 제사에서 하는 祝辭에서도 옛말과 옛날 발음에 조금 부합되지 않는 것이 있다. 지금 만일 일찌감치 바로잡고 고쳐서 글로 남겨 기록하지 않으면, 전해진 지 오래된 뒤에 더욱 누락되거나 그릇되는데 이르게 되지 않을 수 없다. 그러므로 특별히 왕과 대신들을 파견해서 삼가 세밀하게 살펴보고, 종류를 분류해서 작성하고, 祭器의 형태를 그리게 하고, 연이어 열람 상주하게 하여, 朕이 바로잡아 고치고 살펴서 정하였다. 祝辭 내에 문자와 발음이 부합되지 않는 것은 혹은 옛 노인들 혹은 본토 사람들에게 두루 물어서, 朕이 상세히 살펴서 수정하였다. 또 사용하는 물건 종류 내에서 楠木 같은 나무 종류는 원래 만주어로 없다. 한어를 따라 읽는 것을 모두 뜻을 취하여 만주어로 번역하고 이름 지어서 전부 6권으로 편찬하였다. 이에 만주족들은 옛 의례를 영원히 오래도록 잃어버리거나 그릇되는데 이르지 않게 되었고, 朕은 제사 의례를 중시하며 존중하는 뜻을 드러낼 수 있게 되었다. 이제 제작을 완성하였으므로 이것을 곧『滿洲祭神祭天典禮』라고 이름 부르라! 맡아서 처리한 왕・대신・관리들의 이름 또한 기록해 넣어라! 欽此.

신가(神歌)를 기록한 텍스트를 신본(神本)이라고 하며 만주어로는 enduri bithe, 즉 신서(神書)라고 한다. 구전(口傳)에 의하다 보니 지역이나 씨족 간 차이가 발생하게 되어 건륭 당시에 전통문화 보존 차원에서 신가(神歌)의 중요성을 강조하고 이들을 상세히 조사하여 기록하게 한 것으로 보인다.

만주족의 샤머니즘 제사는 궁중과 민간 모두 샤먼[5]이 주관한다는 특징을 지니고 있는데, 이는 그만큼 샤먼의 역할과 비중이 크다는 것을 보여주는 것이다. 샤먼을 의미하는 용어에 대해서 지금까지 알려진 가장 이른 중국의 문헌 기록은 송대(宋代) 서몽신(徐夢莘, 1126~1207)의『삼조북맹회편(三朝北盟會編)』이다. 이 기록에 의하면 샤먼을 나타내는 산만(珊蠻)은 여진어(女眞語)로 무당[巫嫗]의 의미이다.

"兀室[完顔希尹]은 지모가 많고 재주가 있어서 스스로 여진 법률과 여진 문자를 제정하여 一國을 이루었다. 나라 사람들이 珊蠻이라고 불렀다. 珊蠻은 女眞語로 '巫嫗'인데, 그 변통이 神과 같았다. 粘罕[完顔宗翰] 이하 모두가

5 샤먼은 우리가 보통 말하는 무당이다. 이에 대한 원문에서의 한자식 표현은 巫人, 撒莫으로 나온다. 그러므로 巫人, 撒莫 등도 가능하겠으나 일반적으로 영어 shaman[ʃɑ:mən](미), [ʃæmən](영)의 발음에 가까운 샤먼이라고도 한다. 다만 만주어 saman과 한자 표기인 珊蠻, 薩滿 그리고『漢清文鑑』'saman 사만' 등을 참고하면 만주어 -만(-man) 계열에 가깝다고 여겨지는 샤만 표기가 보다 적절한 표기일 것으로 보인다. 참고로 외국의 경우 일본어(シャマン), 독일어(shaman), 러시아(шамáн) 등으로 표기하고 있다.

따를 수 없었다.(兀室奸猾而有才, 自制女眞法律, 文字, 成其一國. 國人號爲珊蠻, 珊蠻者, 巫嫗也, 以其通變如神. 粘罕以下皆莫之能及.)”

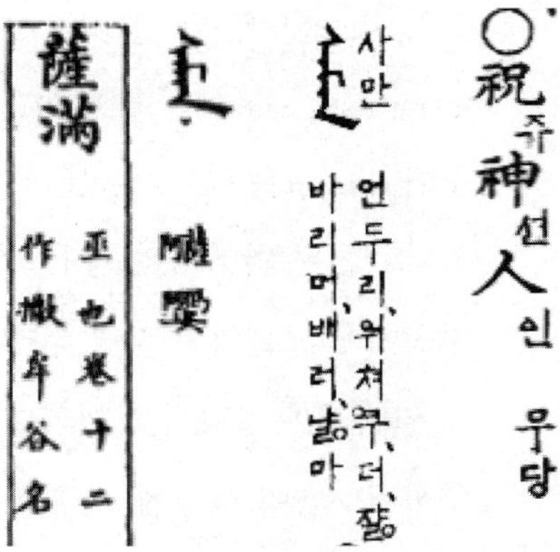

〈그림 1〉『欽定金史國語解』“saman ; 薩滿 巫”(좌)
『漢淸文鑑』“saman 사만 ; 祝神人 무당”(우)

샤먼에 대한 기록으로는 『흠정금사국어해(欽定金史國語解)』 “saman ; 薩滿”과 『중정흠정만주제신제천전례(重訂欽定滿洲祭神祭天典禮)』 “saman ; 司祝” 등이 있고, 청대에 간행된 만주어사전의 풀이를 보면 『대청전서(大淸全書)』 “sama ; 巫人”, 『어제증정청문감(御製增訂淸文鑑)』 “saman ; 祝神人”, 『청문총휘(淸文總彙)』 “saman ; 巫人” 등이다.[6]

조선시대에 간행된 『한청문감(漢淸文鑑)』 역시 “saman 사만 ; 神祇에 기도하고 비는 사람(enduri weceku de jalbarime baire niyalma) ; 祝神人 무당”이라고 하였고, 또 러시아에서 1961년 M. P. Volkova에 의해 소개된 Nišan saman i bithe 영인본에도 “saman”으로 표기되어 나온다.[7]

어원 계통적으로 살펴보면, 여진어로 보다[看見]와 알다[知道]는 같은 단어인데 동사원형은 sabie이다. 만주어로는 보다와 알다는 단어가

---

6 무당 명칭과 관련해서 몽고의 샤머니즘을 보면 “버어(buu, 무당)는 원래 남자 무당을 이르는 말이었으나 현재는 무당의 통칭으로 쓰인다. buu라는 말 외에 머르걸링헹(buu murguliynhen, 무속인)이라는 말로 무당을 표현하기도 한다. 이중 여자 무당을 오드강(udgan), 남자 무당을 자이릉(jairan)이라 한다.” 어트거니 푸레브, 「몽골 무교의 신령(神靈), 옹고드(Ongod)의 특징」, 『몽골의 무속과 민속』, 월인, 2001, 31쪽 참고. 趙亮, 『韓國語 및 알타이 諸語 巫覡 名稱의 比較硏究』(2008)에서는 알타이 언어에서 巫覡을 가리키는 용어를 비교해서 살펴보았다.

7 成百仁 譯註, 『滿文니샨巫人傳』, 제이앤씨, 2008 영인본 참고.

각각 sambi[知道]와 sabumbi[看見] 두 개의 다른 단어로 되어 있지만 sabumbi는 sambi의 사역형으로 원래 sambi에서 유래한 것이다.[8] 만주어 saman은 바로 sambi에서 bi가 탈락하고, an이 결합된 형태인데, 알다[知道]는 의미의 sambi와 의미상 관련이 있으므로 결국 샤먼은 만주족에게 사물의 이치에 통달한 자 나아가 지자(智者)·현자(賢者) 등으로 의미가 확장되어 지혜의 화신으로 여겨졌다.

샤머니즘이 서양에 전해진 시기에 대해서는 강희 31년(1692) 러시아에서 파견된 사절단이 중국에 와서 접한 샤머니즘 신앙에서부터 시작되었다고 알려져 있다. 이들을 통해서 샤머니즘이 서양에 전해졌고, 또 샤먼이라는 용어도 나중에 국제적인 학술명칭이 된 것으로 보고 있다.[9]

한국의 경우 최남선(崔南善, 1890~1957)의 「살만교차기(薩滿敎箚記)」(1927)를 보면 「살만교(薩滿敎)란 무엇인가?」에서 샤먼은 만주어로 무당이라고 설명하였다.

> 亞細亞의 東北部(西比利亞)를 中心으로 하야, 東은 白令海峽으로부터 西는「스캔디나비아」의 國境에 이르는 古亞細亞의 모든 遺民과, 그 南에서는「아이누」, 日本, 琉球, 朝鮮, 滿洲, 蒙古로부터 中央亞細亞를 지나서 東部 歐羅巴까지에 이르는「우랄알태」의 諸種族의 사이에 精靈崇拜(乃至「아니미즘」)에 基礎를 두고, 呪師(혹 巫醫)가 重要한 職司를 行하는 一種의 原始的 宗敎(乃至 自然的 宗敎, 宗敎的 呪術, 古信仰)가 共通으로 流行하니, 이것을

8 趙志忠, 「"薩滿"詞考」, 『中央民族大學學報(哲學社會科學版)』 3, 2002 참고.
9 陶立璠, 「清代宮廷的薩滿祭祀」, 『西北民族硏究』 1, 1991 ; 烏丙安, 『神秘的薩滿世界』, 三聯書店, 1989 참고.

學者가 薩滿敎(英 Shamanism, 獨 Shamanismus, 佛 Chamanisme)라고 일컫습니다. 人類學 及 文化史上에서 Asiatic religion 혹 Asiatic culture라고 하면, 이 薩滿敎가 그것을 代表합니다. 이 敎門에는 「샤만」(薩滿)이라는 이가 잇서, 神(곳 精靈)의 憑依로써, 神意를 探知하고 靈能을 行使하야 信仰의 中心을 지으니, 「샤만」을 普通으로 말하면. 聖者 又 祭司와 가튼 것이오. 朝鮮에서로 말하면 「무당」에 當하는 것입니다. 그의 信仰을 據하건대, 天地間에는 善惡種種의 精靈이 充滿하야 잇서, 이 精靈을 잘못 근더리면 疾病饑饉 等 모든 災厄이 發生한다 하니, 이 精靈과 人生과의 사이에 處하여 祈禱, 祓禳 等으로써, 消厄求福의 聖職을 맡은 이가 이른바 「샤만」입니다. (…중략…) 「샤만」 又 「사만」(薩滿, 혹 札蠻, 撒蠻, 珊蠻 其他)은 시방 滿洲語로는 「무당」의 이름입니다.[10]

2. 서지사항

『제사전서무인송념전록(祭祀全書巫人誦念全錄)』의 기록 연대는 건륭 36년(1771)이나 이와 함께 '세재정묘(歲在丁卯)'라고 되어 있어서 건륭 36년 신묘년(辛卯年)과는 차이를 보이고 있다. 여기에 대해서 연구자들은 정묘(丁卯)를 신묘(辛卯)의 오류로 보고 있다.[11] 기록자에 대해서는 본

10 崔南善, 「薩滿敎箚記」, 『啓明』 19, 啓明俱樂部, 1927. 참고로 맞춤법 표기는 당시(1927)의 표기를 그대로 인용했으며 띄어쓰기만 보완하였다. 이 글은 나중에 육당 최남선전집(현암사, 1973)과 최남선 한국학총서 『불함문화론 · 살만교차기』(경인문화사, 2013)에 수록 간행되었다.

11 歲在丁卯가 올바른 기록이었다고 한다면 丁卯年에 해당하는 연대로는 乾隆 12년(1747)과 嘉慶 12년(1807) 등을 들 수 있다.

문에 '본족중정살막휘상청(本族中正撒莫諱常靑)'이라고 하여 서서각라씨(舒舒覺羅氏)[12]의 정(正) 샤먼[撒莫][13] 상청(常靑)으로 나와 있다.

1) 한국 서울대 소장본

『제사전서무인송념전록(祭祀全書巫人誦念全錄)』은 현재 국내 서울대 중앙도서관 고문헌자료실에 일반 서책 형태가 아닌 상하(上下) 2첩(帖)의 사진본[折本]으로 전해오고 있다. 서울대 소장본은 장서인으로 보아서 과거 경성제국대학(京城帝國大學) 소장 도서에서 전해온 것으로 보이는데, 주기사항에 소화(昭和) 11년(1936) 촬영이라고 하였다. 이를 보면 서울대 소장본은 일본 동경대 소장본을 촬영한 것으로 판단된다. 현재 상하 2개의 사진첩[折本] 형태로 되어 있는데, 서울대 소장본의 표지와 서지사항은 다음과 같다.

12 覺羅(gioro)는 만주족의 유명한 姓으로 원래 건주여진의 주요 씨족 가운데 하나였는데, 나중에 8개의 무쿤(mukūn)으로 나누어졌다. 이들은 irgen gioro, šušu gioro, silin gioro, tungyan gioro, ayan gioro, hulun gioro, aha gioro, cala gioro를 포함한다. 만주족의 '할라와 무쿤의 성격 변화'에 대해서는 유소맹, 이훈 · 이선애 · 김선민 역, 『여진 부락에서 만주 국가로』, 푸른역사, 2013, 81쪽 참고.

13 샤먼을 의미하는 기존의 한자 표기들로는 珊蠻, 撒卯、撒牟, 叉馬, 薩瑪, 薩莫, 薩嘛, 薩滿 등이 있는데, 『祭祀全書巫人誦念全錄』에는 巫人, 撒莫으로 기록되어 나온다. 참고로 샤먼 가운데는 正巫 외에도 보조역을 하는 助巫가 있는데 만주어로 jari라고 한다. jari(扎哩)에 대해서는 宋和平, 『尼山薩滿硏究』, 社會科學文獻出版社, 1998 참고.

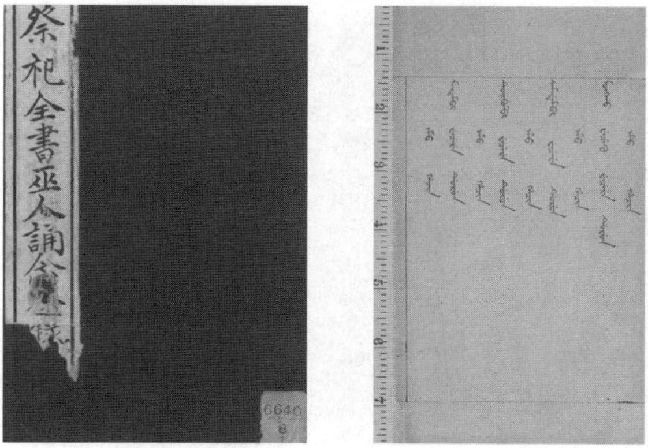

〈그림 2〉『제사전서무인송념전록(祭祀全書巫人誦念全錄)』(서울대 중앙도서관 고문헌자료실)

- 서명 : 祭祀全書巫人誦念全錄
- 판사항 : 折本 발행사항 : 東京
- 형태사항 : 二帖(寫眞[134葉]帖付) ; 23x16cm(寫眞 16.4x11.8cm)
- 일반사항 : 昭和 11(1936) 撮影 原本 東方文化學院 東京硏究所藏
- 주제분류 : 6640

2) 일본 동경대 소장본

일본 동경대학교 동양문화연구소에 소장되어 있는『제사전서무인송념전록(祭祀全書巫人誦念全錄)』은 서울대 소장 사진본의 원본으로 판단되는 것으로 현재 이들은 '동경대학동양문화연구소소장한적선본전문영상자료고(東京大學東洋文化硏究所所藏漢籍善本全文影像資料庫)'에서 이미지 자료를 참고할 수 있다. 이 판본에는 원 소장처였던 동방문화학원(東方文化學院) 동경연구소(東京硏究所)라는 기록도 보인다. 동경대 동양문화연구소 소장본의 표지와 서지사항은 다음과 같다.

〈그림 3〉『祭祀全書巫人誦念全錄』(일본 동경대학교 동양문화연구소)

- 索書號 : 貴重-14
- 函册 : 2
- 書名 : 滿洲世譜式樣圖不分卷
- 別名 : 祭祀全書巫人誦念全錄
- 出版年 : 淸
- 編號 : B3644000
- 版種 : 鈔本

3) 중국 국가도서관 소장본

한국과 일본의 소장본 외에도 중국 국가도서관에 2종의 판본이 소장되어 있는 것으로 나오는데, 이들 소장본에 대해서는 『국가도서관장만문문헌도록(國家圖書館藏滿文文獻圖錄)』에 나온 간략한 목록 사항만 확인할 수 있다.[14]

14 黃潤華 主編, 『國家圖書館藏滿文文獻圖錄』, 國家圖書館出版社, 2009, 276~277쪽 참고.

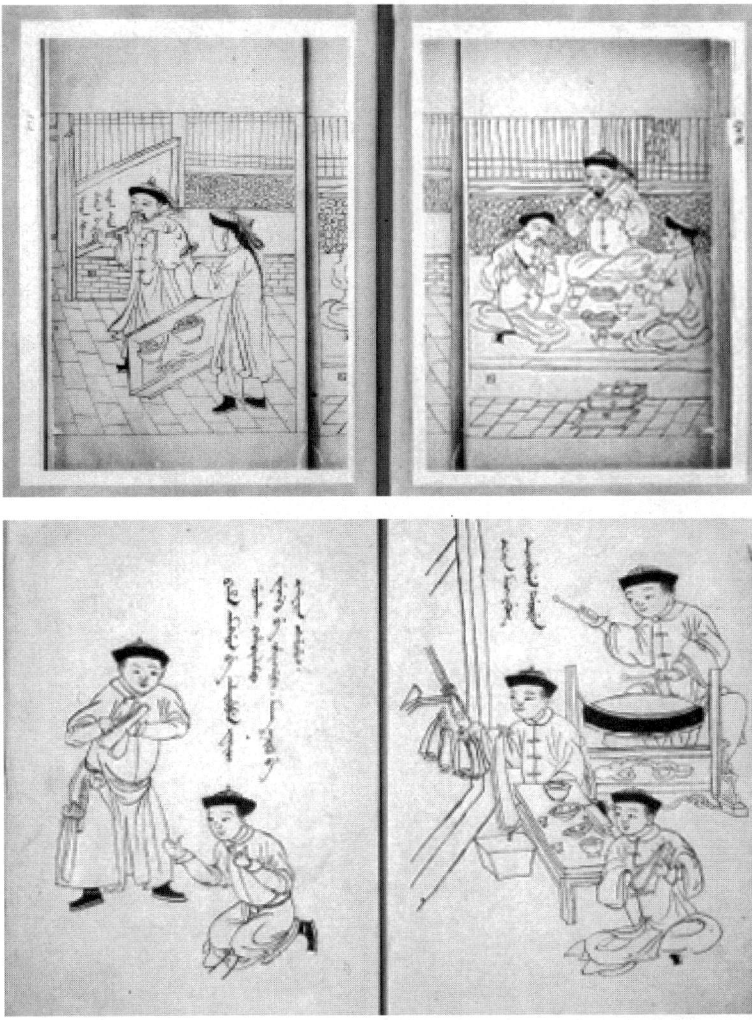

〈그림 4〉 『滿洲祭祀全書』(상) 『滿洲祭祀圖說』(하) (중국 국가도서관)

『滿洲祭祀全書』
滿洲祭祀全書不分卷 滿文.
常靑抄錄, 撮影本,
乾隆三十六年(1771)抄繪本撮影. 有圖.

『滿洲祭祀圖說』
滿洲祭祀圖說不分卷 滿文.
繪圖本, 無版框.

4) 『만주세보식양도(滿洲世譜式樣圖)』

동경대학교 동양문화연구소에는 앞에 소개된 소장본 외에 한문으로 된 『만주세보식양도(滿洲世譜式樣圖)』가 소장되어 있는데, 이것은 『제사전서무인송념전록(祭祀全書巫人誦念全錄)』의 축사(祝辭) 부분, 즉 샤먼 신가(神歌) 부분을 번역한 것이다. 사용된 용지에 '만주제국정부(滿洲帝國政府)'라는 표현으로 보아 만주국 시절 이루어진 것으로 판단되는데, 원래 이 번역은 1930년대 만주족 공정(恭正)이 한역한 것으로 알려져 있다.[15] 소장본과 소장처의 서지사항은 다음과 같다.

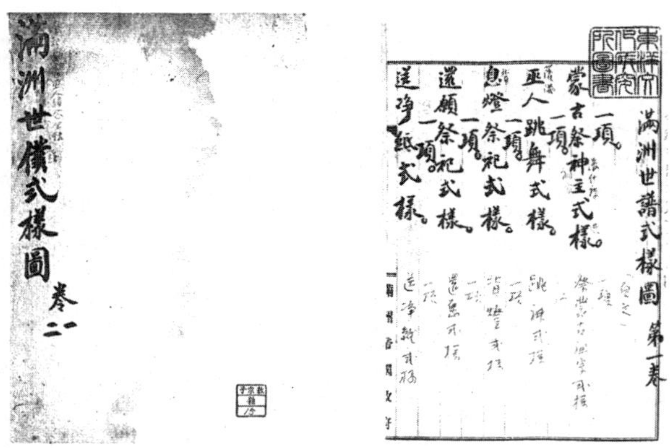

〈그림 5〉 『滿洲世譜式樣圖』[16](일본 동경대학교 동양문화연구소)

- 索書號 : 子部-宗教雜-15
- 書名 : 滿洲世譜式樣圖二卷
- 出版地 : 滿洲
- 版種 : 鈔本
- 函冊 : 1帙 1冊
- 出版年 : 一九三二年至一九四五年
- 編號 : CX3152000

15 赤松智城・秋葉隆, 『滿蒙の民族と宗教』, 大阪屋號書店, 1941, 234쪽, 각주 4); 黃强・色音, 『薩滿教圖說』, 民族出版社, 2002, 96쪽 참고.

이상에서 기존에 알려진 판본들에 대해 살펴보았는데, 『제사전서무인송념전록(祭祀全書巫人誦念全錄)』에 관해서는 과거 일본과 독일 및 중국 등에서 번역 소개된 바 있다. 국내에서는 박상규(朴相圭) 편저(編著), 『우랄알타이인문총서(人文叢書)』 제1집⑧－청문허자지남편 외(淸文虛字指南編 外)(亞細亞文化社, 1986)에서 간략한 해제와 더불어 자료가 소개된 바 있고, 그 후 『大淸皇帝功德碑文의 硏究 上－資料 및 原文에 대한 再構』(역락, 2008)에 다시 수록되었다. 송강호(宋康鎬)의 「『祭祀全書巫人誦念全錄』 圖說 譯註」(『만주연구』 9, 2009)에서는 도설(圖說)을 중심으로 소개된 적이 있다. 국외의 주요 성과를 살펴보면 다음과 같다.

① 赤松智城, 「薩滿の祭祀と祝詞」, 『滿蒙の民族と宗教』, 大阪屋號書店, 1941.

② 三田村泰助, 「滿洲シャマニブムの祭神と祝詞」, 『石濱先生古稀記念東洋學論叢』, 1958.

③ Alessandra, Pozzi, 『Manchu-Shamanica Illustrata(Shamanica Manchuria collecta; 3, Giovanni Stary edidit)』(die mandschurische Handschrift 2774 der Tōyōbunka Kenkyūsho, Tōkyō Daigaku), Kommissionsverlag Otto Harrassowitz · Wiesbaden, 1992.

④ 奇車山, 「『祭祀全書巫人誦念全錄』譯注」, 『滿語研究』 第1期, 黑龍江省滿語研究所, 1997.

奇車山, 「『祭祀全書巫人誦念全錄』譯注(二)」, 『滿語研究』 第2期, 黑龍江省滿語研究所, 1997.

---

16 『滿洲世譜式樣圖』의 표지 서명에서 世譜의 한자가 世僕으로 되어 있다.

奇車山, 「『祭祀全書巫人誦念全錄』譯注(三)」, 『滿語研究』 第1期, 黑龍江省滿語研究所, 1998.

⑤ 黃强 · 色音, 「清代乾隆年間滿族薩滿的祭祀儀禮 : 對 『祭祀全書巫人誦念全錄』的整理與考察」, 『薩滿教圖說』, 民族出版社, 2002.

①은 아카마츠 지조[赤松智城][17]가 집필한 「샤먼의 제사와 축사(薩滿-祭祀-祝詞)」로 만주족 공정(恭正)이 번역한 만주어 신가(神歌)의 한역을 수록하고, 한문 설명 부분 등을 번역 소개한 것이다. 다만 삽화는 수록되지 않았다. ②는 미타무라 다이스케[三田村泰助]의 논문으로 만주어 신가(神歌) 몇 편을 로마자로 전사하여 소개하고 번역하였으며 일부 사항에 대해 보충 설명하였다. ③은 전체를 번역하고, 삽화까지 수록한 비교적 온전한 번역본에 속한다. ④는 만주어 신가(神歌)를 시버족 출신인 기거산(奇車山)이 현대 한어로 번역하여 『만어연구(滿語研究)』에 3회에 걸쳐 연재한 것이다. ⑤는 만주족 공정(恭正)의 만주어 신가(神歌) 한역과 한문 설명 부분 그리고 삽화 등을 수록하고 보충 설명하였다.

3. 본문 구성과 내용 분석

본문의 구성과 목차 등을 살펴보면 민간 샤먼 제사의 여러 절차와

17 赤松智城은 京城帝國大學 시절 송석하, 손진태 등과도 교류가 있었던 인물이다. 여기에 대해서는 전경수, 「赤松智城의 學問世界에 關한 一考察 : 京城帝國大學時代를 中心으로」, 『(서울대학교박물관 소장) 식민지시기 유리건판』, 2008 참고.

양식들이 나오는데, 기거산(奇車山)은 본문의 특징을 다음과 같이 정리한 바 있다.[18]

① 샤먼 제사의 차례와 형식이 삽화와 함께 나오고 한문으로 된 설명 부분이 있다.

②『만주제신제천전례(滿洲祭神祭天典禮)』 문헌과는 달리 몽고조상을 제사하는 의식이 있다.

③ 한문 설명 부분은 규범적인 한어가 아니라 구어체 형식의 만주식 한어이다.

④ 신가(神歌)가 비교적 온전한 상태로 기록되어 있다.

1) 목차 구성

『제사전서무인송념전록(祭祀全書巫人誦念全錄)』에 나온 만주어 목차와 한문 목차를 살펴보면 다음과 같은데, 목차는 모두 9항(項)으로 되어 있다.[19]

1항(一項) 제천(祭天) 제사의식

1항(一項) 배등(背燈) 제사의식

18 奇車山, 「『祭祀全書巫人誦念全錄』譯注」, 『滿語研究』 第1期, 1997, 84쪽.

19 한문 목차는 만주어 "emu hacin – siyancu weceku wecere durun"에 해당하는 부분이 '一項' 일부만 보인다.

1항(一項) 굿하는 제사의식

1항(一項) 몽고 신주(神主) 제사의식

1항(一項) 시얀추[祥初] 신주(神主) 제사의식

1항(一項) 복(福)을 비는 제사의식

1항(一項) 춤추는 제사의식

1항(一項) 정결한 종이[淨紙] 보내는 의식

1항(一項) 족보[世譜]에서 수정 작업한 이들의 이름

emu hacin : metembi wecere durun

emu hacin : tuibumbi wecere durun

emu hacin : samadambi wecere durun

emu hacin : monggo weceku wecere durun

emu hacin : siyancu weceku wecere durun

emu hacin : hūturi baimbi wecere durun

emu hacin : maksilame wecere durun

emu hacin : bolgo hoošan benere durun

emu hacin : jalan jalan i ursede dasame weilehengge sei gebu

一項 : 還愿式様

一項 : 背燈式様

一項 : 跳神式様

一項 : 祭蒙古祖宗式様

一項 : *[缺][20]

一項 : 換鎖式樣

一項 : 打蟒式樣

一項 : 送淨紙式樣

一項 : 重修世譜人等

참고로 이들 목차를 동경대 동양문화연구소 소장본 만주족 공정(恭正)의 한역(漢譯) 『만주세보식양도(滿洲世譜式樣圖)』의 목차와 비교하면 다음과 같다.

〈표 1〉 『제사전서무인송념전록(祭祀全書巫人誦念全錄)』 목차 비교[21]

『祭祀全書巫人誦念全錄』		『滿洲世譜式樣圖』
滿文	漢文	漢譯
emu hacin metembi wecere durun	一項 還愿式樣	一項 還願祭祀式樣
emu hacin tuibumbi wecere durun	一項 背燈式樣	一項 息燈祭祀式樣
emu hacin samadambi wecere durun	一項 跳神式樣	一項 巫人跳舞式樣
emu hacin monggo weceku wecere durun	一項 祭蒙古祖宗式樣	一項 蒙古祭神主式樣
emu hacin siyancu weceku wecere durun	一項 *[缺]	一項 祭祀祥初神主式樣
emu hacin hūturi baimbi wecere durun	一項 換鎖式樣	一項 求福祭祀式樣
emu hacin maksilame wecere durun	一項 打蟒式樣	一項 打蟒式樣(卽跳舞祭祀也)
emu hacin bolgo hoošan benere durun	一項 送淨紙式樣	一項 送淨紙式樣
emu hacin jalan jalan i ursede dasame weilehengge sei gebu	一項 重修世譜人等	一項 世世重修人等名

그러나 목차와 본문을 비교해보면 한 가지 특이한 것을 발견할 수 있는데, 목차 부분의 서체가 본문의 서체와 다르고, 내용 또한 목차와

20 * 부분은 원문 훼손으로 없는 부분이다.
21 宋康鎬, 「『祭祀全書巫人誦念全錄』圖說 譯註」, 『만주연구』 9, 만주학회, 2009 참고.

일치하지 않는다는 것이다. 원문에 기록된 목차와 달리 실제 본문 구성을 살펴보면 다음과 같은 순서로 이루어져 있다.[22]

① 還愿 제사의식

還愿 제1차 제사의식

還愿 제2차 제사의식

還愿 제3차 제사의식

제사 마치고 제육 치우는 의식

② 뜰 안에서의 몽고조상 제사의식

③ 굿[跳神]하는 의식

제단을 설치하는 의식

몽고조상 제사의식

大祖宗 제사의식

시얀추[祥初] 굿하는 의식

송념하며 조상 공경하는 의식

제육 바치는 의식

背燈 제사의식

22 黃强 · 色音, 「清代乾隆年間滿族薩滿的祭祀儀禮 : 對『祭祀全書巫人誦念全錄』的整理與考察」, 『薩滿教圖說』, 民族出版社, 2002 참고.

④ 換鎖 의식

換鎖 제1차 의식

換鎖 제2차 의식

換鎖 제3차 의식

⑤ 送淨紙 의식

⑥ 世譜 重修 의식

또 미타무라 다이스케[三田村泰助]는 본문의 신가(神歌)를 8항목으로 분류하고 ① 제천용(祭天用, metembi) 4편, ② 몽고제신용(蒙古祭神用) 6편, ③ 배등제용(背燈祭用, tuibumbi) 1편, ④ 조상신제사용(祖上神祭祀用) 5편 ⑤ 시얀추[祥初] 제사용(祭祀用) 2편, ⑥ 영혼(靈魂, fayangga) 제사용(祭祀用) 1편, ⑦ 구복제사용(求福祭祀用) 2편, ⑧ 송정지제사용(送淨紙祭祀用) 1편 등으로 분류해서 소개하기도 하였다.[23]

2) 언어적 특징

본문에 사용한 만주어는 기본적으로 청대 건륭 연간 당시에 사용한 만주어로 판단되며, 여기에 사용된 신가(神歌)의 특징적인 표현으로는

---

23 三田村泰助, 「滿洲シャマニブムの祭神と祝詞」, 『石濱先生古稀記念東洋學論叢』, 1958.

dergi abka / deleme donji에서 두운(頭韻)이 나타나고, amba abka aname donji, ufuhu de ulici, fahun de falici 등 유사한 음운대응을 보이고 있다.

한문으로 된 설명 부분에 사용된 한문은 규범적인 문언문(文言文)이 아닌 청대 구어체 한어(漢語)의 특징을 보여주고 있다. 예를 들어 "屋內迎門放高棹一張", "棹上放淨水一盞" 같은 표현은 어순이 현대 한어의 일반적인 어순과 다른 특징을 일부 보여주고 있다.

특히 만주어의 음역어로 보이는 아마손(阿瑪孫, amsun)이나 마극십밀(瑪克什密, maksimbi), 합랍(哈拉, hala), 색륵(色勒, seire),[24] 요한(凹罕, wahan), 아랍점주(阿拉占酒, arjan) 같은 표현도 나타나며, 음역에 따른 유사한 표기인 왜차고(倭車庫) / 왜십혼(倭什混, weceku), 발양아(發陽阿) / 발양아(發洋阿, fayangga) 등이 있다. 이밖에도 한자 표기의 경우에도 이마를 지면에 닿도록 절하는 고두(叩頭, hengkilembi)를 개두(磕頭) 또는 팽두(磞頭)나 고배(叩拜) 등으로 사용한 예가 보인다.

〈표 2〉 청대 한어와 만주어 어휘 비교

淸代 漢語	淸代 滿文	現代譯
阿瑪孫	amsun (yali)	祭肉; 제육
瑪克什密	maksimbi	舞; 춤추다
凹罕	wahan	蹄; 발굽
阿拉占酒	arjan	乳酒; 유주
倭車庫 倭什混	weceku	神主; 신주
發陽阿 發洋阿	fayangga	靈魂; 영혼

24 色勒은 일반적으로 鐵을 의미하는 만주어 sele의 音譯으로 많이 나타난다.

3) 내용 분석

『제사전서무인송념전록(祭祀全書巫人誦念全錄)』의 본문은 한문 설명과 만주어 신가(神歌) 그리고 삽화의 세 부분으로 구성되어 있다. 한문 설명은 제사의식과 관련된 사항이며 만주어 부분이 샤먼의 신가(神歌)인데 신가(神歌)는 주로 제천(祭天), 제조(祭祖), 배등제(背燈祭), 환쇄(換鎖) 등으로 구성되어 있다. 그 내용을 보면 부귀장수와 각종 재해로부터 지켜줄 것을 기원하는 내용이 주를 이루고 있다. 신가(神歌)는 비교적 일정한 틀을 지니고 있는데, 그 내용은 신(神)을 청하는 부분, 신(神)을 청한 사유를 고하는 부분 그리고 마지막으로 신(神)을 보내는 것으로 되어 있다. 이 같은 절차는 여타 제사의 일반적인 구조인 신(神)을 청하는 청신(請神), 신(神)을 즐겁게 대접하는 오신(娛神), 신(神)을 보내는 송신(送神)과 기본 성격이 같다고 할 수 있다.

『제사전서무인송념전록(祭祀全書巫人誦念全錄)』에는 계절적으로 주로 봄과 가을철에 제사를 지내는데, 제물을 준비하고 좋은 날[吉日]을 선택하여 씨족의 대표, 부인, 아들, 며느리 그리고 손자에 이르는 모든 씨족 사람들이 참여하여 제사를 지내고 있다. 『제사전서무인송념전록(祭祀全書巫人誦念全錄)』에는 각종 제사가 등장하는데 각각의 제사를 아래에서 살펴보면 다음과 같다.

환원(還愿, metembi) 제사는 천신(天神)께 바치는 제사로 일명 제천(祭天)이라고 한다. 이 제사에는 신간(神杆, somo, 索莫杆)을 세우고 행하며 또 신간(神杆)에 사발 등을 꿰어 놓고 희생의 뼈와 내장 등을 담는데, 이들은 만주족의 신조(神鳥)인 까치를 배려한 것에서 유래했다고 한다.[25]

〈그림 6〉 청대의 神杆(좌)과 현대의 神杆(우)[26]

이 같은 만주족의 전통은 『삼국지(三國志) · 위서(魏書) · 동이전(東夷傳)』에 기록된 소도(蘇塗)와 그 안에 세웠던 나무를 연상하게 하며, 과거 한국에서 신조(神鳥)를 신간(神杆) 끝에 매달아서 세워두는 전통과도 매우 유사하게 보인다.[27] 이를 보면 신간(神杆)의 습속이 반드시 만주의 전유물은 아니었음을 알 수 있는데, 삼한(三韓), 거란[契丹], 여진(女眞), 만주(滿洲)의 제천(祭天) 의식에도 유사성이 있음을 알 수 있다.[28]

환원(還愿) 제사에 준비하는 희생 돼지는 보통 잡털이 섞이지 않은

25 만주족의 까치 숭배에 대해서는 『滿洲實錄』에 그 전말이 전하는데, 이에 대해서는 국내 『만주실록 역주』(소명출판, 2014) 참고.

26 赤松智城 · 秋葉隆, 『滿蒙の民族と宗教』, 大阪屋號書店, 1941.

27 滿洲族과 蘇塗에 대해서는 김재선, 「만주족 薩滿과 蘇塗」, 『新羅文化』 28, 동국대신라문화연구소, 2006 참고.

28 楊英杰, 『清代滿族風俗史』, 遼寧人民出版社, 176쪽 참고. 蘇塗와 솟대 등에 대해서는 역사학, 민속학, 종교학 분야 연구자들의 논의가 있었는데, 옛 만주지역에 거주했던 高句麗와 渤海의 문화와 비교하는 작업도 이 분야 연구자의 관심을 요하는 분야이다. 滿洲 지역에 있었던 渤海의 샤머니즘에 대해서는 方學鳳, 「발해 사먼교(薩滿教) 존재여부에 대하여」, 『고구려발해연구』 6, 고구려발해학회, 1999 참고.

〈그림 7〉 청대의 의식(좌)과 현대의 모습(우)[29]

순수한 검은 색을 선호한다. 이 제사에는 돼지의 귀에 맑은 물[淨水]이나 술을 들어붓고 반응을 보는 과정이 있는데, 이때 돼지가 머리를 흔들고 요동치면 신(神)이 응답한 것으로 이해하고 상서로운 것으로 받아들인다. 환원(還愿) 제사에서 행하던 의식 가운데는 오늘날의 만주족들이 행하는 의식에서도 그 모습을 찾아볼 수 있는데, 특히 희생 돼지의 껍질을 불에 그슬리는 장면은 너무도 흡사하여 샤먼 제사의 전통이 지속되어 왔다는 것을 알 수 있다.

몽고조상(蒙古祖上) 제사의식은 만주족의 제사임에도 불구하고 몽고조상을 제사하는 의식이 들어있다. 이 같은 현상이 생겨나게 된 것은 몽고족과 만주족의 혼인으로 몽고족 여성이 자신들의 조상신을 만주족 제사에 들여온 것으로 보고 있다.[30] 제사의식에서는 희생으로 양(羊)을

---

29 郭淑雲 · 王宏剛 主編, 『活着的薩滿 : 中國薩滿教』, 遼寧人民出版社, 2001 참고.

30 『欽定滿洲祭神祭天典禮』에도 '喀屯諾延'이라는 蒙古神의 명칭이 나오는데, 이에 대해 先世有德而祭라고 하였고, 또 設蒙古神座於左라고 한 예가 있다. 黃强 · 色音, 『薩滿教圖說』,

사용하는데, 이는 환원(還愿) 제사에서 돼지를 사용한 것과 다른 점이다.

배등(背燈) 제사는 만주족 샤먼 제사의 독특한 의식으로 보통 밤에 집안의 불을 모두 끄고 어둠 속에서 진행하기 때문에 배등제(背燈祭)라고 한다. 이때 제사의 대상은 대부분 성신(星神)으로 이 가운데 북두칠성신(北斗七星神)이 대표적이다.

환쇄(換鎖, 또는 換索) 의식은 류지제(柳枝祭)라고도 하는데, 불다성모(佛多聖母, fodo mama)를 제사하기 때문에 fodo wecembi라고 한다. 만주족 신화에서 시조모(始祖母)인 여신(女神)을 불다성모(佛多聖母)라고 하는데, 달리 불다마마(佛多媽媽) 또는 류지조모(柳枝祖母)라고 한다. 평소에 신위(神位)를 서쪽 벽 조상신감(祖上神龕)의 북쪽에 두는데, 크기는 보통 좌우 폭이 30cm 정도의 주머니이다. 이것을 또 마마[媽媽, 할머니] 주머니 또는 자손 주머니라고도 한다. 한편 방의 동남쪽 모서리에 버들가지를 꽂아 두거나 뜰 안에 류간(柳杆)을 세우기도 하는데, 이들 역시 모두 불다성모(佛多聖母)를 상징하는 것이다.

환쇄(換鎖) 의식에서 쇄(鎖)[索]라는 것은 자손 주머니 안에 넣어두는 소위 자손줄에 묶는 청색, 흰색, 검은색 등의 끈이나 헝겊조각, 비단리본 등을 말한다. 민간에서는 이것을 신쇄(神鎖)라고도 한다. 제사를 행한 뒤 만주족들은 이것에 자손을 보호하는 신령한 능력이 있다고 여겨서 자손들의 목이나 손목에 걸어준다. 환쇄(換鎖)라는 것은 불다성모(佛多聖母)를 제사한 뒤에 이전의 쇄(鎖)를 거두고 다시 새로운 쇄로 바꾸어 주는 의식을 말한다.[31]

民族出版社, 2002, 127쪽.

31 宋和平, 「滿族女神佛哩佛多臥莫西媽媽論析」, 『滿族研究』 1, 1998 ; 程迅, 「滿族女神 : "佛

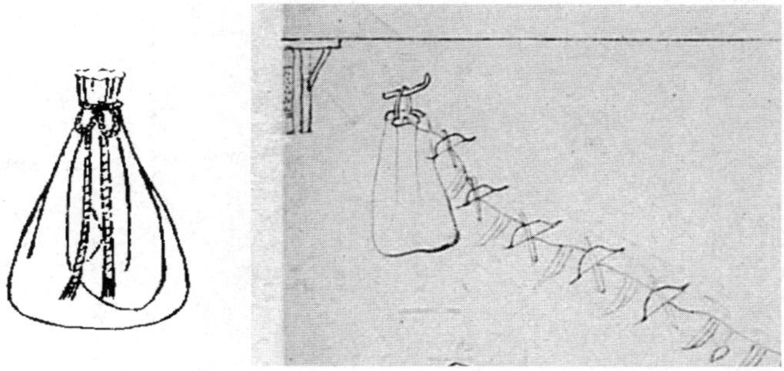

〈그림 8〉 청대 불다성모(佛多聖母) 주머니[32]와 자손줄의 모습

제사에 등장하는 버드나무는 만주족이 숭배하는 식물 가운데 하나로 샤먼 제사에서는 마을의 가장 큰 버드나무를 골라 신수(神樹)로 제사하기도 하였다.[33] 여진족들도 사류(射柳) 제천(祭天) 의식이 있었는데, 이 역시도 사악(邪惡)을 제거하고 자손들에게 질병과 재해가 없기를 기원하는 의미가 있었다. 또 거란[契丹]의 기우제(祈雨祭)에도 제사에 류지(柳枝)를 사용한 예가 보이며 한국도 버들가지를 왼새끼 줄에 끼워 삽짝에 금색(禁索)을 매고 물병을 곁에 달아 두는 풍속이 있었다.[34] 만주족의 버드나무 숭배 사상은 고구려 신화에 보이는 주몽(朱蒙)의 어머니 류화(柳花)와의 연관성을 생각하게 한다.[35]

托媽媽"考辨」, 『黑龍江民族叢刊』 2, 1986.

32 盛索繩高麗布囊, 『欽定滿洲祭神祭天典禮』(文淵閣 四庫全書 影印本), 臺灣商務印書館 참고.

33 何溥瀅, 「滿族薩滿教的幾個問題」, 『滿族研究』 4, 1999, 77쪽 ; 王宏剛・魏洪彬, 장춘식 역, 「만족(滿族) 샤머니즘의 버들 숭배와 문화적 의미」, 『동북아 샤머니즘 문화』, 소명출판, 2000 참고.

34 金渭顯, 『契丹社會文化史論』, 景仁文化社, 2004 초판 2005 재판, 97쪽.

35 高句麗 朱蒙과 滿洲族 부쿠리 용숀(bukūri yongšon)의 비교에 대해서는 金藝鈴, 「朝鮮與滿族神話之比較以朱蒙神話與布庫裏雍順神話爲中心」, 『西北民族大學學報(人文社科版)』 4, 2008 참고.

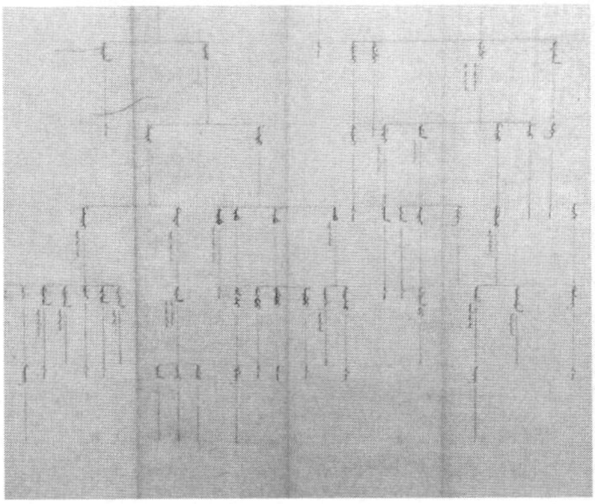 

〈그림 9〉 만주족의 가보(家譜)(좌)[36]와 중정세보등사식양(重整世譜謄寫式樣)(우)

송정지(送淨紙) 의식에서는 경문(經文)을 흰 종이에 써서 환자의 아픈 부위에 대고 마찰하여 치유하는 행위를 하기도 한다. 또 살아있는 희생을 대신해서 밀가루로 만든 희생으로 제사하기도 하는데, 이 같은 의식을 면저환원(麵猪還愿, suwayan bumbi)이라고 한다.

제사의식의 마지막에는 족보(族譜)를 수정하는 사항이 나오는데, 이 대목에는 한문 설명 부분이 없고, 다만 삽화만 등장한다. 삽화에 묘사된 것을 보면 속수(續修) 작업을 위해 씨족의 여러 어른들이 논의하고 결정된 것을 기록하는 모습 등이 나온다. 족보(族譜)의 명칭은 가보(家譜)・가승(家乘)・보첩(譜諜)・종보(宗譜) 등 다양한데,[37] 본문 목차와 삽화 속 문구에서는 세보(世譜)라는 명칭을 사용하고 있다. 만주족 족보(族譜)의 한 모습을 소개하면 위의 그림과 같다.

---

36 鑲黃正黃鑲白三旗蘇完瓜爾佳氏家寶, 黃潤華 主編, 앞의 책, 2009 참고.

37 박원호, 「명・청시대의 중국 족보」, 『한국사시민강좌』 24, 일조각, 1999.

이밖에 삽화에 나타난 각종 머리 장식, 모자, 의상 등은 청대 샤먼 제사에 사용된 샤먼의 복식문화를 살펴보는데 좋은 참고가 된다. 특히 샤먼의 의상에 보이는 북두칠성(北斗七星) 문양은 칠성신(七星神) 숭배의 한 증거이기도 하다.

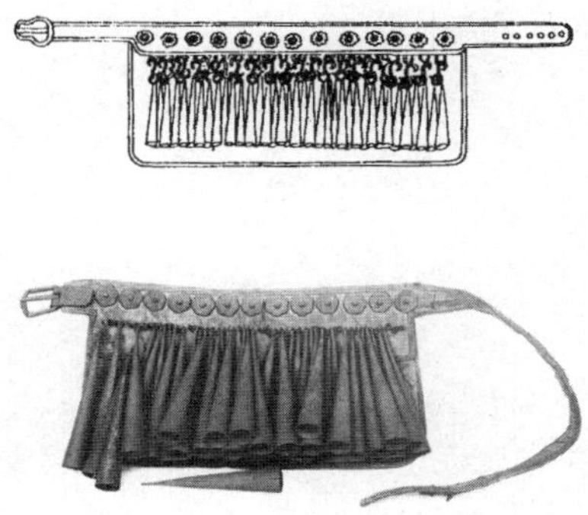

〈그림 10〉 청대의 腰鈴(좌)[38]과 현대의 腰鈴(우)[39]

또 제사에 사용한 각종 악기(樂器)인 고(鼓), 박판(拍板), 요령(腰鈴) 등을 통해서 청대 샤먼 음악문화를 엿볼 수 있으며, 이밖에도 주판, 담뱃대, 구들[炕] 등을 통해서는 청대 건륭 연간의 생활상을 살펴볼 수 있다. 이처럼 『제사전서무인송념전록(祭祀全書巫人誦念全錄)』은 만주족의 언어, 민속, 종교는 물론 음악, 복식, 건축 등에 이르기까지 청대 만주족의 문화 연구에 소중한 가치를 지니고 있는데, 본 역주본을 통해 이 분야에 대한 관심과 연구가 더욱 활성화되기를 기대해 본다.

38 夕祭司祝所繫大腰鈴, 『欽定滿洲祭神祭天典禮』 참고.
39 赤松智城・秋葉隆, 『滿蒙の民族と宗教』, 大阪屋號書店, 1941.

참고문헌

1. 자료

『祭祀全書巫人誦念全錄』(成百仁 資料 : 서울대본, 동경대본)

『滿洲世譜式樣圖』(成百仁 資料 : 동경대 한역본)

『祭祀全書巫人誦念全錄』(朴相圭 : 亞細亞文化社 影印本)

『欽定滿洲祭神祭天典禮』(文淵閣 四庫全書 影印本)

2. 논저

姜相順, 「清代滿洲姓氏源流變化考探」, 『滿學論叢』 3, 遼寧民族出版社, 2013.

郭淑雲, 「"薩滿"詞源與詞義考析」, 『西北民族研究』 1, 西北民族大學, 2007.

宮龍丹・劉莉, 「薩滿祭祀歌舞中的神鼓與腰鈴探微」, 『吉林藝術學院學報』 3, 長春師範學院, 2008.

김재선, 「만주족 薩滿과 蘇塗」, 『新羅文化』 28, 동국대 신라문화연구소, 2006.

金藝鈴, 「朝鮮與滿族神話之比較」, 『西北民族大學學報』 4, 人文社科版, 2008.

陶立璠, 「清代宮廷的薩滿祭祀」, 『西北民族研究』 1, 西北民族大學, 1991.

孟慧英, 「滿族的薩滿教」, 『薩滿教文化研究』, 吉林人民出版社, 1988.

朴錦珠, 「시베리아 샤마니즘과 샤만 服食 研究」, 경희대 박사논문,1995.

朴相圭, 「滿洲의 祭詞와 蒙古의 巫歌」, 『韓國民俗學』 17, 한국민속학회, 1984.

______, 「滿洲族의 神歌에 대한 分析과 背景」, 『人文論叢』, 경원대 인문과학연구소, 2004.

박원호, 「명・청시대의 중국 족보」, 『한국사시민강좌』 24, 일조각, 1999.

富育光・孟慧英, 「滿族的家祭」, 『滿族研究』 3, 遼寧省民族研究所, 1989.

宋康鎬, 「『祭祀全書巫人誦念全錄』 圖說 譯註」, 『만주연구』 9, 만주학회, 2009.

烏拉熙春, 「從語言論證薩滿一詞之本義」, 『滿族文化』 15, 遼寧省民族研究所, 1991.

王宏剛, 李鐘周 譯, 「滿族 샤마니즘의 文化的 意義와 研究 現況」, 『한국고전연구』 4, 한국고전연구학회, 1998.

劉桂騰,「薩滿教與滿洲薩滿跳神的樂器 : 對神鼓和腰鈴的民族音樂學考察」,『中國音樂學』 2, 中國藝術研究院音樂研究所, 1994.
______,「中國東北與朝鮮半島諸民族的薩滿鈴(신령을 부름 : 중국과 조선의 무의식에서의 요령)」,『음악과 문화』 21, 세계음악학회, 2009.
劉明新,「滿族的民間祭祀管窺」,『中央民族大學學報』 4, 人文社會科學, 2001.
劉智元,「清初滿族薩滿演變及其文化性格」,『中國學論叢』 6, 고려대 중국학연구소, 1992.
______,「清代 皇室祭祀의 샤머니즘적 性格 : 堂子와 坤寧宮 祭祀를 중심으로」,『明清史研究』 4, 明清史學會, 1995.
______,「堂子祭祀의 由來와 宗教的 性格」,『韓國宗教史研究』 4, 한국종교사학회, 1996.
李允碩,「雍正帝와 清代 國家祭祀 : 禮制의 측면에서 본 雍正統治」,『明清史研究』 25, 明清史學會, 2006.
이 훈,「청 황실의 샤머니즘 제사」,『웹진민연』, 고려대 민족문화연구원, 2012.7.
전인평 · 양미지,「만주족 샤만 음악에 대한 고찰」,『음악과 문화』 17, 세계음악학회, 2007.
程 迅,「滿族女神 : "佛托媽媽"考辨」,『黑龍江民族叢刊』 2, 黑龍江省民族研究所, 1986.
趙阿平,「滿 : 通古斯語言與薩滿文化(三)」,『滿語研究』 2, 黑龍江省滿語研究所, 1998.
______ · 穆曉偉,「滿 : 通古斯語言與薩滿文化(四)」,『滿語研究』 2, 黑龍江省滿語研究所, 1999.
趙 展,「論薩滿教與滿族祭祀的關係」,『滿學研究』 2, 民族出版社, 1994.
趙志忠,「"薩滿"詞考」,『中央民族大學學報』 3(哲學社會科學版), 中央民族大學, 2002.
陳捷先, 柳智元 譯,「『尼山薩滿傳』을 통해서 본 滿洲原始宗教」,『한국종교』 18, 원광대 종교문제연구소, 1993.
崔南善,「薩滿教箚記」,『啓明』 19, 啓明俱樂部, 1927.
河內良弘,「ニシャン・サマン傳 譯注」,『京都大學文學部研究紀要』, 京都大學校, 1987.
何溥瀅,「滿族薩滿教的幾個問題」,『滿族研究』 4, 遼寧省民族宗教問題研究中心, 1999.
黃錫惠 · 王岸英,「滿族火炕考辨」,『黑龍江民族叢刊』 4, 黑龍江省滿語研究所, 2002.
Stary, Giovanni, "Mandschurische Schamanengebete", *Zentralasiatische Studien* 14/2, Wiesbaden, 1980.

3. 단행본

姜相順,『神秘的清宮薩滿祭祀』, 遼寧人民出版社, 1995.

薑小莉,『清代滿族薩滿教研究』, 東北師範大學博士論文, 2008.

고려대 민족문화연구원 민속학연구소 편,『몽골의 무속과 민속』, 월인, 2001.

郭淑雲・王宏剛 主編,『活着的薩滿 : 中國薩滿教』, 遼寧人民出版社, 2001.

국립민속박물관,『북방민족의 샤마니즘과 제사습속』, 국립민속박물관, 1998.

吉林民族研究所 編,『薩滿教文化研究』, 吉林人民出版社, 1988.

金九經 編,『重訂滿洲祭神祭天典禮』, 薑園精舍, 1935.

金渭顯,『契丹社會文化史論』, 景仁文化社, 2004(초판)・2005(재판).

김인희,『동호・퉁구스의 가신신앙』, 경인문화사, 2004.

劉小萌・定宜莊,『薩滿教與東北民族』, 吉林教育出版社, 1990.

박원길,『유라시아 초원제국의 샤마니즘』, 민속원, 2001.

史祿國(S. M. Shirokogoroff), 高丙中 譯, 劉小萌 校,『滿族的社會組織 : 滿族氏族組織研究』, 商務印書館, 1997.

石橋丑雄,『北平の薩滿教に就て』, 外務省文化事業部, 1934.

成百仁 譯註,『滿洲샤만神歌』, 明知大學出版部, 1974.

______ 譯註,『滿文니샨巫人傳』(『滿洲샤만神歌』 개명・개정판), 제이앤씨, 2008.

宋和平,『滿族薩滿神歌譯注』, 社會科學文獻出版社, 1993.

______,『尼山薩滿研究』, 社會科學文獻出版社, 1998.

______, 崔元午 編譯,『滿族의 무속과 무가』 1, 박이정, 2000.

______・孟慧英,『滿族薩滿文本研究』, 五南圖書出版有限公司, 1997.

楊英杰,『清代滿族風俗史』, 遼寧人民出版社, 1991.

烏丙安,『神秘的薩滿世界』, 三聯書店上海分店, 1989.

吳玉婷,『清代宮廷薩滿的職能與轉變』, 國立政治大學宗教研究所碩士, 2005.

苑 杰,『滿族穆昆與薩滿教 : 以滿族石姓爲例』, 民族出版社, 2012.

유소맹, 이 훈・이선애・김선민 역,『여진 부락에서 만주 국가로』, 푸른역사, 2013.

劉厚生 編,『清代宮廷薩滿祭祀研究』, 吉林文史出版社, 1993.

張國强,『한국과 중국의 무속신 비교연구』, 박문사, 2011.

莊吉發,『薩滿信仰的歷史考察』, 文史哲出版社, 1996.

赤松智城・秋葉隆,『滿蒙の民族と宗教』, 大阪屋號書店, 1941.

전북대 인문학연구소 편,『동북아 샤머니즘 문화』, 소명출판, 2000.

趙志忠,『滿族薩滿神歌硏究』, 民族出版社, 2009.
최용수 외,『아시아의 무속과 춤 : 중국』, 민속원, 2007.
黃　强 · 色　音,『薩滿教圖說』, 民族出版社, 2002.

2부

본문 역주
(本文 譯註)

『제사전서무인송념전록(祭祀全書巫人誦念全錄)』 상(上)

『제사전서무인송념전록(祭祀全書巫人誦念全錄)』 상(上) 표지

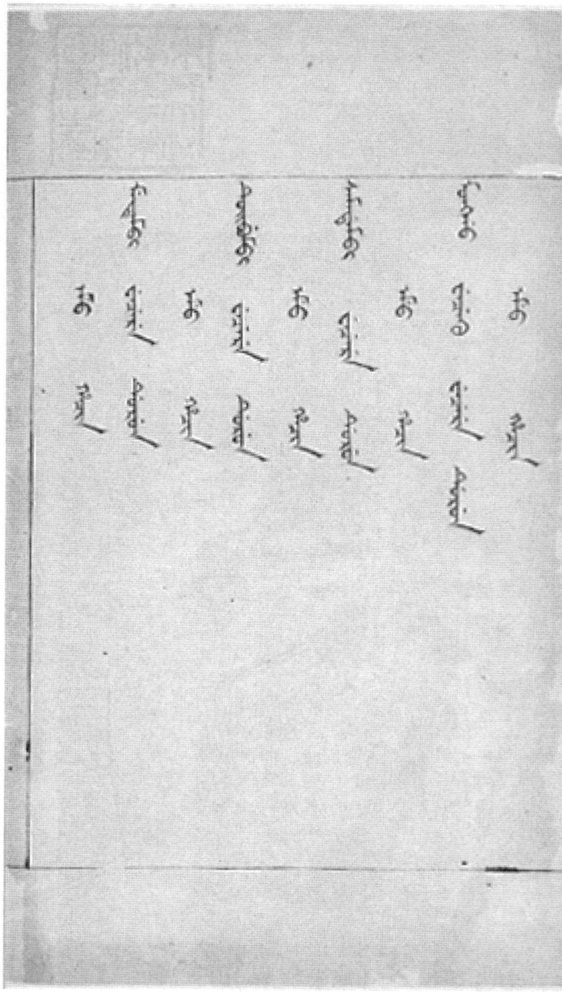

1a

emu hacin	일항(一項)
metembi[1] wecere durun[2]	제천(祭天) 제사의식
emu hacin	일항(一項)
tuibumbi[3] wecere durun[4]	배등(背燈) 제사의식
emu hacin	일항(一項)
samadambi[5] wecere durun[6]	굿하는 제사의식
emu hacin	일항(一項)
monggo weceku wecere durun[7]	몽고 신주(神主) 제사의식 [1a]
emu hacin	일항(一項)

1 [奇車山] weceme
2 [東京大漢譯] 還願祭祀式樣
3 [奇車山] tuibume
4 [東京大漢譯] 息燈祭祀式樣
5 [奇車山] samdame
6 [東京大漢譯] 巫人跳舞式樣
7 [東京大漢譯] 蒙古祭神主式樣

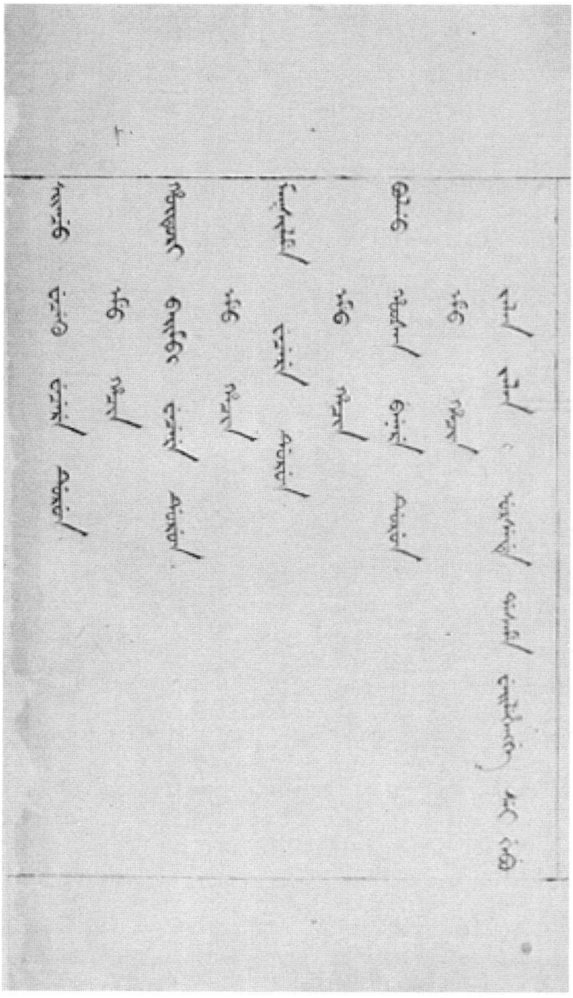

1b

siyancu weceku wecere durun[8]	시얀추[祥初] 신주(神主) 제사의식
emu hacin	일항(一項)
hūturi baimbi[9] wecere durun[10]	복(福)을 비는 제사의식
emu hacin	일항(一項)
maksilame wecere durun[11]	춤추는 제사의식
emu hacin	일항(一項)
bolgo hoošan benere durun[12]	정결한 종이[淨紙]를 보내는 의식
emu hacin	일항(一項)
jalan jalan i ursede dasame	족보[世譜]에서 수정 작업한 이들의
weilehengge sei gebu[13]	이름 [1b]

8 [東京大漢譯] 祭祀祥初神主式様
9 [奇車山] baime
10 [東京大漢譯] 求福祭祀式様
11 [東京大漢譯] 打蟒式様(卽跳舞祭祀也)
12 [東京大漢譯] 送淨紙式様
13 [東京大漢譯] 世世重修人等名

2a [공란]

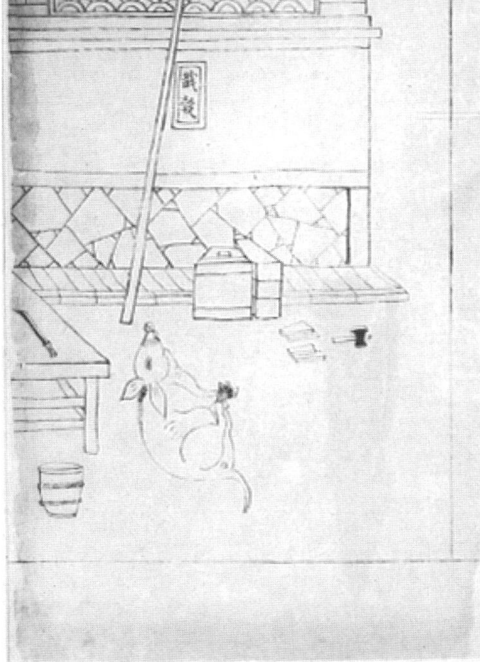

2b 圖-1[14] [설명 없음]

14 뜰 안에 祭肉으로 사용하기 위해 돼지를 묶어 놓은 모습과 神杆으로 사용하는 나무 그리고 희생을 잡는데 사용하는 칼 등이 보인다. 또 그림 속에 '戩穀'이라는 문구가 보이는데, 戩穀는 福祿이나 吉祥을 의미한다. 『爾雅』「釋詁 (下)」에 「戩, 福也」라고 하여 '福'을 뜻하는 것으로 풀었다. 『詩經』「小雅」'天保'에 "하늘이 그대를 보호하고 지켜주시니 더없이 복되도다. 모든 것이 마땅하지 않음이 없으니 하늘의 온갖 복을 받는다[天保定爾, 俾爾戩穀. 罄無不宜, 受天百祿]"라고 하여 '戩穀'의 출전이 보인다.

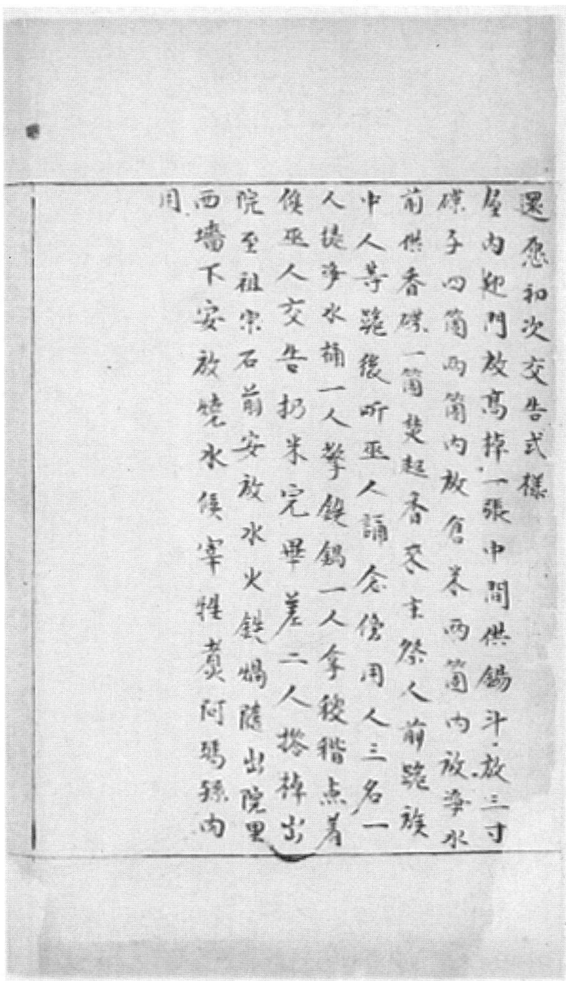

還愿和次交告式樣
屋内迎門放高桌一張中間供錫斗放三寸
碟子四箇兩箇内放倉米兩箇内放淨水
前供香碟一箇焚起香叉主祭人前跪族
中人等跪後所巫人誦念儀用人三名一
人提淨水桶一人拏鏇鍋一人拿稷稭点着
俟巫人交告扔米完畢差二人搭桌出
院至祖宗石前安放水火鏇鍋隨出院里
西墻下安放燒水俟宰牲煮肉鍋内
用

3a

還愿初次交告式様

屋內迎[15]門放高棹一張, 中間供錫斗. 放三寸 / [16]碟子四箇, 兩箇內放倉米, 兩箇內放淨水. / 前供香碟一箇, 焚起香來. 主祭人前跪, 族 / 中人等跪後, 听巫人誦念. 傍用人三名, 一 / 人提淨水桶, 一人擎鐵鍋, 一人拿稷稭. 点着 / 俟巫人交告扔米完畢. 差二人搭棹出 / 院, 至祖宗石前安放. 水火鐵鍋隨出院里, / 西墻下安放. 燒水候宰牲, 煮阿瑪孫肉 / 用.

환원(還愿)[17] 첫 번째 제사하는 의식(儀式)

실내(室內)에서 방문 맞은편에 높은 탁자 1개를 놓고, 그 위의 중간에 석두(錫斗)[18]를 둔다. 3촌(寸)[19] 크기의 접시 4개를 놓는데, 2개 속에는 창미(倉米)[20]를 담고, 다른 2개 속에는 맑은 물[淨水]을 담아 둔다. 앞에 향(香) 접시 1개를 두고 향을 피운다. 제사를 주관하는 사람은 앞에서 무릎을 꿇고, 씨족 사람들은 그 뒤에서 무릎을 꿇고, 샤먼[巫人]이 송념(誦念)[21]하는 것을 듣는다. 옆에서 일하는 일꾼 3명이 있는데, 1명은 정수통(淨水桶)을 들고, 1명은 쇠솥[鐵鍋]을 들고, 1명은 기장짚단[稷稭][22]을

15 원문은 卯에 가까운데 따로 '辶' 부분을 추가하여 迎자로 보완한 것으로 보인다.

16 사선(/)은 원문에서 행이 바뀌는 부분을 나타낸다. 이하 같음.

17 還愿의 還은 돌려보내거나 갚는 것을 의미하고, 愿은 神에게 비는 소원을 말한다. 이는 神에게 구하여 받은 은혜에 보답하는 의례적 행위를 말한다. 還愿은 祭天이라고도 하는데, 만주족들은 보통은 祭杆子, 念杆子 또는 院祭라고도 한다. 만주어로는 metembi 또는 julesi bumbi라고 한다. 참고로 『欽定滿洲祭禮祭天典禮』에는 祭天, 『滿洲跳神還愿典例』에는 還愿으로 표기하였다.

18 錫斗는 朱錫으로 제작한 것으로 제사 때 사용하는 祭器의 일종이다.

19 [Alessandra Pozzi] 1寸 3.2cm. 清代의 도량형으로 기준해서 환산하면 대략 木尺 3.41cm, 銅尺 2.93cm이다.

20 倉米는 창고쌀을 의미하는데, 만약의 경우를 대비해서 창고 등에 비축해 둔 쌀을 말한다. 만주어로는 calungga bele라고 한다. 시간이 오래되어 누렇게 변한 쌀을 老米라고 하는데, 만주어로는 hukšeri bele이다.

21 念神歌라고도 하는데, 샤먼이 노래하며 비는 것을 말한다. 만주어로 jarimbi라고 한다.

든다. 불 붙여서 샤먼이 송념하며 제사지내고 쌀[23] 뿌리는 것을 마치기를 기다린다. 두 사람을 보내서 탁자를 들어 뜰로 내가고 조종석(祖宗石)[24] 앞에 이르러 잘 놓는다. 물과 숯불 및 쇠솥도 뒤이어 뜰로 내가서 서쪽 담장 아래에 잘 놓는다. 물이 끓기를 기다려 희생(犧牲)을 잡아서 제육(祭肉)[25]거리를 삶는다. [3a]

22 稷은 기장인데, 粟이나 黏性이 없는 黍를 말하기도 하고 또 高粱이라고도 한다. 여기에서는 기장이라는 명칭을 사용하였다. 참고로 만주어로 기장밥은 ira buda이다.

23 還愿할 때 뿌리는 쌀[米]을 말하는데, 이 같은 쌀을 만주어로 soca라고 한다.

24 祖宗石은 神杆을 세우기 위해 사용하는 石을 말하는데, 神石이라고도 한다.

25 祭肉은 만주어로 amsun(yali)이고, 원문에는 阿瑪孫(肉)이라고 하였다.

청대 歡樂紙의 福 문양

3b

圖-2

uce i dolo sucungga mudan

abka han de gingnere de

ergen i jaka be alibure durun[26]

방문의 안에서 첫 번째로

천신(天神)께 헌주(獻酒)[27]할 때

희생물(犧牲物)을 바치는 의식 [3b]

26 [東京大漢譯] 屋內初次祭天供獻生物式樣

27 gingnembi는 술잔을 드리는 것으로 여기에서는 제사지낼 때 술잔을 바치는 것을 말한다.

4a

圖-3

muke yaha[28] be gemu

dere be dahame

hūwa i ba tucibuki[29]

물과 숯불을 모두

탁자를 따라서

뜰에 내가게 하는 의식 [4a]

---

28 yaha는 숯불을 말한다. cf. tuwa 불[火]

29 [東京大漢譯] 將水火皆隨棹移出院內. tucibuki를 여기에서는 tucibure durun의 의미로 풀었다.

4b

anji	오![30]
dergi abka .	상천(上天)이시여,[31]
deleme[32] donji .	명심하여 들으소서![33]
amba abka	크신 하늘이시여,
aname donji .	두루 들으소서![34]
hasuri hala .	여러 성씨(姓氏)에서[35]
hala tere . /	모씨(某氏)입니다.[36]
tere aniyangge	모년생(某年生)의[37]
elun i ejen	씨족의 주인(主人)[38]

---

30 [奇車山] 安吉 ; [東京大漢譯] 阿吉 ; [Alessandra Pozzi] anji. 샤머니즘 제사할 때 서두에 발언하는 일종의 發語辭로 씨족마다 그 표현이 약간씩 다르다. 보통 安珠, 按朱 또는 安哲 등으로 音譯하고 있다. 또 平安하고 吉하다는 의미의 安吉로도 풀 수 있으나 여기서는 어떤 특별한 의미보다는 發語辭 anji의 音譯으로 보아야 할 것이다. 이밖에 祭天을 위한 宴席의 의미로 보기도 한다. 「薩滿念杆清漢表文」에서 'anji belhefi . dergi abka de sukjiburengge(備腥禮享於上者)'라고 한 예도 있다.

31 만주어 dergi abka는 上天으로, 천지만물을 뒤덮은 것을 가리켜 하는 말이다. 보통은 높은 하늘이라고 하는데, 여기에서는 높으신 하늘, 즉 天神을 비유하여 가리키는 것으로 보았다.

32 [奇車山] dele

33 [奇車山] 請在上聆聽吧 ; [東京大漢譯] 上聞. 三田村泰助는 deleme를 명심하다, 새긴다는 의미의 銘으로 풀었다. 본 역주에서는 三田村泰助의 번역을 따랐다.

34 [奇車山] 請聆聽詳告吧. 제사지내는 이들이 아뢰는 것을 天神께서 잘 들어달라는 의미이다.

35 hasuri(哈蘇理)는 『八旗滿洲氏族通譜』에 기록된 姓으로 특히 清代 入關 이후에 새로이 증가되어 나타난 34姓氏의 하나로 알려져 있다. 恭正의 東京大漢譯에서는 hasuri hala를 哈蘇理氏로 했으나 원문에서 사용한 hasuri hala는 특정 姓氏라기보다는 샤먼 제사에서 일반적으로 사용하는 여러 姓氏[衆姓]의 의미로 보고 있다. 원문[下-17b]에도 나오지만 제사를 지내는 이들 씨족은 舒舒覺羅氏이다.

36 hala tere는 姓氏가 某氏라는 의미인데, 다른 부분에서는 tere hala로도 기록되어 나온다.

37 [奇車山] 某一屬相的 ; [東京大漢譯] 那年. aniyangge는 어떤 해[年]에 관련된 것을 말하는데, 예를 들어 소의 해[丑年]는 ihan aniyangge이다. 참고로 aniyangga 역시 띠[屬相]를 말하는데, 12地支에서 어떤 해[年]에 출생한 사람을 말한다.

38 [奇車山] 額倫之主 ; [東京大漢譯] 額倫之主. elun은 ele[所有; 있는 바 모두] 또는 elen과 관련된 의미로 보아서 씨족 전체를 말하는 것으로 볼 수 있으나 정확한 의미는 미상이다. 三田村泰助는 elun을 氏라고 풀었다. 본 역주에서도 三田村泰助의 번역인 氏의 의미를

elun i boihoji[39] *ejen*[40] .	씨족의 여주인(女主人)[41]
gaiha boihoji .	맞이한 처(妻)
dere[42] aniyangge hehe .	모년생(某年生)의 부인
ujiha juse .	기른 자식들
gaiha / urun .	맞이한 며느리
fusembuhe omosi .	번성한 손자들
uheri deheri .	모든 씨족 사람들은[43]
ufuhu de ulici .	폐부(肺腑)에 새기고[44]
fahūn de falici .	간(肝)에 새기어[45]
unenggi gūnin / tebuhe .	참된 뜻 지녔습니다.[46]
elkin[47] *niyengniyeri*	풍요로운 봄
bayan i bolori i erinde .	부유한 가을철에[48]
tere baita i jalinde .	어떤 일을 위하여
ulin jiha tucifi .	재물과 돈 내고

취하였다.

39 [奇車山] boigoji. boigoji는 손님을 접대하는 主人, 특히 主婦를 가리킨다. cf. 妻室

40 이탤릭체는 본문에서 2행의 작은 글씨로 쓰여진 부분을 나타낸 것이다.

41 氏族의 女主人을 말한다.

42 [奇車山] tere ; [Alessandra Pozzi] tere

43 deheri는 tehereme niyalma, 즉 同世代의 사람이라는 의미로 보아서 씨족의 모든 사람을 의미하는 것으로 보았다.

44 [奇車山] 一心一意 ; [東京大漢譯] 銘結肺腑. 원문을 직역하면 폐에 뚫다는 의미이다. 이는 곧 폐부에 새긴다는 것으로 명심한다는 의미이다.

45 [奇車山] 同心同德. ufuhu de ulici / fahūn de falici는 한마음 한뜻으로라는 의미로 풀었다.

46 unenggi gūnin은 誠心, 誠意를 말한다. 즉 정성을 다해서 제사지낼 마음을 갖추었다는 의미이다.

47 [奇車山] elgiyen

48 봄에 지내는 春祭는 '祀 ; niyengniyerikten' 여름에 지내는 夏祭는 '禴 ; juwarikten' 가을에 지내는 秋祭는 '嘗 ; bolorikte' 겨울에 지내는 冬祭는 '烝 ; tuwerikten'이라고 한다.

basa jiha / baicame[49] .	공전(工錢) 돈 쓰며[50]
baitangga *ulgiyan*	집사인(執事人)[51]은 돼지
honin be gaifi .	양(羊)을 가지고
hūwa i bade sindaha .	뜰에 놓았습니다.
abka han de alibuki .	천신(天神)[52]께 바치고자 합니다.
emu / gala de alime gaifi .	한 손에 받아 가지고[53]
juwe gala de . alime gaisu .	두 손에 받아 가지십시오![54]
alime gaifi .	받아 가지고
abka de gama .	하늘에 가져가십시오!
tomsome gaifi .	집어 가지고
tugi de gama .	구름에 가져가십시오!
ereci julesi .	이후로
tanggū aniya targakū .	백 년 금기[忌諱] 없고[55]
ninju aniya nimeku akū .	60년 병(病) 없게!

---

49 [奇車山] baitalame

50 工錢은 보통 보수나 수당 등을 말하는데, 여기에서는 제사를 위해 필요한 사람을 쓰고 제수용품 등을 마련하는데 드는 비용을 말한다. 즉 집안의 재물과 돈을 내서 제사 비용에 충당한다는 의미이다.

51 [奇車山] 所用之猪 ; [東京大漢譯] 匠人. baitangga는 제사에 사용하는 이라는 의미로도 가능한데, 청대에 보통 직급이 없이 관청이나 군대에서 각종 업무를 맡아서 처리하는 사람을 말한다. 여기에서는 제사지내는데 관련된 업무를 맡아서 처리하는 이로 보았다.

52 [東京大漢譯] 皇天

53 [奇車山] 請一幷接受 ; [東京大漢譯] 一手承受

54 『薩滿念杆淸漢表文(saman somo i jakade jalbarire bithe)』에서는 'sukjiha . emu gala juwe gala . abka de gama(尙享奉撿於天)'라고 한 표현이 나온다.

55 백 년 동안 무탈하게 해달라는 기원이다. 만주어에 targa가 있는데, 출산 후에 문 위에 걸어두는 풀단[草把子] 같은 것으로, 과거 출산 후 외부인의 출입을 금하던 우리의 금줄과 유사한 것으로 보인다. 참고로 환원 제사 시에 神杆 위에 매다는 풀단은 만주어로는 furgi라고 한다.

baifi[56] / gese banjibume .	구한 대로 살게 하고
sain gese sakdabume .	잘 늙게 하십시오![57]
uju funiyehe be šartala[58] .	머리카락을 하얗도록
angga weihe be sorotolo .	입의 치아를 누렇도록[59]
yabure bade / yargiyambu .	행하는 바에 결실있게 하고[60]
genere bade getuken kai .	가는 곳에 분명하게![61]
sain jugūn yabuci .	좋은 길 다니면
ehe jugūn dalibu .	나쁜 길 가리게 하십시오![62]
sain niyalma acabuci .	좋은 사람 만나게 하면
ehe / niyalma be jailabu .	나쁜 사람을 피하게 하십시오!
orin niyalma oilori .	20명은 걸어서[63]
dehi niyalma deleri .	40명은 말 위에서[64]

56 [奇車山] baiha

57 [奇車山] 祈愿得以償還, 無病無痛地老去 ; [東京大漢譯] 同生同老

58 [奇車山] šaratala ; [Alessandra Pozzi] šaratala

59 머리가 희고 치아가 누렇게 될 때까지 장수하기를 기원하는 것을 말한다.

60 [東京大漢譯] 所行有驗. 행하는 일마다 어떤 실질적인 효력이 나타나기를 바란다는 의미이다.

61 [東京大漢譯] 所行有靈. getuken은 분명하다, 명백하다 등을 의미하는데, 여기서는 神의 靈驗 덕에 방해되는 것들이 깨끗하게 제거되어 일이나 행사 등이 순조롭게 풀리는 것을 말한다.

62 좋은 길과 나쁜 길은 善行과 惡行을 의미하기도 한다.

63 [奇車山] 在二十人之上 ; [東京大漢譯] 步下二十人. oilori에는 겉으로, 표면적인 등의 의미가 있다. 20명의 위에서, 경박한 20명, 대략 20명 또는 20명 외에 등의 의미로도 볼 수 있다. 만주족 恭正은 步下, 三田村泰助는 徒步라고 풀었는데, 여기에서는 徒步의 의미를 취하였다.

64 [奇車山] 在四十人之上 ; [東京大漢譯] 馬上四十人. deleri에는 馬上, 忽略의 의미가 있다. 忽略한 40명, 대략 40명 또는 40명 이상 등의 의미로도 볼 수 있다. 三田村泰助는 馬上이라고 풀었는데, 여기에서도 馬上의 의미를 취하였다. oilori deleri에는 표면적인, 피상적인 등의 의미가 있다. 참고로 M. P. Volkova, Nĭšan saman i bithe 영인본에도 "orin saman i oilori . dehi saman deleri"라고 하여 유사한 문구가 나오는데, 成百仁의 『滿文니샨巫人傳』

juleri dalibu .	앞에서 가로막게 하고
amala alibu .	뒤에서 대적하게 하십시오![65]
urgun sain / acabu .	기쁘고 좋은 것을 만나게 하십시오!
sasa geli sakdabu .	함께 또 늙게 하고
juru geli banjimbu .	짝으로 또 살게 하십시오![66]
banjime geli bayambu .	살면서 또 부유하게 하고
wehiyeme geli wesimbu .	거들어 도와서 또 오르게 하십시오!
abtaha[67] de geli arsumbu ./	잎에 또 싹이 나게 하고[68]
fulehe de geli fusembu .	뿌리에 또 번성하게 하십시오!
bayan wesihun de obufi .	부유하고 귀한 데 되게 하고[69]
aniya ambula se fulu .	연세 많고 나이 넉넉하고[70]
jaluka[71] unggikini[72] ..	가득 증가하게 하십시오! [4b]

에서는 "二十 巫堂 위이시고, 四十 巫堂 위이시니"라고 번역하고, 56쪽 각주 75)에서 설명하였다. 이외에도 『滿文니샨巫人傳』(115쪽)에 20과 40이 對가 되어 나타나기도 한다.

65 [奇車山] 驅赶在前, 敬獻在後. [東京大漢譯] 前護後擁. juleri dalibu / amala alibu는 앞뒤에서 옹호하다는 의미이다.

66 [東京大漢譯] 生雙子. juklu geli banjibu를 쌍둥이 출산의 의미로 보기도 했으나 여기서는 부부가 偕老하다는 의미로 보았다.

67 [奇車山] abdaha ; [Alessandra Pozzi] abdaha

68 잎[abdaha]과 뿌리[fulehe]는 버드나무의 잎과 뿌리를 말하는데, 자손들을 주관하는 버들가지 할머니, 즉 佛多聖母(또는 子孫聖母)와 관련이 있다. 샤먼 제사하면서 무성하게 자라는 버드나무의 잎과 뿌리처럼 자손들이 건강하게 해달라고 기원하는 의미가 있다.

69 부유하게 살아가고 관직이나 지위가 높은 곳에 오르게 되기를 바라는 것이다.

70 나이가 많도록 오래 사는 것, 즉 장수를 기원하는 것이다.

71 [奇車山] jalukan ; [Alessandra Pozzi] jaluka

72 [奇車山] nonggikini ; [Alessandra Pozzi] nonggikini

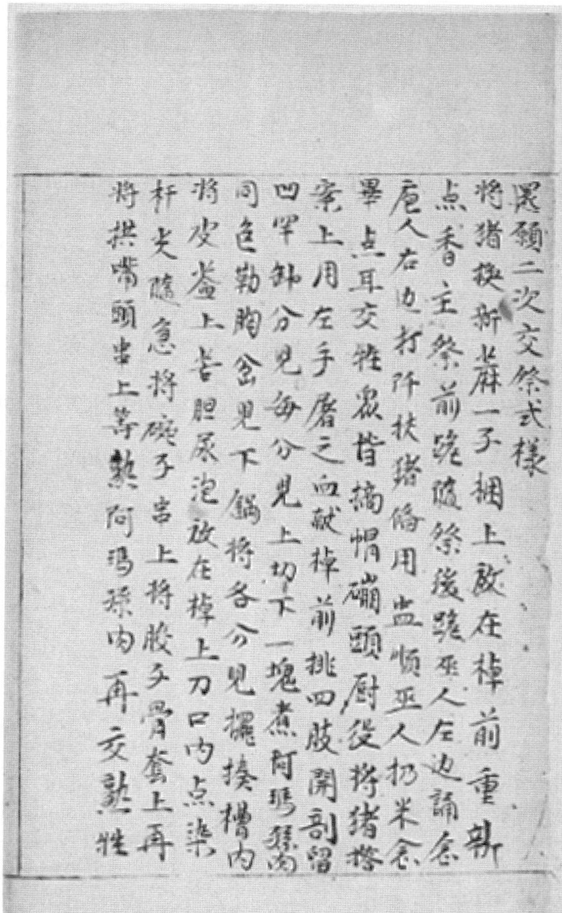
罷願二次交祭式樣
將猪換新蔴一子綑上放在桌前重新
点香主祭前跪隨祭後跪巫人左边誦念
庖人右边打阡扶猪倚用盅順巫人扔米念
畢点耳交牲衆皆摘帽磕頭厨役將猪擡
案上用左手磨之血献桌前排四肢開剖留
四罕鉢分兒每分兒上切下一塊煮阿瑪孫肉
同色勒胸岔兒下鍋將各分兒擺換槽內
將皮盔上苦胆尿泡放在桌上刀口內点染
杆夫隨意將碗子盅上將股子骨套上再
將拱嘴頭盅上蒸熟阿瑪孫肉再交熟牲

5a

還願二次交祭式樣

將猪換新麻一[73]子捆上, 放在棹前, 重新 / 点香. 主祭前跪, 隨祭後跪. 巫人左邊誦念, / 庖人右邊打阡扶猪. 備用盅順, 巫人扔米念 / 畢, 点耳交牲. 衆皆摘帽磞[74]頭. 廚役將猪搭[75] / 案上, 用左手屠之. 血獻棹前, 挑四肢開[76]剖, 留 / 凹罕卸分兒, 每分兒上切下一塊煮阿瑪孫肉. / 同色勒胸岔兒下鍋. 將各分兒擺揍槽內, / 將皮蓋上. 苦胆尿泡放在棹上, 刀口內点染 / 杆尖.[77] 隨急[78]將碗子串上, 將膠子骨套上, 再 / 將拱嘴頭串上. 等熟阿瑪孫肉, 再交熟牲.

환원(還愿) 제2차 제사 의식

돼지를 새 삼끈 한 줄로 바꾸어 묶어서 탁자 앞에 놓고 다시 새로 향을 피운다. 제사를 주관하는 사람은 앞에서 무릎을 꿇고, 제사 참여자들은 뒤에서 무릎 꿇는다. 샤먼[巫人]은 왼편에서 송념(誦念)하고, 포인(庖人)[79]은 오른편 통로[80]에서 돼지를 붙잡는다. 준비해서 사용하는 작은 잔[盅]의 순서대로 샤먼은 쌀을 뿌리고 송념을 마치고, 돼지의 귀[耳]에 들어붓고[81] 제사지낸다. 여러 사람들은 모두 모자를 벗고 고두(叩

73 [奇車山] 繩. 원문에는 '一'이다.
74 [奇車山] 磕. 원문에는 '磞'이다.
75 [奇車山] 抬(擡). 원문에는 '搭'이다.
76 [奇車山] '開'가 누락되었다.
77 [奇車山] 光. 원문에는 '尖'이다.
78 [奇車山] 機. 원문에는 '急'이다.
79 제사를 위해 요리를 준비하는 사람을 말한다.
80 赤松智城은 通路라고 풀이하였다.
81 點耳는 돼지의 귀에 맑은 물[水]이나 술[酒]을 들어붓는 의식으로 神靈께서 犧牲을 접수하는가 여부를 살핀다. 보통 澆耳라고도 한다. 만주족의 제사에서 돼지의 귀에 들어붓는 물이나 술을 만주어로 jung-šun이라 하고, 돼지의 귀에 물이나 술을 들어붓는 것을 jung-šun suitambi라고 한다. 우물에서 떠온 淨水나 샘물 또는 술을 돼지의 귀에 뿌리는데, 이

頭)[82]한다. 주방일꾼은 돼지를 탁자 위에 올려놓고, 왼손으로 돼지를 도살(屠殺)한다.[83] 피[血]는 탁자 앞에 바치고, 사지(四肢)를 발라서 해부하고, 발굽[84]은 보관하고, 돼지의 각 지체(肢體)에서 한 덩이씩 잘라서 제육으로 삶는다. 척추뼈[色勒][85]와 명치뼈[胸岔兒]도 함께 솥에 넣는다. 각 부위를 통[槽] 안에 모아놓고, 돼지의 껍질로 덮는다. 쓸개[苦膽]와 오줌보[尿泡]는 탁자 위에 놓고, 칼날의 피를 신간(神杆)[86] 끝부분에 칠한다. 곧바로 사발을 꿰고, 목뼈[87]로 덮고, 다시 돼지의 돌출된 주둥이를 꿴다. 제육이 삶아지기를 기다려서 삶은 희생을 바친다. [5a]

때 돼지가 머리와 온몸을 요동치며 뒤흔들면 神靈께서 이 희생을 접수했다고 본다. 이 같은 반응을 보이지 않으면 받아들이지 않았다라고 한다. 돼지가 반응이 없으면 샤먼은 다시 기도하고 神歌를 부르고 반응이 있고서야 그친다. 어떤 이들은 이것이 제물로 바쳐진 돼지의 총명함을 보는 것이라고도 한다. 여기서는 돼지의 살이 찐 정도보다는 돼지의 민감한 반응 여부를 살펴보는 것이 중요하다.

82 叩頭는 절하는 방식의 하나로 보통 이마를 지면에 닿도록 조아리며 하는 것을 말한다. 만주어로는 hengkilembi이다.

83 희생 돼지를 도살할 때 左手, 즉 왼손을 사용한다는 점이 주목된다.

84 凹罕은 발굽[蹄]을 의미하는 만주어 wahan의 音譯으로 보인다. 여기에서는 豚足, 즉 돼지 족발 에 해당한다. 赤松智城은 腰라고 하였다. 또 凹罕은 窪坎으로 보아서 凹陷, 즉 오목한 부위를 나타내는 것으로 해석하기도 한다.

85 色勒은 脊骨, 脊樑骨을 말하는데, 만주어 seire의 音譯으로 보인다. 다른 한편 肋部의 고기로도 보았다. 보통 色勒은 쇠[鐵]를 뜻하는 만주어 sele의 音譯으로도 사용한다.

86 還愿 제사할 적에 세우는 나무를 말하는데, 만주어로는 somo라고 한다.

87 膠子骨은 頸骨, 즉 돼지의 목뼈 부위를 말한다.

제사 때 사용하는 은(銀) 숟가락과 잔

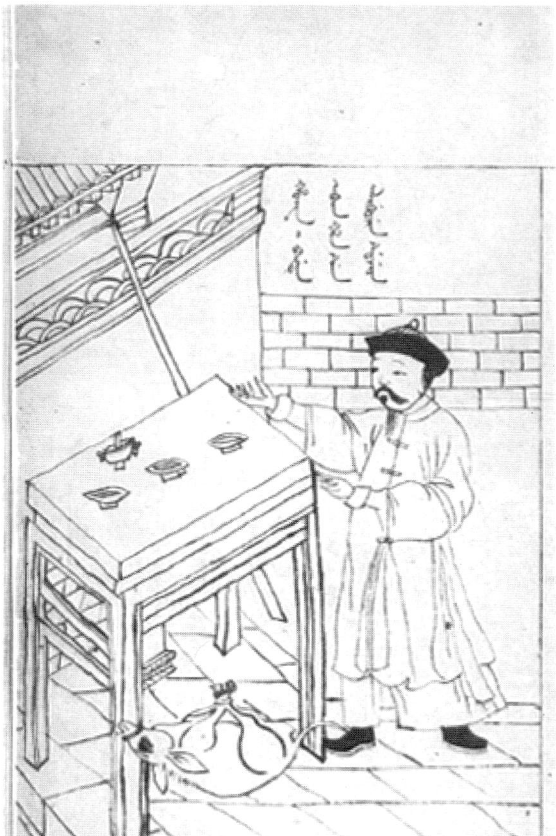

5b

圖-4

hūwa i bade

abka han de

alibure durun[88]

뜰에서

천신(天神)께

바치는 의식 [5b]

88 [東京大漢譯] 在院子祭天供獻式樣

6a

圖-5

elun i ejen hūwa i bade
ergen be alibure de
niyakūra hengkire
hūturi be baire durun[89]

씨족의 주인 뜰에서
희생(犧牲)을 바칠 때
무릎 꿇고 고두(叩頭)하고
복(福)을 구하는 의식 [6a]

89 [東京大漢譯] 額倫之主在院子獻牲跪叩求福式樣

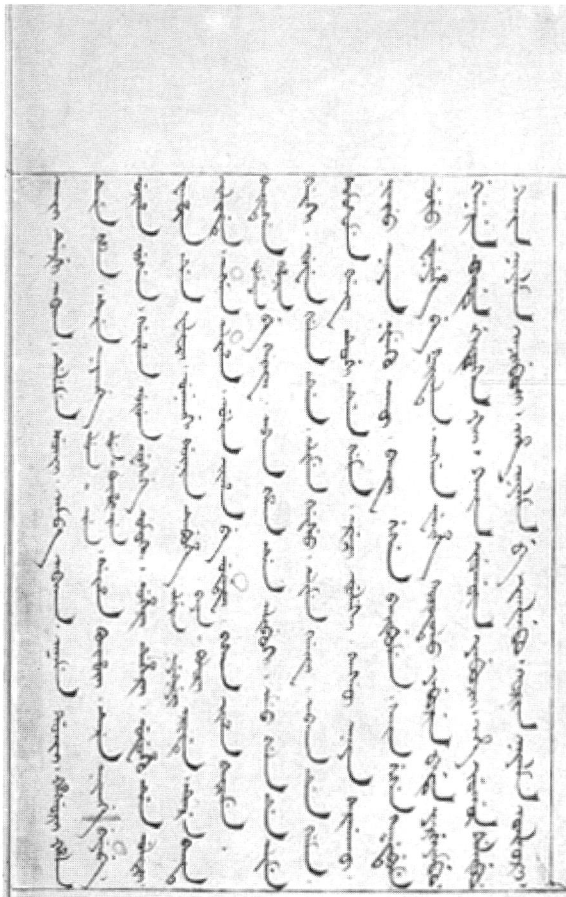

6b

anji	오!
dergi abka .	상천(上天)이시여,
deleme[90] donji .	명심하여 들으소서!
amba abka .	크신 하늘이시여,
aname donji .	두루 들으소서!
hasuri hala /	여러 성씨(姓氏)에서
tere hala .	모씨(某氏)입니다.
tere aniyanggae .	모년생(某年生)의
elun i ejen .	씨족의 주인(主人)
elun i boihoji[91] *ejen .*	씨족의 여주인(女主人)
gaiha boihoji .	맞이한 처(妻)
tere aniyangge beyebe . /	모년생(某年生)의 몸[92]
ujiha juse .	기른 자식들
gaiha urun .	맞이한 며느리
fusege[93] omosi .	번성한 손자들
uheri deheri .	모든 씨족 사람들은
ufuhu de ulici . /	폐부(肺腑)에 새기고
fahūn de falici .	간(肝)에 새기어
unenggi gūnin tebuhe	참된 뜻 지녔습니다.
elgin[94] *niyengniyeri .*	풍요로운 봄

90 [奇車山] dele

91 [奇車山] boigoji

92 beyebe 부분은 원문의 다른 곳에서는 hehe로 나온다.

93 [奇車山] fuseke ; [Alessandra Pozzi] fuseke

bayan i bolori erinde .	부유한 가을철에
tere baita / jalinde .	어떤 일을 위하여[95]
angga aljaha .	응낙하였습니다.
ulin jiha be udafi .	재물과 돈 내고
basa jiha baicame[96] . /	공전(工錢) 돈 쓰며
baitangga *ulgiyan*	집사인(執事人)은 돼지
honin be gajifi[97] .	양(羊)을 가져와
abka han de alibuki .	천신(天神)께 바치고자 합니다.
emu gala de alime / gaiki .	한 손에 받아 가지고
juwe gala de alime gaisu .	두 손에 받아 가지십시오!
alime gaifi .	받아 가지고
abka de gama . /	하늘에 가져가십시오!
tomosome[98] gaifi	집어 가지고
tugi de gama .	구름에 가져가십시오!
ereci julesi .	이후로
tanggū aniya targakū . /	백 년 금기 없고
ninju aniya nimeku akū .	60년 병 없게 하십시오!
baifi[99] gese banjibume .	구한대로 살게 하고
sain gese sakdabume . /	잘 늙게 하십시오!

94 [奇車山] elgiyen

95 제사를 지내는 사유를 고하는 것을 말한다.

96 [奇車山] baitalame

97 [奇車山] gaifi ; [Alessandra Pozzi] gajifi

98 [奇車山] tomsome ; [Alessandra Pozzi] tomsome

99 [奇車山] baiha

uju funiyehe be šartala[100] .	머리카락을 하얗도록
angga weihe sorotolo .	입의 치아 누렇도록
yabure bade yargiyambu .	행하는 바에 결실있게 하고
genere bade getuken kai .	가는 곳에 분명하게!
sain jugūn yabuci .	좋은 길 다니면
ehe jugūn dalibu . /	나쁜 길 가리게 하십시오!
sain niyalma acabuki[101] .	좋은 사람 만나게 하고
ehe niyalma be jailabu .	나쁜 사람을 피하게 하십시오!
orin niyalma oilori .	20명은 걸어서 [6b]

100 [奇車山] šaratala ; [Alessandra Pozzi] šar[a]tala
101 [奇車山] acabuci

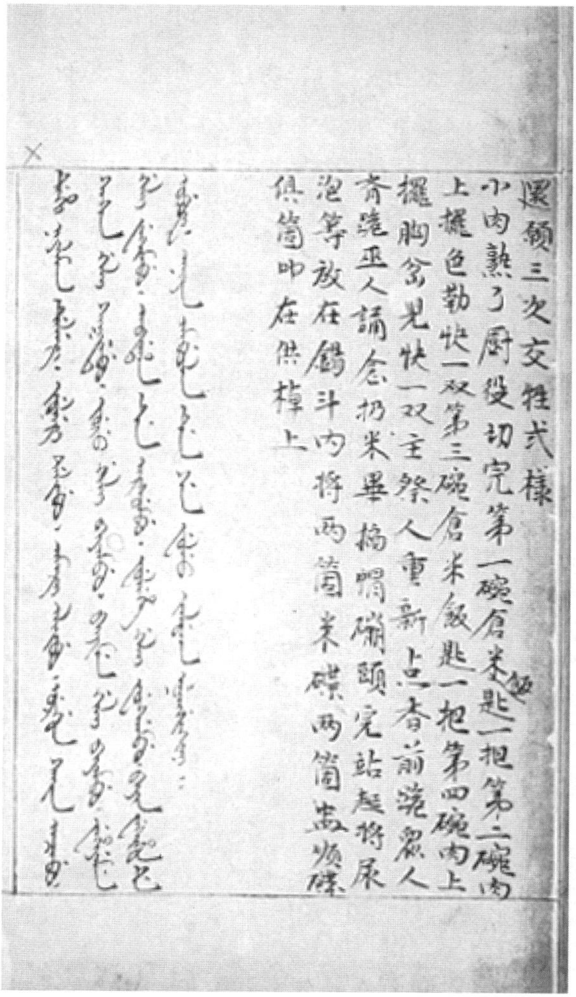
還願三次交牲式樣
小肉熟了廚役切完第一碗倉米飯匙一把第二碗肉
上擺色勒快一双第三碗倉米飯匙一把第四碗肉上
擺肉盆儿快一双主祭人重新上点香前澆衆人
齊澆巫人誦念扔米畢摘帽磕頭完站起將原
泡等放在鍋斗內將兩箇米碟兩箇盅燭碟
俱箇叩在供棹上

7a

dehi niyalma deleri .	40명은 말 위에서
juleri dalibu .	앞에서 가로막게 하고
amari[102] alibu .	뒤에서 대적하게 하십시오!
urgun sain acabu . /	기쁘고 좋은 것을 만나게 하십시오!
sasa geli sakdabu .	함께 또 늙게 하고
juru geli bayambu .	짝으로 또 부유하게 하십시오!
banjime geli bayambu .	살면서 또 부유하게 하고
wehiyeme / geli wesimbu .	거들어 도와서 또 오르게 하십시오!
abdaha de arsumbu .	잎에 싹이 나고
fulehe geli fusembu .	뿌리 또 번성하게 하십시오!
bayan wesihun de / obufi .	부유하고 귀한 데 되게 하고
aniya ambula de se fulu .	연세 많은 데에 나이 넉넉하고
jaluka[103] nonggikini ..	가득 증가하게 하십시오! [7a]

還願三次交牲式樣

小肉熟了, 廚役切完. 第一碗倉米*飯, 匙一把. 第二碗肉 / 上擺色勒快[104]一双. 第三碗倉米飯, 匙一把. 第四碗肉上, / 擺胸岔兒快[105]一双. 主祭人重新点香, 前跪. 衆人 / 齊跪. 巫人誦念扔米畢, 摘帽磞[106]頭完, 站起將尿 / 泡等放在錫斗內. 將兩箇米碟兩箇盅順碟 / 俱箇叩在供棹上.

102 [奇車山] amala
103 [奇車山] jalukan ; [Alessandra Pozzi] jaluka
104 [奇車山] 筷. 원문에는 '快'이다.
105 [奇車山] 筷. 원문에는 '快'이다.
106 [奇車山] 磕. 원문에는 '磞'이다.

환원(還愿) 제3차 희생 바치는 의식

소육(小肉)[107]이 익으면 주방일꾼이 자른다. 첫 번째 사발에는 창미반(倉米飯)과 숟가락 한 개. 두 번째 사발에는 고기 위에 척추뼈[色勒]와 젓가락 한 쌍을 진열한다. 세 번째 사발에는 창미반과 숟가락 한 개. 네 번째 사발에는 고기 위에 명치뼈[胸岔兒]와 젓가락 한 쌍을 진열한다. 제사를 주관하는 사람이 다시 향을 피우고, 앞에서 무릎 꿇는다. 여러 사람들은 일제히 무릎 꿇는다. 샤먼[巫人]이 송념(誦念)하고 쌀 뿌리는 의식을 마치면 모자를 벗고 고두(叩頭)를 마친 뒤 일어나 오줌보 등을 석두(錫斗) 안에 놓는다. 쌀접시[米碟] 2개와 작은 잔[盅] 2개를 놓는데 접시 순서대로 잔을 갖추어 공탁자(供棹子)[108] 위에 엎어 놓는다. [7a]

107 還愿 제사지낼 때 사용하는 제육의 일종인데, 만주어로는 sori yali라고 한다.
108 제사에 사용하는 供物을 바치는 탁자를 말한다.

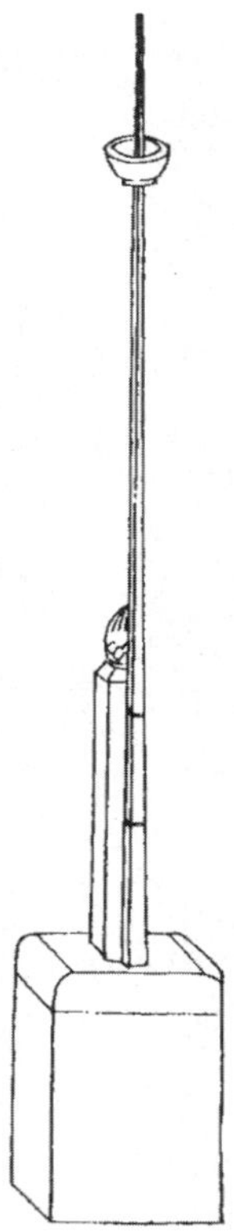

신간(神杆)과 신간석(神杆石)

7b

圖-6

amsun yali baha

abka han de

alibure durun[109]

제육(祭肉) 얻어서

천신(天神)께

바치는 의식 [7b]

109 [東京大漢譯] 得祭肉供天式樣

8a

圖-7

amsun baha be dahame

hengkire niyakūrafi

abka han de

alibure durun[110]

제육(祭肉) 얻었으므로

고두(叩頭)하고 무릎 꿇어

천신(天神)께

바치는 의식 [8a]

110 [東京大漢譯] 得祭肉隨從跪叩供天儀式

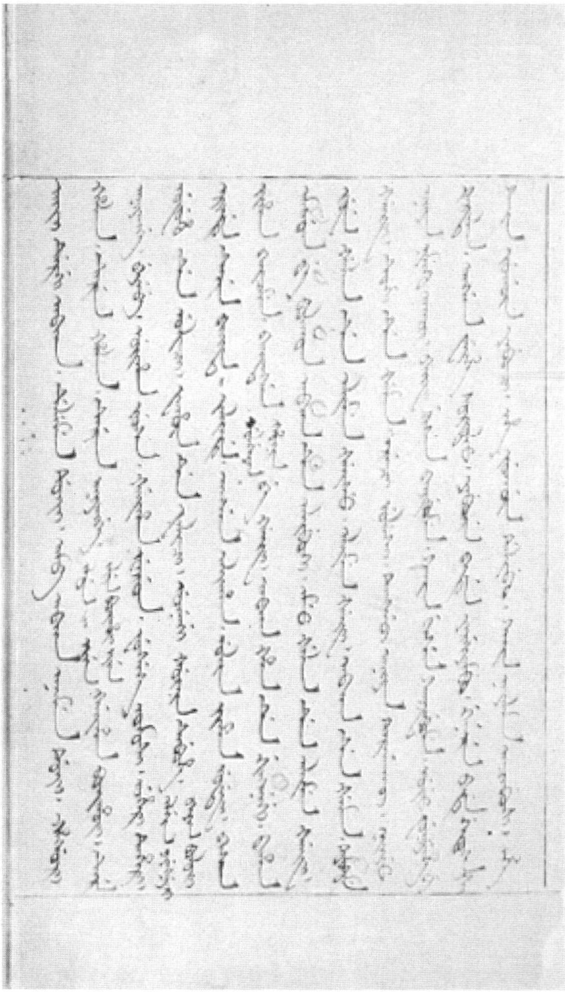

8b

anji	오!
dergi abka .	상천(上天)이시여,
deleme[111] donji .	명심하여 들으소서!
amba abka	크신 하늘이시여,
aname donji .	두루 들으소서!
hasuri / hala .	여러 성씨(姓氏)에서
tere hala .	모씨(某氏)입니다.
tere aniyangge	모년생(某年生)의
elun i ejen	씨족의 주인(主人)
elun i boihoji ejen .	씨족의 여주인(女主人)
gaiha boihoji .	맞이한 처(妻)
tere / aniyangge . beyebe .	모년생(某年生)의 몸
ujiha juse .	기른 자식들
gaiha urun .	맞이한 며느리
fuseke omosi .	번성한 손자들
uheri teheri[112] . /	모든 씨족 사람들은
ufuhu de ulici .	폐부(肺腑)에 새기고
fahūn de . falici .	간(肝)에 새기어
unenggi gūnin tebuhe .	참된 뜻 지녔습니다.
elgin[113] *niyengniyeri*	풍요로운 봄

111 [奇車山] dele
112 [奇車山] deheri ; [Alessandra Pozzi] deheri
113 [奇車山] elgiyen

bayan bolori / erinde	부유한 가을철에
tere baita i jalinde .	어떤 일을 위하여
angga aljaha .	응낙하였습니다.
ulin jiha udafi .	재물과 돈 내고
basa / jiha baicame .	공전(工錢) 돈 쓰며
baitangga *ulgiyan*	집사인(執事人)은 돼지
honin be gaifi .	양(羊)을 가지고
abka han de ginggneki .	천신(天神)께 헌주(獻酒)하고자 합니다.
baha / amsun be	얻은 제육을
bolgon[114] abka de alibuki .	정(淨)한 하늘에 바치고자 합니다.
emu gala de alime gaifi . /	한 손에 받아 가지고
juwe gala de alime gaisu .	두 손에 받아 가지십시오!
alime gaifi .	받아 가지고
abka de gama .	하늘에 가져가십시오!
tomosome[115] / gaifi .	집어 가지고
tugi de gama .	구름에 가져가십시오!
ereci julesi .	이후로
tanggū aniya targakū	백 년 금기 없고
ninju / aniya nimeku akū .	60년 병 없게!
baifi[116] gese banjibume .	구한대로 살게 하고

114 [奇車山] bolgo ; [Alessandra Pozzi] bolgo
115 [奇車山] tomsome ; [Alessandra Pozzi] tomsome
116 [奇車山] baiha

sain gese sakdabume .	잘 늙게 하십시오!
uju funiyehe be / šartala[117] .	머리카락을 하얗도록
angga weihe be sortolo[118] .	입의 치아를 누렇도록
yabure bade yargiyambu .	행하는 바에 결실있게 하고
genere bade getuken kai . /	가는 곳에 분명하게!
sain jugūn yabuci .	좋은 길 다니면
ehe jugūn dalibu .	나쁜 길 가리게 하십시오!
sain niyalma acabuki .	좋은 사람 만나게 하고
ehe /	나쁜 [8b]

117 [奇車山] šaratala ; [Alessandra Pozzi] šar[a]tala
118 [奇車山] sorotolo ; [Alessandra Pozzi] sorotolo

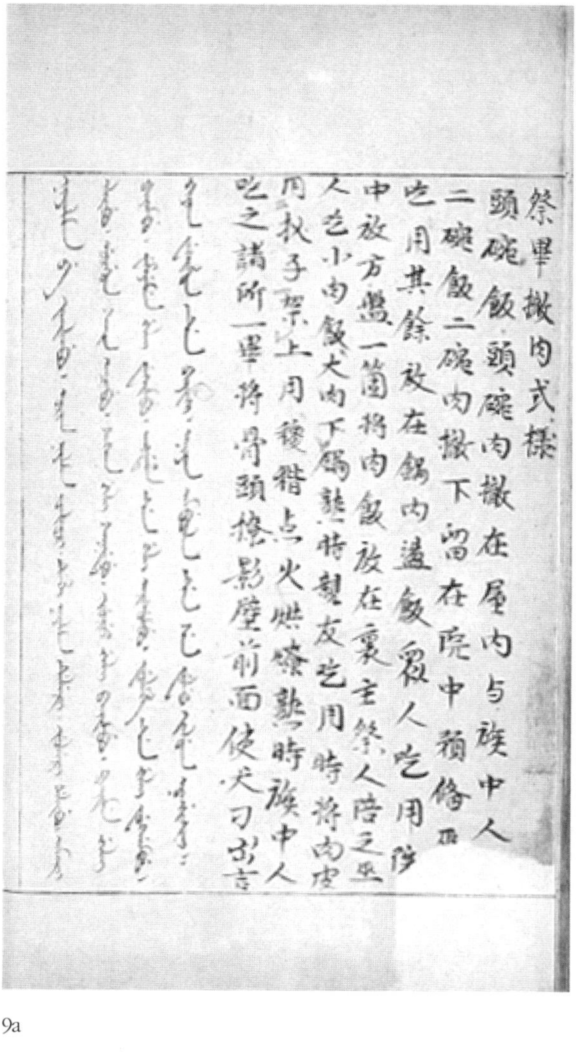

祭畢撤肉式樣
頭碗飯頭碗肉撤在屋內与族中人
二碗飯二碗肉撤下留在院中預備西
吃用其餘放在鍋內盡叙衆人吃用俟
中放方盤一箇將肉飯放在裏主祭人陪之坐
人吃小肉飯大肉下鍋熟時親友吃用時將肉虔
用杈子架上用稷稭点火烘燎熟時族中人
吃之請所一畢將骨頭像影壁前面使犬刁引言

9a

niyalma be jailabu .	사람을 피하게 하십시오!
orin niyalma oilori .	20명은 걸어서
dehi niyalma deleri .	40명은 말 위에서
juleri dalibu .	앞에서 가로막게 하고
amari / alibu .	뒤에서 대적하게 하십시오!
urgun sain acabu .	기쁘고 좋은 것을 만나게 하십시오!
sasa geli sakdabu .	함께 또 늙게 하고
juru geli banjimbu .	짝으로 또 살게 하십시오!
banjime geli / bayambu .	살면서 또 부유하게 하고
wehiyeme geli[119] wesimbu .	거들어 도와서 또 오르게 하십시오!
abdaha de geli arsumbu .	잎에 또 싹이 나게 하고
fulehe de geli fusembu . /	뿌리에 또 번성케 하십시오!
bayan wesihun de banjiki .	부유하고 귀한 데 살고
aniya ambula de se fulu .	연세 많은 데에 나이 넉넉하고
jaluka[120] nonggikini ..	가득 증가하게 하십시오! [9a]

祭畢撤肉式樣

頭碗飯頭碗肉撤在屋內, 與族中人(훼손).[121] / 二碗飯二碗肉撤下, 留在院中, 預備巫(훼손)[122] / 吃用. 其餘放在鍋內盪飯衆人吃用. 院 / 中放方盤一箇, 將肉飯放在裏. 主祭人陪之, 巫 / 人吃小肉飯. 大肉下鍋熟時, 親

119 [Alessandra Pozzi] 'geli' 부분이 누락되었다.
120 [奇車山] jalukan ; [Alessandra Pozzi] jaluka
121 (吃用)
122 巫[人]의 '人'으로 추정하였다.

友吃用時, 將肉皮 / 用杈子架上, 用稷楷点火烘燎. 熟時, 族中人 / 吃之. 諸所一畢, 將骨頭撩影壁前面, 使犬刁出吉.

제사 끝나고 제육을 치우는 의식

첫 번째 사발의 밥과 첫 번째 사발의 고기는 거두어서 실내에서 씨족 사람들과 더불어 먹는다. 두 번째 사발의 밥과 두 번째 사발의 고기는 거두어 뜰에 남겨두어 샤먼[巫人]이 먹는데 예비한다. 그 나머지는 솥 안에 넣고 밥을 끓여서 여러 사람들이 먹는데 사용한다. 뜰 가운데 목반(木盤)을 1개 놓고 고기와 밥을 안에 놓는다. 제사를 주관하는 사람은 배석하고, 샤먼[巫人]은 소육반(小肉飯)을 먹는다.[123] 대육(大肉)은 솥에 넣고 익으면 친척과 벗들이 먹는데 사용하는데, 고기껍질은 나뭇가지에 걸쳐서 기장짚단[稷楷]에 불을 붙여서 그슬린다. 익으면 씨족 사람들이 먹는다. 각처의 식사가 일제히 끝나면, 희생(犧牲)의 뼈다귀를 가져다가 영벽(影壁)[124] 앞에 던져서 개로 하여금 물고 가게 한다. [9a]

---

123 小肉飯은 大肉飯인 amsun yali buda(阿瑪孫肉飯)에 상대되는 표현으로 제사에 참여한 이들을 위해 만든 음식을 말한다. 小肉飯은 살코기와 좁쌀을 혼합하여 만든 음식으로 보통 부녀자들은 집안에서 소육반을 먹는데, 이웃이나 지나가는 행인들에게도 나누어 준다. 만주족의 제육은 大肉이나 小肉 모두 당일 다 먹어야 한다. 그렇기 때문에 이웃이나 지나가는 행인에게도 나누어주는 관습이 있다.

124 影壁은 뜰 안이 들여다보이지 않도록 옆에 막아 세운 가림벽을 말한다.

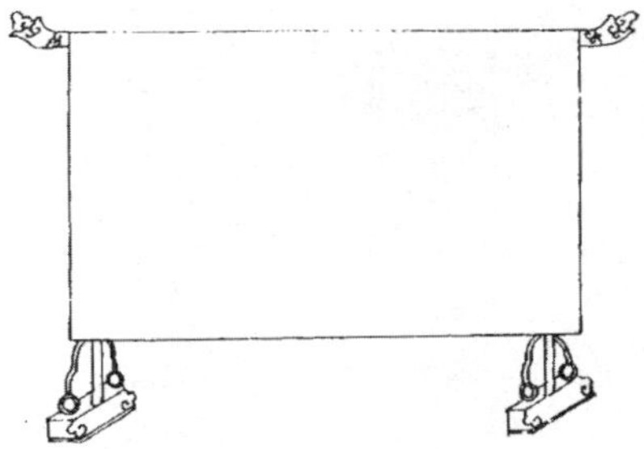

제천 제사 때 사용하는 가림막틀

9b

baita de baitalara be

en jen belhebure

durun[125]

(제사(祭祀)지내는) 일에 사용하는 것을

모두 다 예비하도록 하는

의식 [9b]

125 [東京大漢譯] 祭事所用豫備妥當式樣

10a 圖-9[126] [설명 없음][10a]

126 내장과 발굽 등을 요리하는 모습.

제육(祭肉)을 담는 목반(木盤)

10b

圖-10[127]

ajige yali buda baha[128]
takūra[129] niyalma jetere
durun[130]

소육반(小肉飯) 얻어서
부리는 일꾼[用人]이 먹는
의식 [10b]

127 그림 속에 '太平' '一家門清'이라는 문구가 보인다.
128 [奇車山] bahafi ; [奇車山] 小肉飯熟後
129 [奇車山] takūrara ; [Alessandra Pozzi] takūra
130 [東京大漢譯] 得了小肉飯使用人吃的式様

11a

圖-11

baha amsun be[131]

sama[132] hūwa i bade

tefi jetere durun[133]

얻은 제육(祭肉)을

샤먼이 뜰에

앉아서 먹는 의식 [11a]

131 [奇車山] 阿瑪孫肉熟後

132 [奇車山] saman ; [Alessandra Pozzi] sama

133 [東京大漢譯] 得了祭肉巫人在院子坐食式樣

11b

圖-12

mukūn gubci

amsun be

jetere durun[134]

씨족 사람 전부가

제육(祭肉)을

먹는 의식 [11b]

134 [東京大漢譯] 闔族吃祭肉式樣

12a

圖-13

niyaman hūncihin

gucu gargan be

amsun yali jetere

durun[135]

친척과

벗들이

제육(祭肉) 먹는

의식 [12a]

135 [東京大漢譯] 親戚朋友吃祭肉式様

12b

圖-14

ulgiyan i sukū

fucihiyala[136] baha[137]

jetere durun[138]

돼지의 껍질

불에 그슬려서 얻어

먹는 의식 [12b]

---

136 [奇車山] fucihiyalame

137 [奇車山] bahafi

138 [東京大漢譯] 燎猪皮式樣

13a

圖-15

giranggi faha
durun[139]

뼈[骨]를 던지는
의식 [13a]

139 [東京大漢譯] 抛擲骨頭式樣

13b [공란][13b]

院中祭蒙古祖宗式樣
頭次交祭小房背後放稜稭一捆上搭紅毡
一條捽柳枝子三根兩支閣掛蓋綿子二塊
東邊放稻草一捆上搭馬鞊一塊柳枝子一根
各設油盤一個盤內各放水餅二碟阿拉占酒
西邊盤內兩中東邊盤內一中各放酒葫一拉
南邊盤沿兒放扎板一付備用倉海扎盤前
放新布尾一塊內放蒲籽包花團五箇主祭
人手托尾巫人念完急將包花點着尾人將羊
往前一推主祭人將尾一引羊若一閑包花
烟是屠領了衆人摘帽磕頭屑的款在盤
子前放側取心祭獻

14a

院中祭蒙古祖宗式様

頭次交祭. 小房背後放稷稭一捆, 上搭紅氈 / 一條, 挿柳枝子三根, 兩夾間掛藍紡子二塊. / 東邊放稻草一捆, 上搭馬鞊一塊, 柳枝子一根. / 各設油盤一箇, 盤內各放水餠二碟阿拉占酒. / 南邊盤內兩中,[140] 東邊盤內一中,[141] 各放酒壺一把. / 南邊盤沿兒放扎板一付, 備用念海扎. 盤前 / 放新布瓦一塊, 內放箭杆包花團五箇. 主祭 / 人手托瓦, 巫人念完急將包花点着, 庖人將羊 / 往前一推, 主祭人將瓦一引. 羊若一聞包花 / 煙, 是爲領了. 衆人摘帽磕頭. 廚役就在盤 / 子前放倒, 取心祭獻.

뜰 안에서 몽고조상을 제사지내는 의식

제1차 제사. 작은 방 뒷편에 기장짚단[稷稭] 1묶음을 놓고, 위에 홍전(紅氈)[142] 1장을 덮어씌우고, 버들가지 3개를 꽂는데, 꽂은 버들가지의 두 좁은 사이에 남색(藍色) 천[紡子][143] 2장을 걸친다. 동쪽에는 볏짚단[稻草] 1묶음을 놓고, 그 위에 말다래[馬鞊][144] 1개를 덮어씌우고, 버들가지 1개를 꽂는다. 각각 유반(油盤) 1개를 설치하고, 유반 안에 각각 수병(水餠) 떡 2접시와 유주(乳酒)를 놓는다. 남쪽 유반 안에 2잔, 동쪽 유반 안에 1잔을 놓고, 각각 술주전자 1개를 놓는다. 남쪽 유반 가장자리에 찰판(扎板)[145] 1개[146]를 놓고, 송념(誦念)[147]할 준비를 한다. 유반 앞에는

140 [奇車山] 盅
141 [奇車山] 盅
142 붉은 빛깔의 모직물
143 紡織한 견직물의 일종
144 馬韉은 말이 달릴 때 흙이 튀지 않도록 안장 양쪽에 늘어뜨려 놓는 기구를 말한다.
145 carki는 제사하면서 神歌를 송념할 때 사용하는 타악기의 일종이다.
146 원문에 '付'라는 量詞를 사용하였다.
147 제사하면서 송념시에 'haije'하고 외치는 神歌를 말한다.

새 포와(布瓦)[148]를 1개 놓고, 그 안에 화살대[箭杆][149]와 포화(包花)[150] 덩이 5개를 놓는다. 제사를 주관하는 사람은 손에 기와를 받치고, 샤먼[巫人]은 송념을 마친 뒤 신속히 포화(包花)에 불을 붙이는데, 포인(庖人)은 양(羊)을 앞으로 밀치고, 제사를 주관하는 사람은 기와를 한 번 끌어당긴다. 만약 양이 포화(包花) 연기를 한 번 맡으면 이는 신(神)께서 응납하신 것이다. 여러 사람들은 모자를 벗고 고두(叩頭)한다. 주방일꾼은 곧 유반 앞에서 양을 넘어뜨려서 잡고, 염통[心]을 취하여 제사지낸다. [14a]

148 布瓦는 베[布] 紋樣의 기와를 말한다.
149 求福 제사할 때에 줄을 맨 화살을 말하는데, 만주어로는 'debse', 또는 'desiku'라고 한다.
150 목화솜으로 된 목화송이 형태의 꽃을 말하는데, 샤먼 제사에서 불을 붙여서 神께 바치는 의식에 사용한다.

14b

圖-16

hūwa i bade

monggo booi jakade

durun[151]

뜰에서

몽고(蒙古) 파오[包][152]의 앞

의식 [14b]

151 [東京大漢譯] 在院子蒙古包前式樣

152 둥근 모양의 몽고장막으로 몽고인들의 이동식 텐트 모양의 집을 말한다. 몽고어로 '게르[ger]'라고 하고 영어로는 유르트[yurt]라고도 부른다.

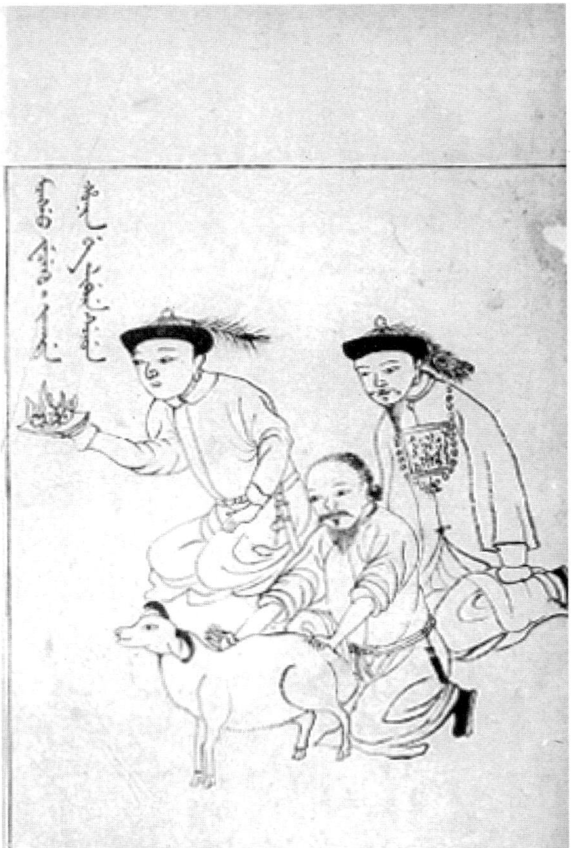

15a

圖-17

monggo weceku i jakade

honin be alibure durun[153]

몽고(蒙古) 신주(神主)[154]께

양(羊)을 바치는 의식 [15a]

153 [東京大漢譯] 蒙古在神主前獻羊式樣

154 weceku에 대해서는 『漢淸文鑑』 "神祇" ; 『同文類解』 "신쥬, 家堂神" 등의 풀이가 보인다.

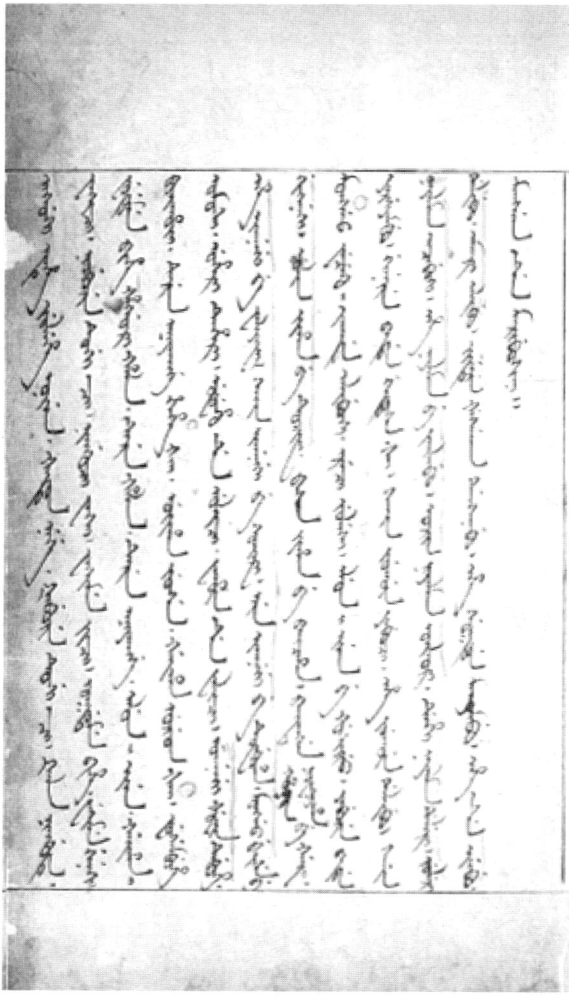

15b

asuki etehe julehe nojen .	아수키 어터허 줄러허 노전
katun nege .	카툰 너거[155]
šabure[156] tugi ci .	흰 구름으로부터
šala ninggute[157] . / wasici[158] .	가장자리 위에 내려오십시오!
niobure[159] tugi ci .	짙푸른[160] 구름으로부터
ningguci wasi .	위로부터 내려오십시오!
wasime jici .	내려오면
okdome bihe .	맞이하려 하였습니다.
wasime geneki[161] ./	내려가면
fudeme bihe .	전송하려 하였습니다.
hasuri hala .	여러 성씨(姓氏)에서
tere hala .	모씨(某氏)입니다.
tere aniyangge .	모년생(某年生)의
elun i ejen .	씨족의 주인(主人)
gaiha i / boihoji[162] .	맞이한 처(妻)
tere aniyangge hehe kai .	모년생(某年生)의 부인
ujiha juse .	기른 자식들

155 'asuki, etehe, julehe, nojen, katun nege'는 蒙古의 다섯 神을 부르는 神歌의 한 표현으로 보인다. 'katun'은 몽고어에서 王妃를 의미하기도 한다.

156 [奇車山] šaburu ; [Alessandra Pozzi] šaburu

157 [奇車山] ningguci ; [Alessandra Pozzi] ninggude

158 [奇車山] wasiki

159 [Alessandra Pozzi] nioboro?

160 여기에서는 'nioboro'의 의미로 풀었다.

161 [奇車山] geneki

162 [奇車山] boigoji

gaiha urun kai .	맞이한 며느리
fusembuhe / omosi .	번성한 손자들
uheri teheri[163] .	모든 씨족 사람들은
ufuhu de ulici .	폐부(肺腑)에 새기고
fahūn de falici .	간(肝)에 새기어
unenggi gūnin tebuhe . /	참된 뜻 지녔습니다.
ehe inenggi be waliyafi .	나쁜 날을 버리고
sain inenggi be sonjofi .	좋은 날을 선택해서
ere inenggi be tuwabuha .	이 날을 점(占) 보게 하고[164]
monggo beise be / gingneki .	몽고 버이서[165]를 헌주(獻酒)하고자 합니다.
ulin jiha be tucifi .	재물과 돈을 내고
basa jiha be baicaha[166] .	공전(工錢) 돈을 쓰고
baitangga *honin*	집사인(執事人)은 양(羊)
niowangniyaha be gaifi . /	거위[鵝][167]를 가지고
monggo weceku i jakade alibuki .	몽고 신주(神主)께 바치고자 합니다.
ereci julesi .	이후로
elun i ejen be gosireo .	씨족의 주인(主人)을 인애(仁愛) 하소서!

163 [奇車山] deheri ; [Alessandra Pozzi] deheri

164 제사지내기 위해 吉日을 점보는 것을 말하는데, 오늘을 제사지내는 날로 정했다는 의미이다. 四柱八字 같은 것을 보는 사람을 만주어로는 'tuwara niyalma'라고 한다.

165 beise는 beise 또는 beile의 복수형이지만 여기서는 버이서[貝子] 神主를 말하며 보통 神靈을 모시는 역할을 하는 神을 말한다.

166 [奇車山] baitalaha

167 niongniyaha 鵝

yabure bade / yargiyambu .	행하는 바에 결실있게 하고
genere bade getuken kai .	가는 곳에 분명하게!
sain jugūn yabuci .	좋은 길 다니면
ehe jugūn dalibu .	나쁜 길 가리게 하십시오!
sain / niyalma acabuki .	좋은 사람 만나게 하고
ehe niyalma be jailabu .	나쁜 사람 피하게 하십시오!
orin niyalma oilori .	20명은 걸어서
dehi niyalma deleri .	40명은 말 위에서
juleri / dalibu .	앞에서 가로막게 하고
amari[168] alibu .	뒤에서 대적하게 하십시오!
jidere gasgan[169] dangnabu .	오는 재해 막아내게 하고[170]
ehe sukdun mayambu .	나쁜 기운 소멸하게 하십시오!
ehe de ejebu . /	나쁜 때를 기억하게 하고[171]
mangga de maribukini .	좋은 때로 돌아가게 하십시오![172] [15b]

168 [奇車山] amala

169 [奇車山] gashan ; [Alessandra Pozzi] gashan

170 'dangnambi'는 '代替하다'의 뜻인데, 재해나 재앙 따위를 막아주고, 禍를 福으로 바꾸어 달라는 기원의 의미가 있다.

171 [奇車山] 記住惡行. 奇車山은 악행을 기억하라는 의미로도 풀었다.

172 [奇車山] (使其)遭到嚰難. 奇車山은 惡行을 저지른 때를 기억하여 그로 하여금 어려움에 직면하게 하라는 의미로도 풀었다.

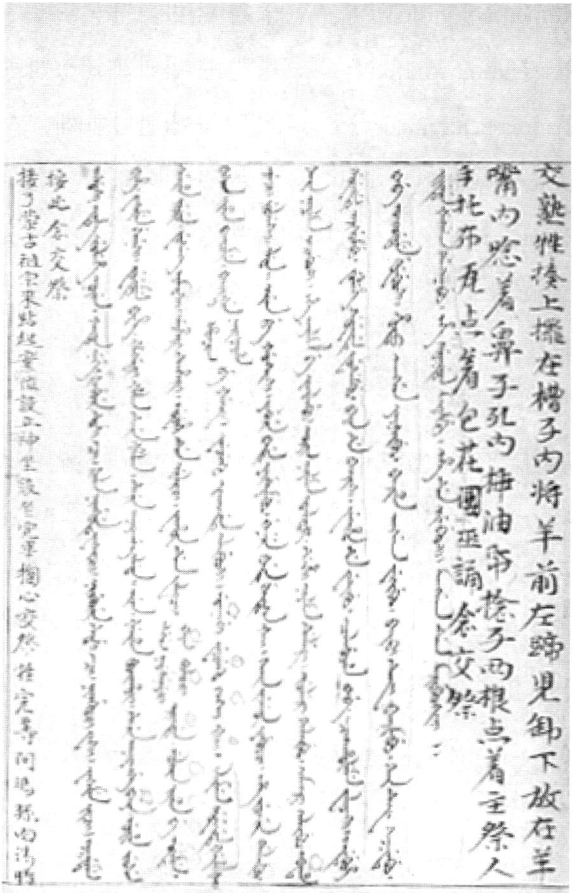

16a

接了蒙古祖宗來, 站起案位, 設立神坐.[173] 設立完畢, 掬心交祭牲完, 等阿瑪孫肉湯時, / 按此念交祭.[174]

몽고조상을 맞이해 오고, 일어나서 안위(案位)를 설치하고, 신위(神位)를 설치한다. 설치를 마치고, 정성껏 희생 제사지내고, 제육이 끓기를 기다릴 때, 이를 따라 송념(誦念)하고 제사지낸다. [16a]

asuki etehe julehe nojen .	아수키 어터허 줄러허 노전
katun nege .	카툰 너거
šabure[175] tugi ci .	흰 구름으로부터
[šala ninggude wasici .	[가장자리 위에 내려오면
niobure[176] tugi ci][177]	짙푸른 구름으로부터]
ningguci wasi .	위로부터 내려오십시오!
wasime jici .	내려오면
okdome / bihe .	맞이하려 하였습니다.
wasime geneki[178] .	내려가면
fudeme bihe .	전송하려 하였습니다.
hasuri hala	여러 성씨(姓氏)에서
tere hala .	모씨(某氏)입니다.

173 [奇車山] 座

174 [奇車山] '按此念交祭' 부분을 순서상 뒷부분에 배치하였다.

175 [奇車山] šaburu

176 nioboro 油綠, 深綠色.

177 [奇車山] [ ] 부분은 전사와 번역이 누락되었다.

178 [奇車山] geneci

tere aniyangge	모년생(某年生)의
elun i ejen .	씨족의 주인(主人)
gaiha boihoji[179] .	맞이한 처(妻)
tere aniyangge beye .	모년생(某年生)의 몸
ujiha juse /	기른 자식들
gaiha urun .	맞이한 며느리
fuseke omosi .	번성한 손자들
uheri teheri[180] .	모든 씨족 사람들은
ufuhu de ulici .	폐부(肺腑)에 새기고
fahūn de fafilci .	간(肝)에 새기어
elgin[181] *niyengniyeri*	풍요로운 봄
bayan bolori erinde .	부유한 가을철에
ulin jiha be udame ./	재물과 돈을 내고[182]
basa jiha baicame[183] .	공전(工錢) 돈 쓰고
baitangga *honin*	집사인(執事人)은 양(羊)
niongniyaha be gaifi .	거위[鵝]를 가지고
weceku jakade alibuki .	신주(神主)께 바치고자 합니다.
unenggi weceku kesi kai .	진실로 신주(神主) 은덕입니다.[184]

179 [奇車山] boigoji

180 [奇車山] deheri

181 [奇車山] elgiyen

182 [東京大漢譯] 出錢財, 査工錢. udambi는 사다[買], 구입하다의 의미이다.

183 [奇車山] baitalame

184 [奇車山] 實爲神祇之恩惠 ; [東京大漢譯] 誠倭什庫之恩. kesi는 하늘이 베푸는 天恩, 皇帝 등 윗사람이 베풀어주는 恩惠 등이 있다. 이밖에 제사에 바쳐진 祭肉[胙肉]을 의미하는 kesi yali가 있다.

alime suwende gaiha kai ./	받아서 당신들에게 가졌습니다.[185]
ereci julesi .	이후로
elun i ejen be gosiki .	씨족의 주인(主人)을 인애(仁愛)하고
yabure bade yargiyambu .	행하는 바에 결실있게 하고
genere bade getuken kai .	가는 곳에 분명하게!
sain jugūn yabuci .	좋은 길 다니면
ehe jugūn dalibu ./	나쁜 길 가리게 하십시오!
sain niyalma acabuki .	좋은 사람 만나게 하고
ehe niyalma be jailabu .	나쁜 사람 피하게 하십시오!
orin niyalma oilori .	20명은 걸어서
dehi niyalma deleri .	40명은 말 위에서
juleri dalibu .	앞에서 가로막게 하고
amari[186] alibu .	뒤에서 대적하게 하십시오!
abdaha / suwende arsumbu .	잎은 당신들에게 싹이 나게 하고
fulehe suwende fusembu .	뿌리는 당신들에게 번성하게 하십시오!
bayan de banjiki .	부유한 데 살고
wesihun de wesibu .	귀한 데 오르게 하십시오!
calabuha babe .	실수한 바를
cashūlame[187] waliyaki .	저버리고

185 [奇車山] 已經領受了 ; [東京大漢譯] 享受於爾
186 [奇車山] amala
187 cashūlame : 背, 背叛.

endebuhe / babe	잘못한 바를
oncodome guwebuki .	너그럽게 용서하셨으면 합니다.
hutu[188] angga yaksibu .	나쁜 입 닫게 하고
banjiha angga weribu .	좋은 입 남게 하십시오!
baibi tefi banjimbu .	다만 앉아서 살게 하고
sain tefi sakdabu ./	잘 앉아서 늙게 하십시오!
jidere gasgan[189] dangnabu .	오는 재해 막아내게 하고
ehe sukdun mayambu .	나쁜 기운 소멸하게 하십시오!
ehe de ejebuki .	나쁜 때를 기억하게 하고
mangga de maribukini ..	좋은 때로 돌아가게 하십시오! [16a]

交熟牲揍上擺在槽子內, 將羊前左蹄兒卸下, 放在羊/嘴內唸[190]着, 鼻子孔內揷油紙捻子兩根, 点着. 主祭人/手托布瓦, 点着包花團. 巫誦念交祭.

삶은 희생(犧牲)을 모아서 통[槽] 안에 진열하고, 양(羊)의 앞 왼쪽 발굽을 덜어내어 양(羊)의 입 안에 놓고 송념(誦念)하면서[191] 콧구멍 안에는 유지(油紙)를 꼬아서 만든 심지 2개를 꽂고 불을 붙인다. 제사를 주관하는 사람은 손으로 포와(布瓦)를 받들고, 포화(包花) 덩이에 불을 붙인다. 샤먼[巫人]은 송념하고 제사지낸다. [16a]

188 hutu : 鬼, 惡魔 ; 흉칙하거나 혐오스러운 것을 말한다.
189 [奇車山] gashan
190 [奇車山] 捏. 원문에는 '唸'이다.
191 [奇車山] 捏. 원문에는 '唸'이다.

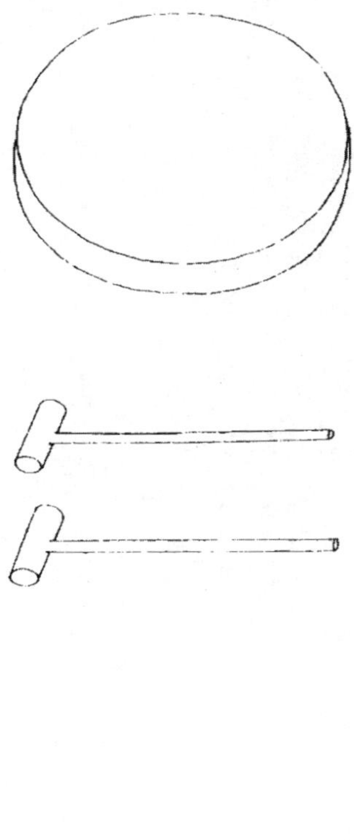

떡을 만들 때 사용하는 도구

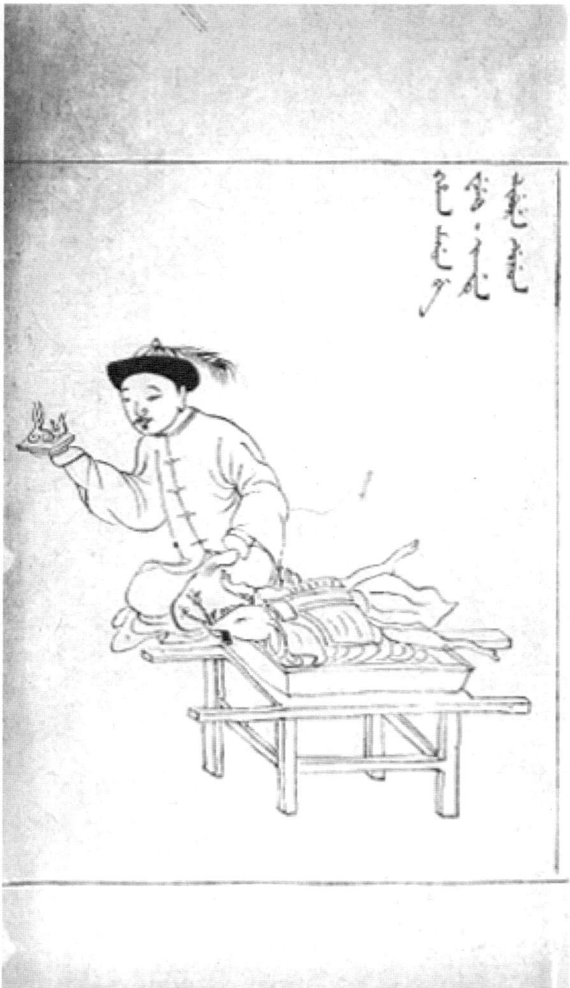

16b

圖-18

baha amsun be

weceku i jakade

alibure durun[192]

얻은 제육(祭肉)을

신주(神主)께

바치는 의식 [16b]

192 [東京大漢譯] 得了祭肉供神主前式樣

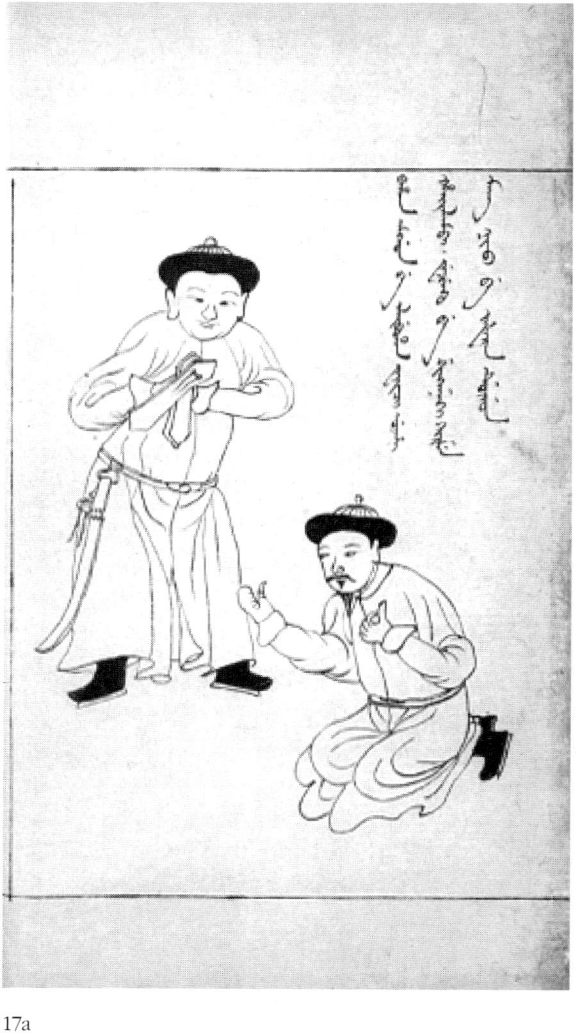

17a

圖-19

baha amsun be alibuha[193] wajici uthai

haijalambi . weceku be gingneki[194] . sirame

mang nio[195] be jafara durun[196]

얻은 제육(祭肉)을 바치고 나면 즉시

망식무(蟒式舞)[197] 한다. 신주(神主)를 헌주(獻酒)하고, 이어서

'망뉴(蟒牛, mang niu)'를 잡는 의식 [17a]

---

193 [奇車山] alibume

194 [奇車山] gingnefi

195 [奇車山] niu

196 [東京大漢譯] 供祭肉完畢, 即蟒式唱曲, 供獻神主, 接拿蟒牛式樣. 만주족 恭正이 한역한 接拿蟒牛式樣이라는 부분은 의미가 다소 분명하지 않다. 赤松智城은 간략하게 "제육 바치는 것을 마치고 노래하고 신주께 제사지낸다"는 의미라고 풀었다.

197 만주족이 경사스러운 날 추는 樂舞이다. 궁정과 민간 춤이 있는데 瑪克式舞라고도 한다. 건륭 8년(1743) 명칭을 다시 慶隆舞라고 하였다. 宴會나 祝壽 의식의 주제는 대부분 만주족의 고대 정복활동과 수렵생활을 반영한 것이다. 『柳邊紀略』에 의하면 춤동작에서 한 손은 이마에 한 손은 등 뒤로 하여 자세를 취하기도 한다. 만주어로는 maksimbi이다.

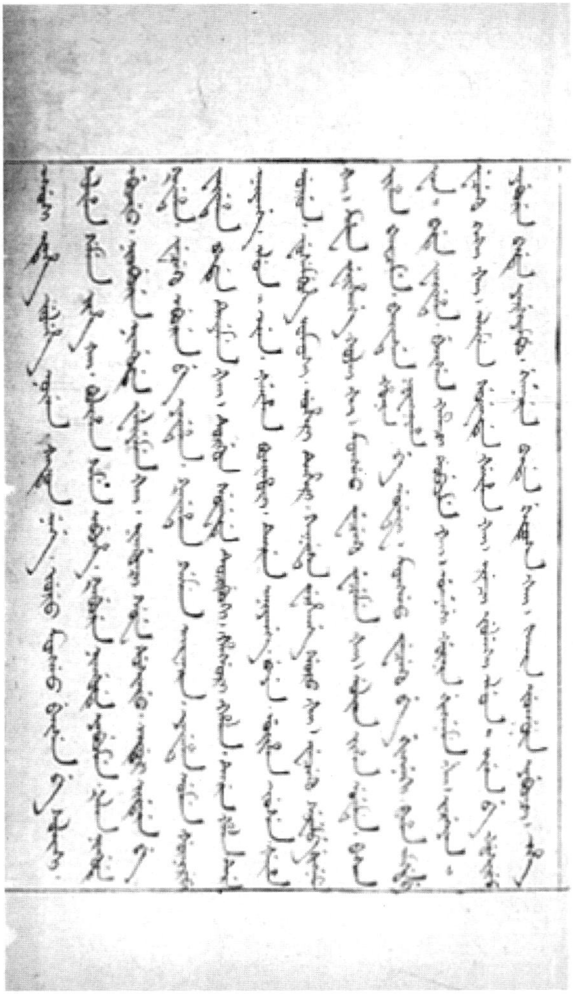

17b

asuki etehe julehe nojen .	아수키[198] 어터허 줄러허 노전
katun nege .	카툰 너거
juru monggo beise be soliki ./	한 쌍의 몽고 버이서를 청합니다!
soliha seme jihe kai .	청했다 하고 왔습니다.
boliha seme ebuhe .	불렀다 하고 내려왔습니다.
šabure[199] ninggude yabume .	흰 구름 위에서 다니고
šala ninggude / ebunju .	가장자리 위에 내려오십시오!
niobure ninggude feliyeme kai .	짙푸른 [구름] 위에서 다니시어
ningguci suwe dosinju .	위로부터 당신들 들어오십시오!
enduri jidere be / šadaha[200]	신(神) 오느라 피곤하고
weceku ebure be yadaha[201] .	신주(神) 내려오느라 피로하였습니다.
šadaha seme ainara .	피곤하다 해도 어찌합니까?
yadaha ume gūnireo ./	피로하다 해도 걱정하지 마소서!
faidaha bade teyeme kai .	진열한 곳에서 휴식하고
turgun suwende tucibuki .	까닭 당신들에게 진술합니다.
hasuri hala .	여러 성씨(姓氏)에서
tere hala .	모씨(某氏)입니다.
tere / aniyangge . beye .	모년생(某年生)의 몸
ujiha juse .	기른 자식들

198 만주어 'asuki'의 일반적인 의미는 '소리[聲息], 소식' 등의 의미가 있으나 여기에서의 의미는 명확하지 않다.

199 [奇車山] sabure

200 [奇車山] šanduha ; [Alessandra Pozzi] šadaha

201 [奇車山] yanduha

gaiha /urun .	맞이한 처(妻)
fusembuhe omosi .	번성한 손자들
uheri teheri .	모든 씨족 사람들은
sakdasa werihengge[202] doro kai .	노인들이 남긴 예(禮)로
weceku suwembe gingneme / kai .	신주(神主) 당신들을 헌주(獻酒)합니다.
mafa werihengge[203] kooli kai .	조상이 남긴 규례(規例)로
monggo weceku weceme kai .	몽고 신주(神主)를 제사지냅니다.
ulin jiha udame .	재물과 돈 내고
basa / jiha baicame[204] .	공전(工錢) 돈 쓰며
baitangga *honin*	집사인(執事人)은 양(羊)
niongniyaha be udafi .	거위[鵝]를 사서
monggo weceku be gingneki .	몽고 신주(神主)를 헌주(獻酒)하고자 합니다.
baha amsun be /	얻은 제육을
fan i bade faidaha .	목반(木盤)에 진열하였습니다.
beise hanci tobume[205] kai .	버이서 가까이에 제물 바칩니다.
unenggi gūnin gingneme kai .	참된 뜻으로 헌주(獻酒)합니다.
jargiyan[206] i / weceku kesi kai .	진실로 신주(主神) 은덕입니다.
alime suwende gaiha kai .	받아서 당신들에게 가졌습니다.

202 [奇車山] werihe
203 [奇車山] werihe
204 [奇車山] baitalame
205 [奇車山] dobome ; [Alessandra Pozzi] dobume
206 [奇車山] yargiyan

ereci julesi .	이후로
elun i ejen be gosireo /	씨족의 주인(主人)
yabure bade yargiyambu .	행하는 바에 결실있게 하고
genere bade getuken kai .	가는 곳에 분명하게!
sain jugūn yabuci .	좋은 길 다니면
ehe /	나쁜 [17b]

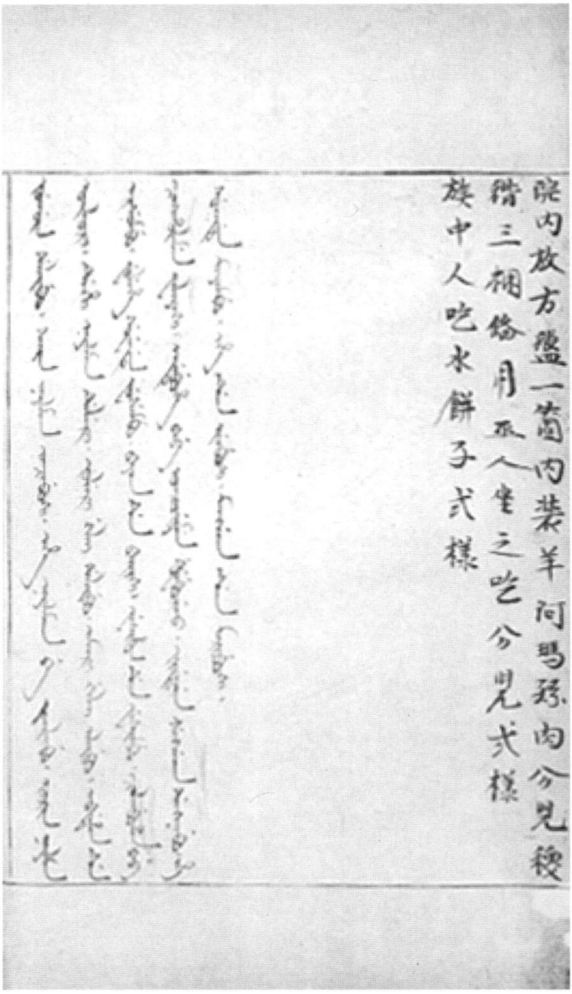

院内放方盤一箇内装羊阿瑪孫肉分兒稷
猎三捆條月瓜人生之吃分兒式樣
族中人吃水餅子式樣

18a

jugūn dalibu .	길 가리게 하십시오!
sain niyalma acabuki .	좋은 사람 만나게 하고
ehe niyalma be jailabu .	나쁜 사람을 피하게 하십시오!
orin niyalma / oilori .	20명은 걸어서
dehi niyalma deleri .	40명은 말 위에서
juleri geli dalibu .	앞을 또 가로막게 하고
amari[207] geli alibu .	뒤에서 또 대적하게 하십시오!
abdaha de / arsumbu .	잎에 싹 나게 하고
fulehe suwende fusembu .	뿌리 당신들에게 번성하게 하십시오!
bayan de banjiki .	부유한 데 살고
wesihun de wesimbu .	귀한 데 오르게 하십시오!
calabuha babe /	실수한 바를
cashūlame waliyaki .	저버리고
endebuhe babe .	잘못한 바를
oncodome guwebureo .	너그럽게 용서하여 주소서!
jidere gasgan[208] dangnabu .	오는 재해 막아내고
ehe sukdun mayambu .	나쁜 기운 소멸하게 하십시오!
ehe de ejebuki .	나쁜 때를 기억하게 하고
mangga de maribuki .	좋은 때로 돌아가게 하십시오! [18a]

院內放方盤一箇, 內裝羊阿瑪孫肉分兒. 稷/稭三捆備用, 巫人坐之, 吃

207 [奇車山] amala
208 [奇車山] gashan

分兒式樣./ 族中人吃水餠子式樣.

뜰 안에 네모난 목반(木盤)을 1개 놓고, 안에 양(羊)의 제육[阿瑪孫肉] 조각을 담는다. 기장짚단[稷稭] 3묶음을 예비하여 사용하고, 샤먼[巫人]이 앉아서 자기 몫을 먹는 의식. 씨족 사람들이 수병(水餠)[209] 떡을 먹는 의식이다. [18a]

209 '水餠'은 만주어로 'muke efen'이다. 물[水]로 쪄서 만든 떡의 일종이다. 餑餑, 糕, 水團子 등으로 부른다.

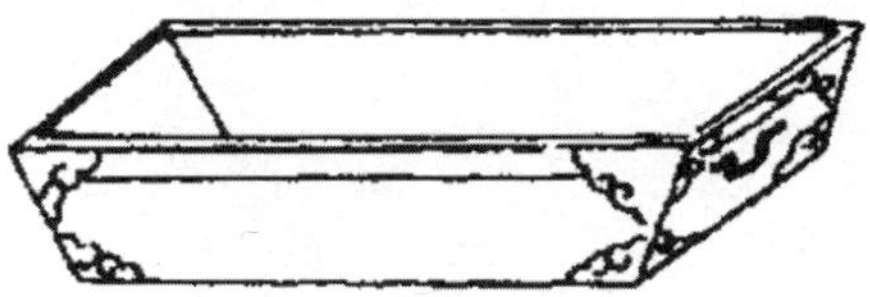

제사 때 내장 등을 담는 목반(木盤)

18b

圖-20

monggo weceku be wecere /

amsun . ubude emu farsi /

faidafi[210] geren de amtala durun[211]

몽고(蒙古) 신주(神主)를 제사(祭祀)하는 제육(祭肉)

몫에서 한 조각

차려서 여러 사람[衆人]에게 맛보이는 의식 [18b]

---

210 [奇車山] faitafi ; [Alessandra Pozzi] faidafi

211 [東京大漢譯] 祭蒙古神主的祭肉, 每分割一片, 給衆嘗食式様.

19a

圖-21

amsun yali bolho i jeku

efen be jame[212] amtala durun[213]

제육(祭肉)과 정(淨)한 곡물(穀物)

떡을 먹고 맛보는 의식 [19a]

---

212 [奇車山] jeme ; [Alessandra Pozzi] jeme

213 [東京大漢譯] 將祭肉潔米餅子. 給人嘗食式樣.

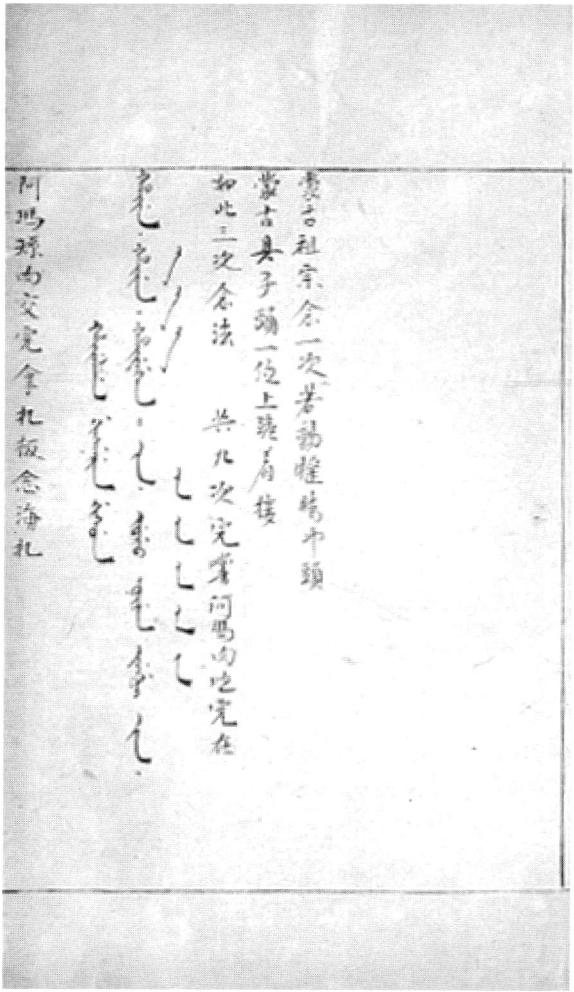

蒙古祖宗念一次若勒嗟睛巾頭
蒙古奥子蹋一位上跳肩接
如此三次念法　共九次完當阿瑪內地完在
阿瑪孫內交完拿扎板念海扎

19b

阿瑪孫肉交完, 拿扎板念海扎./

제육 바치는 것을 다 마치고, 찰판(扎板)을 가지고 송념(誦念)한다. [19b]

haijeleme gingnere gisun /	하이저(haije, 海扎)하고 헌주(獻酒)하는 말
haije . haije . haijegen i ja .	하이저, 하이저, 하이저건 이 자
juru nojen jegui ja ./	주루 노전 저구이 자
e e e a a a a a	어 어 어 아 아 아 아 아

如此三次念法, 共九次完. 嚐阿瑪孫肉, 吃完在/蒙古貝子頭一位上跪着, 接/蒙古祖宗. 念一次, 若動䍃[214]時叩頭.

이와 같이 세 번 송념(誦念)하는 법, 모두 아홉 번 마친다. 제육 맛보고, 다 먹고 몽고 버이서 첫째 분께 무릎 끓고, 몽고조상을 맞이한다. 한 차례 송념하고, 만약 움직이면 고두(叩頭)한다. [19b]

---

214 [奇車山] 搖. 원문에는 䍃이다.

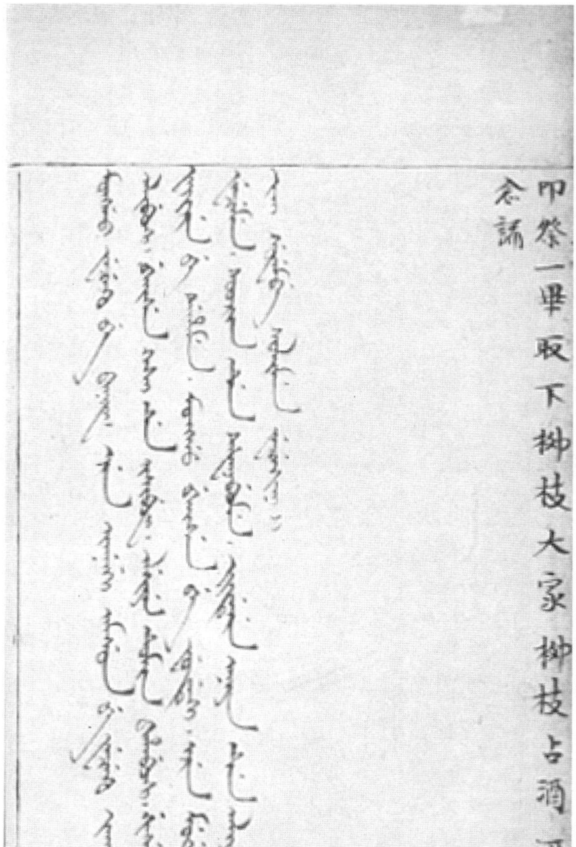

巾祭一畢取下柳枝大家柳枝占酒洒之
念誦

20a

monggo weceku be baifi .	몽고 신주(神主)를 구해서
ere inenggi amsun be	이 날 제육을
weceku jakade / alibuki .	신주(神主)께 바치고자 합니다.
beise kesi de isibufi .	버이서[貝子] 은덕에 베풀게 하여
elgiyen tumin bahabuki .	풍요롭게 얻게 하고자 합니다.
gingneme / wajire be dahame .	헌주(獻酒) 다 마쳤으므로
monggo beise be fudeki .	몽고 버이서를 전송하고자 합니다.
ere mudan / weceme .	이번에 제사 지내고
soorin de tafanabume .	신위(神位)에 오르게 하고
jidere aniya de aliyaki[215] ./	오는 해[年]를 기다려서
jai suwembe solime wecekini ..	다시 당신들을 청하여 제사하게 하소서! [20a]

[叩祭一畢, 取下柳枝, 大家柳枝占酒洒之, / 念誦][216]

제사에서 고두(叩頭)를 한 번 마치고, 버들가지를 취해서, 모두 버들가지에 유주(乳酒)[217]를 뿌리고, 송념(誦念)한다. [20a]

215 [奇車山] aliyafi ; [Alessandra Pozzi] aliyaki
216 [奇車山] 譯注에서 [ ] 부분은 누락되었다.
217 阿拉占酒

厨役牽羊在傍浇着听巫人交告念誦一畢
将羊往前一送主祭人用瓦火一引羊一
閏是爲領照前取心

20b

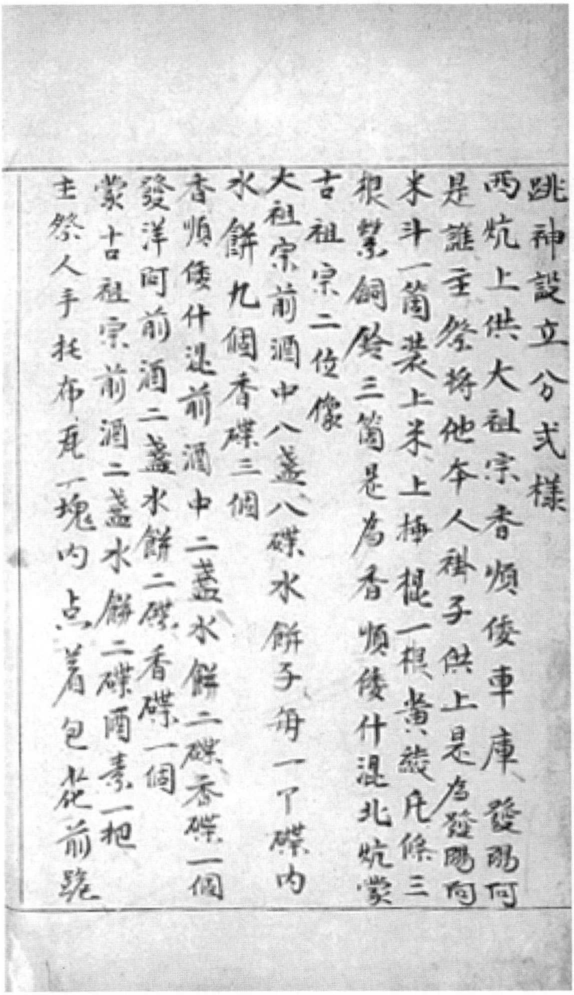
跳神設立分式樣
西炕上供大祖宗香碗倭車庫發弼何
是誰主祭將他本人稱子供上是為發弼向
米斗一箇裝上米上插提一根黃錢凡條三
根紫銅鈴三箇是為香碗倭什渾北炕蒙
古祖宗二位像
大祖宗前酒中八盞八碟水餅子每一了碟內
水餅九個香碟三個
香碗倭什渾前酒中二盞水餅二碟香碟一個
發洋阿前酒二盞水餅二碟香碟一個
蒙古祖宗前酒二盞水餅二碟酒素一把
主祭人手托布疋一塊內点着包花前跪

21a

跳神設立分式樣

西炕上供大祖宗香順倭車庫發陽阿./ 是誰主祭, 將他本人褂子供上, 是爲發陽阿./ 米斗一箇, 裝上米, 上揷棍一根. 黃綾几條三/根, 繫銅鈴三箇, 是爲香順倭什混. 北炕, 蒙/古祖宗二位像./

大祖宗前, 酒中[218]八盞, 八碟水餠子, 每一个碟內/水餠九個, 香碟三個./

香順倭什混前, 酒中[219]二盞, 水餠二碟, 香碟一個./

發陽阿前, 酒二盞, 水餠二碟, 香碟一個./

蒙古祖宗前, 酒二盞, 水餠二碟, 酒壺一把./

主祭人手托布瓦一塊, 內点着包花, 前跪./ [21a]

廚役牽羊, 在傍跪着, 听巫人交告念誦一畢, / 將羊往前一送. 主祭人用[220]瓦火一引. 羊一/聞, 是爲領, 照前取心. [20b]

굿[跳神][221]을 준비하는 의식

서쪽 구들[西炕][222] 위에는 대조종(大祖宗), 시얀추[香順][223] 신주(神主),[224] 영혼(fayangga, 發陽阿)을 모신다. 제사를 주관하는 사람은 고인(故人)의 마고자[褂子]를 바쳐서 영혼(fayangga, 發陽阿)으로 한다. 쌀 담는 말[斗] 1개

218 [奇車山] 盅. 원문에는 '中'이다.

219 [奇車山] 盅. 원문에는 '中'이다.

220 [奇車山] 將. 원문에는 '用'이다.

221 跳神은 만주어로는 samdambi라고 하여 굿하는 것을 말한다.

222 만주족을 비롯한 북방 소수민족, 예를 들어 다구르족 등은 모두 서쪽을 숭배하는 신앙을 지니고 있다. 따라서 서쪽은 신성한 것을 모시는 제사의 장소로 사용된다. 炕은 온돌이라고도 하는데, 방바닥보다 다소 높은 형태의 구조를 말한다. 黃錫惠 · 王岸英, 「滿族火炕考辨」, 『黑龍江民族叢刊』 4, 2002 참고.

223 香順 역시 音譯으로 祥初와 같은 것이다. 그 의미가 명확하지는 않으나 三田村泰助는 그 유래를 線紬에서 온 것으로 보았다. 이 같은 의미의 만주어로는 tonggo suri가 있으며, 또 다른 유사어로는 線綢의 뜻을 지닌 만주어 siyanceo가 있다.

224 倭車庫는 神主를 의미하는 만주어 weceku의 音譯이다.

에 쌀을 담고, 그 위에 막대 1개를 꽂는다. 황색 비단[黃綾] 몇 가닥에서 3개에, 구리방울[銅鈴] 3개를 매달고, 이것을 시얀추[香順] 신주(神主)로 한다. 북쪽 구들[北炕]에는 몽고조상 신상(神像) 둘을 안치한다.

대조종(大祖宗) 앞에는 술잔 8개, 수병(水餅) 떡 접시 8개, 매 접시마다 안에 수병(水餅) 떡 9개를 두고, 향 접시 3개를 둔다.

시얀추[香順] 신주(神主) 앞에 술잔 2개, 수병(水餅) 접시 2개, 향 접시 1개를 둔다.

영혼(fayangga, 發陽阿) 전에 술잔 2개, 수병(水餅) 2접시, 향 접시 1개를 둔다.

몽고조상 앞에 술잔 2개, 수병(水餅) 떡 접시 2개, 술주전자 1개를 둔다.

제사를 주관하는 사람은 손에 포와(布瓦)를 1개 받들고, 그 안에 포화(包花) 불을 붙이고, 앞에서 무릎 꿇는다. [21a]

주방일꾼은 양(羊)을 끌어와서, 옆에서 무릎 꿇고, 샤먼[巫人]이 제사하며 송념(誦念)하는 것 듣기를 마치면, 양(羊)을 앞으로 나아가도록 한 번 내민다. 제사를 주관하는 사람이 기와의 포화(包花)를 한 번 불을 당긴다. 양(羊)이 한 번 맡으면, 이는 신(神)께서 응납하신 것이다. 전처럼 양을 잡아서 염통[心]을 취한다. [20b]

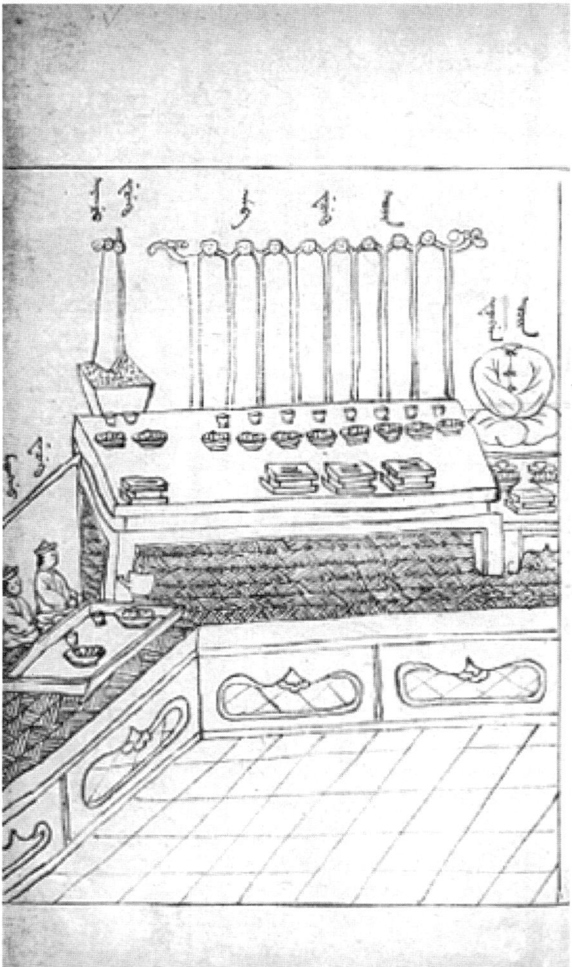

21b

圖-22

monggo weceku

siyancu weceku

amba weceku soorin

fayangga soorin

몽고신주(蒙古神主)

시얀추신주[祥初神主]

대신주위(大神主位)

영혼(靈魂)(發陽阿) 신위(神位)[225] [22b]

---

225 [東京大漢譯] 陽神位

22a

圖-23[226]

monggo weceku i soorin de

honin be gaifi

ergen be alibure durun[227]

몽고(蒙古) 신주(神主)의 신위(神位)에

양(羊)을 취(取)하여

희생(犧牲)을 바치는 의식 [22a]

226 그림 속에는 '五福臨門大吉'이라는 문구도 보인다.

227 [東京大漢譯] 在蒙古神主位前牽羊獻牲式樣

22b

bombure nojen	봄부러 노전
cacare[228] katun .	차차러 카툰[229]
juru monggo beise be soliki .	한 쌍의 몽고 버이서를 청하고자 합니다!
soliha seme / jihe kai .	청했다 하여 오셨고
boliha seme ebuhe .	불렀다 하고 내려왔습니다.
ǎabure[230] ninggude yabume .	흰 [구름] 위에서 다니시어
ǎala ninggude ebunju ./	가장자리 위에 내려오십시오!
niobure[231] ninggude feliyeme kai .	짙푸른 [구름] 위에 다니시어
ningguci suwe dosinju .	위로부터 당신들 들어오십시오!
elun i boode dosifi ./	씨족의 집에 들어와
faidaha bade teyeme kai .	진열한 곳에서 휴식하십시오!
ǎadaha seme ainara .	피곤하다 해도 어찌합니까?
yadaha ume gūnireo ./	피로하다 해도 걱정하지 마소서!
turgun suwende tucibuki .	까닭 당신들에게 진술하고
baita suwende wesimbuki .	일 당신들에게 상주하고자 합니다.
hasuri hala .	여러 성씨(姓氏)에서
tere hala /	모씨(某氏)입니다.
tere aniyangge .	모년생(某年生)의
elun i ejen i	씨족의 주인(主人)

228 [Alessandra Pozzi] cacire
229 bombure, nojen, cacare, katun 蒙古神의 이름을 부르는 神歌로 보인다.
230 [奇車山] sabure
231 niobure는 nioboro의 의미인 진한 녹색, 짙푸른 녹색의 의미로 풀었다.

gaiha boihoji[232] .	맞이한 처(妻)
tere aniyangge . hehe	모년생(某年生)의 부인
uheri / teheri .	모든 씨족 사람들은
unenggi gūnin tebuhe .	참된 뜻 지녔습니다.
elgin[233] niyengniyeri	풍요로운 봄
bayan bolori erinde .	부유한 가을철에
ulin jiha udame .	재물과 돈 내고[234]
basa jiha baicame[235] .	공전(工錢) 돈 쓰며
baitangga honin	집사인(執事人)은 양(羊)
niowangniyaha be / gaifi .	거위[鵝]를 가지고
juru monggo weceku i jakade alibuki .	한쌍의 몽고신주(神主)께 바치고자 합니다.
unenggi weceku kesi kai ./	진실로 신주(神主) 은덕입니다.
alime suwende gaikini .	받아서 당신들에게 가지게 합니다.
ereci julesi .	이후로
elun i ejen be gosireo .	씨족의 주인(主人)을 인애(仁愛)하소서!
yabure / bade yargiyambu .	행하는 바에 결실있게 하고
genere bade getuken kai .	가는 곳에 분명하게!
sain niyalma acabuki .	좋은 사람 만나게 하고
ehe / niyalma be jailabu .	나쁜 사람을 피하게 하십시오!

232 [奇車山] boigoji
233 [奇車山] elgiyen
234 udambi의 원래 의미는 구입하다, 사다[買]는 뜻이다.
235 [奇車山] baitalame

orin niyalma oilori .	20명은 걸어서
dehi niyalma deleri .	40명은 말 위에서
calabuha /	실수한 [22b]

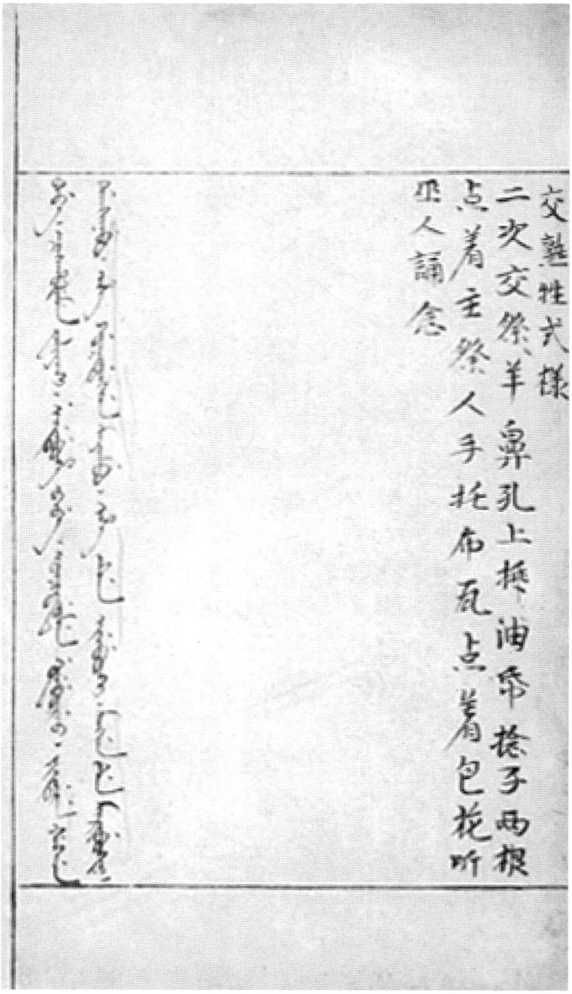
交祭牲式樣
二次交祭羊鼻孔上抹油希捻子两根
点着主祭人手托布瓦点着包花听
巫人誦念

23a

babe . cashūleme[236] waliyaki .	바를 저버리고
endebuhe babe .	잘못한 바를
oncodome guwebureo .	너그럽게 용서하여 주소서!
jidere gasgan[237] / dangnabu .	오는 재해 막아내게 하고
ehe sukdungga[238] mayambu .	나쁜 기운 소멸하게 하십시오!
ehe de ejebuki .	나쁜 때를 기억하게 하고
mangga de maribukini .	좋은 때로 돌아가게 하십시오! [23a]

交熟牲式樣

二次交祭. 羊鼻孔上插油紙[239]捻子兩根, / 点着. 主祭人手托布瓦, 点着包花, 听/巫人誦念.

삶은 희생(犧牲) 제사지내는 의식

제2차 제사. 양(羊)의 콧구멍에 유지(油紙) 꼬아서 만든 심지[捻子] 2개를 삽입하고, 불을 붙인다. 제사를 주관하는 사람은 손으로 포와(布瓦)를 받들고, 포화(包花)에 불 붙이고, 샤먼[巫人]이 송념(誦念)하는 것을 듣는다. [23a]

---

236 [Alessandra Pozzi] cashūleme. cashūlame의 배반하다[背]는 의미로 보았다.
237 [奇車山] gashan
238 [奇車山] sukdun
239 원문의 紙는 紙의 異體字이다.

23b

圖-24

baha amsun be

monggo weceku jakade

alibure durun[240]

얻은 제육(祭肉)을

몽고신주(蒙古神主) 전(前)에

바치는 의식 [23b]

240 [東京大漢譯] 得祭肉在蒙古神主前供獻式樣

24a

圖-25

mukūn ursei niyakūrafi

monggo weceku i jakade

amsun be alibuha durun[241]

씨족 사람들이 무릎 꿇고

몽고신주(蒙古神主)께

제육(祭肉)을 바친 의식 [24a]

241 [東京大漢譯] 族人跪在蒙古神主前. 獻祭肉式樣.

24b

bombure nojen .	봄부러 노전
cacire[242] katun .	차치러 카툰
juwe soorin I	두 신위(神位)의
monggo beise[243] be soliki ./	몽고 버이서 신(神)을 청합니다!
soliha seme jihe kai .	청했다 하여 오셨고
boliha seme ebuhe .	불렀다 하여 내려왔습니다.
enduri jidere be sadaha[244] ./	신(神) 오느라 피곤하고
weceku ebure be yadaha[245] .	신주(神主) 내려오느라 피로하였습니다.
šadaha seme ainara .	피곤하다 하여 어찌합니까?
yadaha ume gūnireo .	피로하다 하여 걱정하지 마소서!
waidaha[246] / bade teyeme kai .	진열한 곳에 휴식하십시오!
turgun suwende tucibuki .	까닭 당신들에게 진술하고
baita suwende wesimbuki .	일 당신들에게 상주하고자 합니다.
baibi / bairengge waka kai .	부질없이 구하는 것 아니고
elun i turgun kai .	씨족인 까닭입니다.
hasuri hala .	여러 성씨(姓氏)에서
tere hala .	모씨(某氏)입니다.
tere / aniyangge .	모년생(某年生)의

242 [奇車山] cacare ; [Alessandra Pozzi] cacire
243 beise 버이서, 貝子
244 [奇車山] šanduha ; [Alessandra Pozzi] šadaha.
245 [奇車山] yanduha
246 [Alessandra Pozzi] faidaha

elun i ejen .	씨족의 주인(主人)
gaiha boihoji[247] .	맞이한 처(妻)
tere aniyangge hehe .	모년생(某年生)의 부인
uheri teheri ./	모든 씨족 사람들은
ufuhu de ulici .	폐부(肺腑)에 새기고
fahūn de falici .	간(肝)에 새기어
unenggi gūnin tebuhe .	참된 뜻 지녔습니다.
elgin[248] *niyengniyeri*	풍요로운 봄
bayan bolori / erinde .	부유한 가을철에
ulin jiha udafi .	재물과 돈 내고
basa jiha baicame[249] .	공전(工錢) 돈 쓰며
baitangga honin	집사인(執事人)은 양(羊)
niowangniyaha / gajifi .	거위[鵝] 가져와
baha amsun be .	얻은 제육
weceku jakade alibuki .	신주(神主)께 바치고자 합니다.
unenggi weceku kesi kai ./	진실로 신주(神主) 은덕입니다.
alime suwende gaiha kai .	받아서 당신들에게 가졌습니다.
ergen be ekiyefi .	희생(犧牲)을 잡아서
bolgon i amsun be weilehe .	정(淨)한 제육을 만들었다.
amba amsun / araha	큰 제육 만들고

247 [奇車山] boigoji
248 [奇車山] elgiyen
249 [奇車山] baitalame

fan dere faidaha .	목반(木盤) 탁자 진열하였습니다.
wecere doro kai .	제사지내는 예(禮)입니다.
jukdeme[250] kooli kai .	제사드리는 규례(規例)입니다.
ereci julesi ./	이후로
elun i ejen be gosireo .	씨족의 주인(主人)을 인애(仁愛)하소서!
yabure bade yargiyambu .	행하는 바에 결실있게 하고
genere bade getuken kai .	가는 곳에 분명하게! [24b]

250 [奇車山] juktere ; [Alessandra Pozzi] juteme

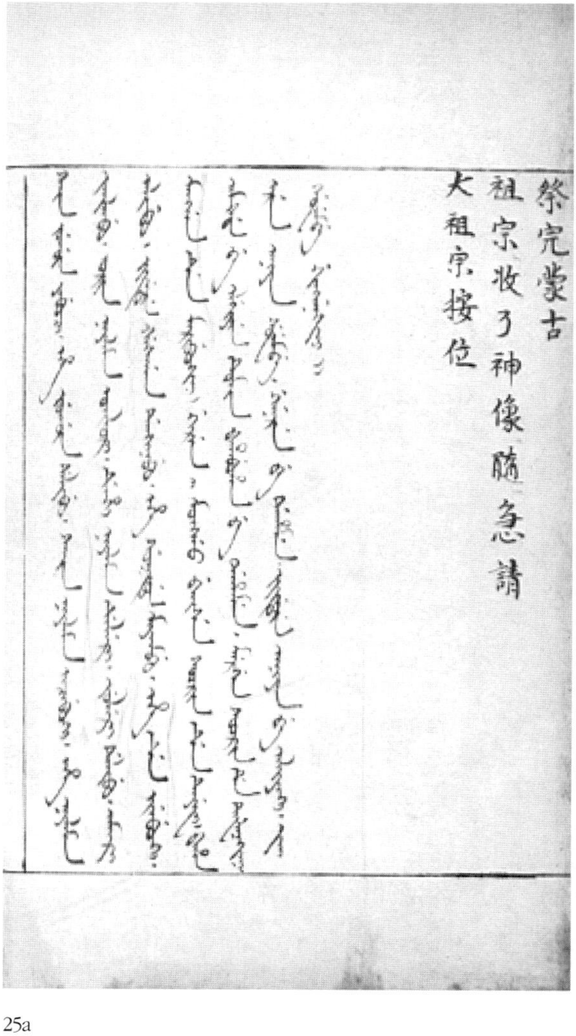

祭完蒙古
祖宗收了神像隨急請
大祖宗接位

25a

sain jugūn yabuci .	좋은 길 다니면
ehe jugūn dalibu .	나쁜 길 가리게 하십시오!
sain niyalma acabuki .	좋은 사람 만나게 하고자!
ehe niyalma / jailabu .	나쁜 사람 피하게 하십시오!
orin niyalma oilori .	20명은 걸어서
dehi niyalma deleri .	40명은 말 위에서
juleri dalibu .	앞에서 가로막게 하고
amari[251] / alibu .	뒤에서 대적하게 하십시오!
jidere gasgan[252] dangnabu .	오는 재해 막아내게 하고
ehe sukdun mayambu .	나쁜 기운 소멸하게 하십시오!
ehe de ejebuki ./	나쁜 때를 기억하게 하고
mangga de maribukini .	좋은 때로 돌아가게 하십시오!
[geren i monggo beise	여러 몽고 버이서
soorin de teyefi .	신위(神位)에서 휴식하고
baha / amsun be	얻은 제육을
elgiyen tumin bahabuha be dahame .	풍요롭게 얻도록 하였으므로
mergen soorin de tafanakini ./	지혜로운 신위(神位)에 오르게 하소서!
ere aniya suwembe .	올해 당신들은
genere be dahame .	가기 때문에
jidere aniya be aliyaki .	오는 해[年]를 기다려서
jai / suwembe gingnekini ..][253]	다시 당신들을 헌주(獻酒)하게 하소서! [25a]

251 [奇車山] amala
252 [奇車山] gashan
253 [奇車山] [ ] 부분은 누락되었다.

祭完蒙古/祖宗, 收了神像, 隨急請/大祖宗按位.

몽고조상 제사 마치고, 신상(神像)을 수습하고, 곧바로 대조종(大祖宗)을 청하여 원래 자리에 안치한다. [25a]

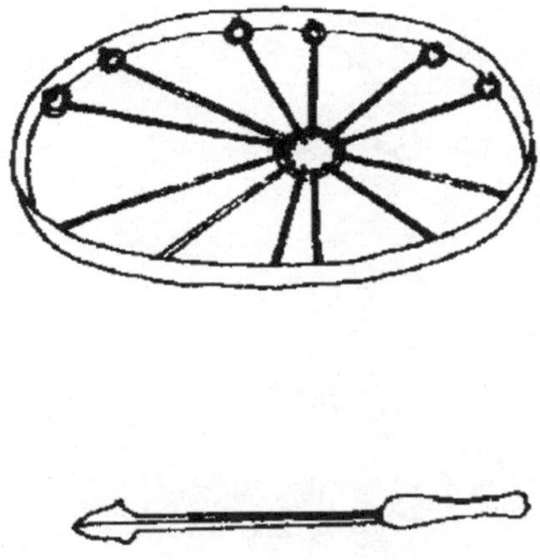

제사 때 사용하는 손북[手鼓]

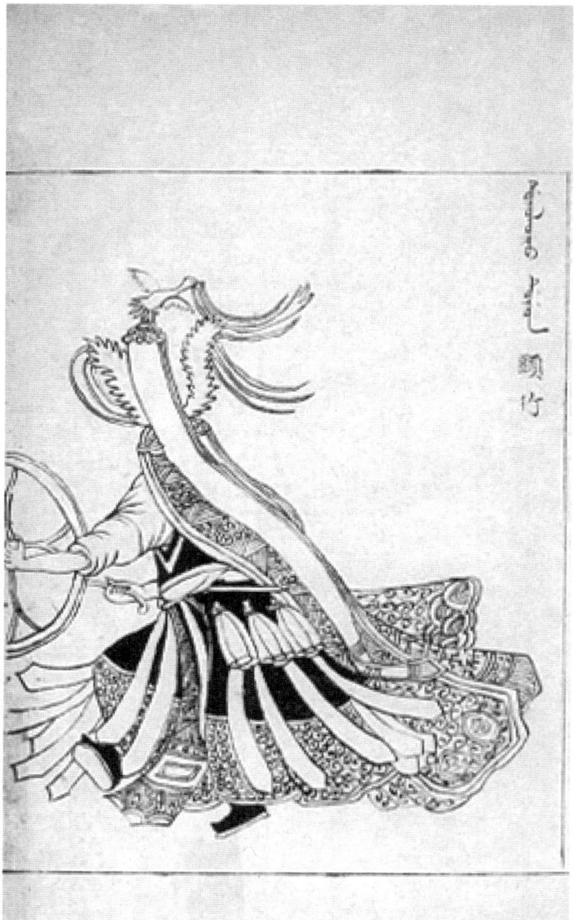

25b

圖-26[254]

doroloro durun[255]　　두행(頭行)

행례(行禮) 의식 [25b]

254 神帽 정상에 새 한 마리가 보이는데, 일명 神鳥라고 한다. 참고로 Nišan saman i bithe에는 uyun cecike yekse라고 하여 九雀의 神帽라는 표현이 나온다. 成百仁 譯註, 『滿文니샨巫人傳』, 제이앤씨, 2008, 67쪽 참고.

255 [東京大漢譯] 行禮式樣

26a

圖-27

weceku be okdorao[256] durun[257] 삼행(三行)[258]

신주(神主)를 영접(迎接)하는 의식 [26a]

256 [奇車山] okdoro

257 [東京大漢譯] 迎神主式樣

258 三行은 앞의 頭行과 뒤의 二行을 비교해 볼 때, 순서가 뒤바뀐 것으로 뒤의 二行 부분이 여기에 와야 할 것으로 보인다.

26b

圖-28

weceku be solire durun[259] 이행(二行)

신주(神主)를 청(請)하는 의식 [26b]

259 [東京大漢譯] 請神主式樣

27a

圖-29

ergen be alibure durun[260]

희생(犧牲)을 바치는 의식[261] [27a]

260 [東京大漢譯] 犧牲式樣
261 샤먼의 복장에 북두칠성 문양이 선명하다.

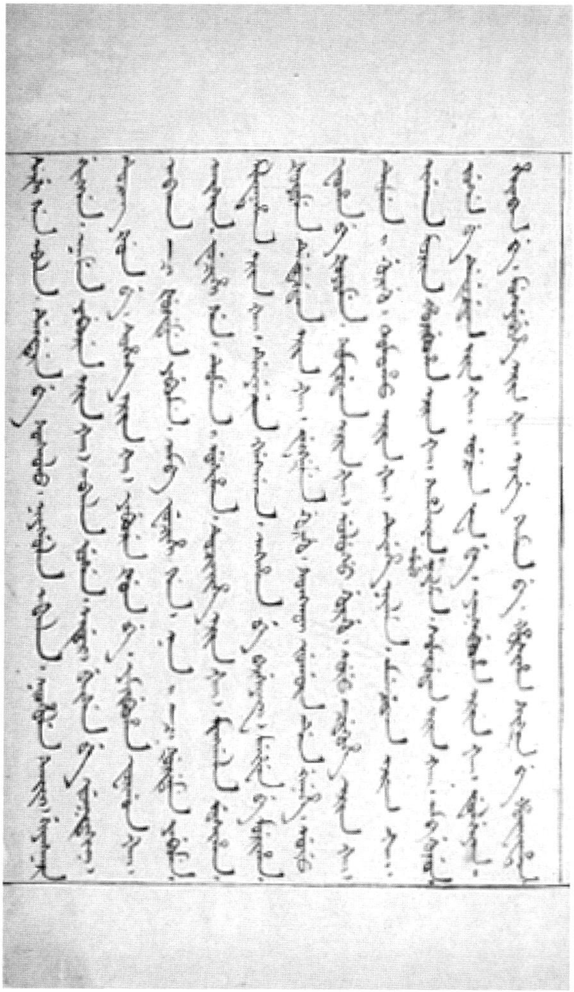

27b

dergi se abkala .	더르기 서[262] 압칼라
dekdere be songkolo .	덕더러[263] 버 송콜로
niyasula[264] abkala .	니야술라 압칼라
niohule taiji .	니오훌러 타이지
giyangnara / ginggen .	경전(經典)을 강(講)하며[265]
aname yabure erin kai .	두루 다니는 때입니다.
abkala juse .	천하 자식들[266]
enduri beise be juktekini ./	신(神)과 버이서를 제사하게 하소서!
[tucing[267] šun be .	나온 해[太陽]는
tuheke erin kai .	떨어진 때입니다.
yabure šun be .	다니는 해는
yamjibuha forgon kai][268] ./	저녁 나절된 때입니다.
abka ci šurdeme yabume[269] .	하늘로부터 주위 다니는
amba fucihi se .	대(大) 부처[佛]들
na i ci šurdeme yabume[270] ./	땅으로부터 주위 다니는
aisin fucihi se .	금(金) 부처[佛]들
tumen i usiha .	만(萬)[271] 개의 별[星]

262 [東京大漢譯] 上等
263 [奇車山] dekdere ; [東京大漢譯] 早起
264 [奇車山] niyesule
265 [東京大漢譯] 講經
266 천하 백성들이라는 의미이다.
267 紅心으로 풀기도 했는데, tucike의 의미로 보았다.
268 [奇車山] 譯注에서 [ ] 부분은 누락되었다.
269 [奇車山] yabure
270 [奇車山] yabure
271 [東京大漢譯] 圖門

tucinjihe erin kai .	나온 때입니다.
minggala usiha ./	천(千) 개의 별[星]
miltanaha erin kai .	드러난[272] 때입니다.
deyere gasgan[273]	날아다니는 새
asha be bargiyafi	날개를 거두고
meifen be muriha ./	목을 뒤틀었습니다.
šoyome deducuka[274] erin kai .	굽히고 누운 때입니다.[275]
fekšeme[276] gurgu .	내달리는 짐승
songkoi jugūn de genehe .	본래의 길로 갔습니다.
uju / fatha be šoyome .	머리와 발굽을 움츠리고
somicuka[277] erin kai .	감춘 때입니다.[278]
ulusu[279] gurgu .	전체 짐승
uju cukuhe[280] erin kai ./	머리 숙인 때입니다.
tumen i gurgu .	만(萬) 마리의 짐승
tomoho erin kai .	거처(居處)한 때입니다.
teyehe niyalma .	휴식한 사람
amgacuka erin kai ./	잠든 때입니다.

272 milata(=milahūn) : 大開, 크게 열리다.
273 [奇車山] gasha
274 [奇車山] deduhe
275 鳥類가 잠이 든 모습을 나타낸 것이다.
276 [奇車山] feksire
277 [奇車山] somiha
278 짐승들이 잠이 든 모습을 형용하였다.
279 gubci
280 [奇車山] cukūhe ; [Alessandra Pozzi] cukūhe

igan[281] morin	소와 말
horibuha erin kai .	[우리에] 가둔 때입니다.
sahaliyan * uju niyalma .	검은 머리 사람[282]
somicuka erin kai .	숨은 때입니다.
amba gurun i / juse be	큰 나라[大國]의 자식들이
deducuka erin kai .	누운 때입니다
uce fa be .	방문 창문을
yaksibuha erin kai .	닫게 한 때입니다.
fulgiyan i / hiyaban be .	붉은 등(燈)[283]을
mukiyebuhe erin kai .	소등시킨 때입니다.
ajige sama be .	작은 샤먼은
hūsiha[284] siša be hūwaitaha .	치마 요령(腰鈴)[285]을 묶었습니다. [27b]

281 [奇車山] ihan

282 검은 머리는 '黎首'로 보통 백성을 의미한다.

283 [奇車山] 夏布. hiyaban의 의미를 취하여 夏布로 했는데, hiyabun의 오류로 보인다. hiyabun은 만주족의 전통적인 조명도구의 일종이다. 보통 糠燈이라고 한다.

284 hūsihan

285 siša는 샤먼이 허리에 차는 방울, 腰鈴을 말한다. 샤먼의 방울에는 腰鈴 외에도 神鈴도 있는데, 神鈴은 만주어로 honggon이다. hūsihan siša는 Nišan saman i bithe의 경우 siša hūsihan으로도 나오는데, 샤먼 의상인 치마, 즉 神裙을 말한다. 참고로 hūsihan은 女裙을 말하고, dusihi는 男裙을 말한다.

28a

yekse[286] uju de wengkenju[287] . 신모(神帽) 머리에 걸쳐라!

imci[288] jisun[289] be jafame kai . 샤먼 작은 북[290]과 북채를 잡는다.

jakūnju ginggin[291] / sišsa be . 80근 요령(腰鈴)을

jalan ninggude hūwaitaha . 허리춤 위에 묶었다.

uyunju ginggin yekse[292] be . 90근 신모(神帽)를

uju ninggude /[hūwaitaha]. wengkenju[293] . 머리 위에 묶고 걸쳐라!

orin farsi gildan[294] be . 20조각 띠를

oilori ninggude hadaha . 표면 위에 못 박았다.

dehi / farsi gildan[295] be . 40조각 띠를

deleri ninggude mayanmifi[296] . 바깥 위에 꾸미고

sama beyede mayanmifi[297] . 샤먼 몸에 꾸미고

uce i / dolode ilimbi[298] . 방문의 안에 일어선다.

unenggi enduri be soliki . 참으로 신(神)을 청합니다!

yargiyan i weceku be okdome kai ./ 진실로 신주(神主)를 맞이합니다.

---

286 [奇車山] yengse ; [東京大漢譯] 簪纓

287 [Alessandra Pozzi] wengkju[?]. ungkembi의 의미로 보인다.

288 [奇車山] yemcen

289 [奇車山] gisun ; [Alessandra Pozzi] gisun

290 imci는 'imcin(또는 yemcen)'으로 남자 샤먼이 사용하는 작은 북. 『漢淸文鑑』에는 "imciš ambi ; 화랑이 쇼고치다 ; 男打手鼓."라고 하였다. untun 역시 샤먼이 굿에 사용하는 작은 북으로 女手鼓를 말한다.

291 [奇車山] ginggen

292 [奇車山] yengse

293 [Alessandra Pozzi] wengkju[?]

294 [奇車山] girdan ; [Alessandra Pozzi] girdan. 샤먼의 神帽 위에서 나부끼는 가늘고 긴 형태의 띠를 말한다.

295 [奇車山] girdan

296 [奇車山] miyamifi ; [Alessandra Pozzi] miyamifi

297 [奇車山] miyamifi ; [Alessandra Pozzi] miyamifi

298 [奇車山] ilibumbi

yamji šurdeme yabume . 저녁에 주위 다니며

yangsangga[299] enduri be solime kai . 어여쁜 신(神)을 청합니다.

dobori šurdeme / yabume . 밤에 주위 다니며

dorunggo[300] weceku be bolime kai . 예의바른 신주(神主)를 청합니다.

enduri mafa . 신(神)과 조상님

ebunjifi[301] erin kai ./ 내려오는 때입니다.[302]

weceke se mafa . 신주(神主)들 조상님들

hergise[303] yabure erin kai . 배회하며 다니는 때입니다.

mukden[304] jihe kai . 묵던[盛京]에서 왔습니다.

bigan / baci ebureo . 들판으로부터 내려오소서!

alin holo ci jihe kai . 산골짝으로부터 왔습니다.

geren weceku wasinju ./ 여러 신주(神主) 내려오십시오!

šabure[305] tugi ci . 흰 구름으로부터

šala ninggude ebunju . 가장자리 위에 내려오십시오!

nioburee[306] tugi ci 짙푸른 구름으로부터

ningguci / suwe dosinju . 위로부터 당신들 들어오십시오!

aisin i fa[307] de . 금(金)의 창문으로

---

299 [東京大漢譯] 文彩之神
300 [奇車山] doronggo ; [Alessandra Pozzi] doronggo ; [東京大漢譯] 沈重之神
301 [奇車山] ebunjire
302 神이 강림하는 것을 말하는데, 神格이라고 하며 만주어로 ebunjimbi이다.
303 [奇車山] hergime
304 [奇車山] 升騰起來了呀 ; [東京大漢譯] 盛京.
305 [奇車山] sabure
306 nioboro
307 [東京大漢譯] fa[法]

amba enduri be ebunju .	큰 신(神)은 내려오십시오!
menggun i / fe[308] de .	은(銀)의 창문으로
mergen weceku dosinju .	지혜로운 신주(神主) 들어오십시오!
imci[309] jilgan be donjifi .	작은 북 소리를 듣고
minggan baci /	천리(千里) 밖으로부터 [28a]

---

308 [奇車山] fa ; [Alessandra Pozzi] fa
309 [奇車山] yemcen

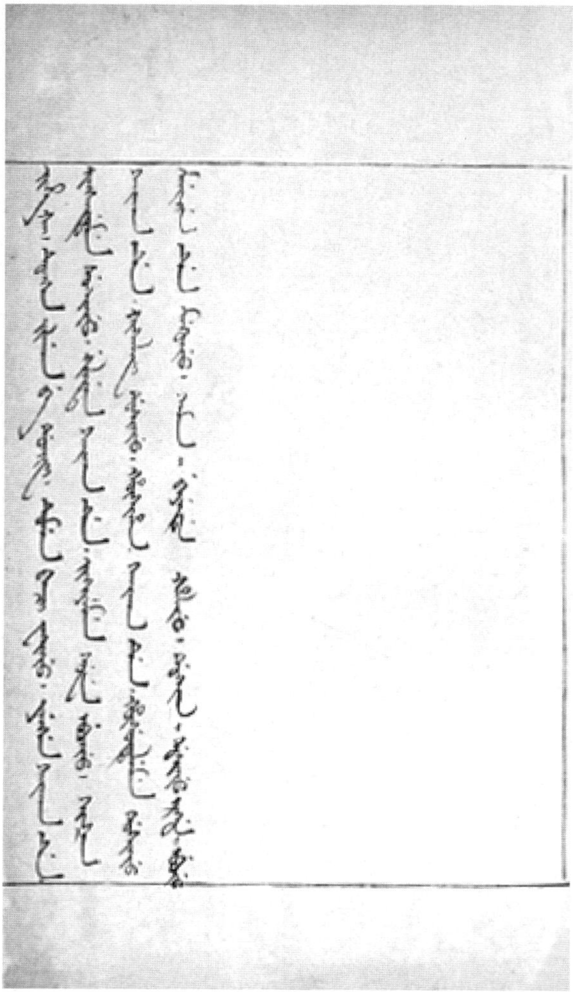

28b

jihe kai .	왔다.
tungken jilgan be donjifi .	북 소리를 듣고
tumen baci wasinju .	만리(萬里) 밖에서 내려오십시오!
yekse saikan de ./	신모(神帽)[310] 예쁘므로
ingkendume[311] dosinju .	얼른 들어오십시오!
gildan[312] saikan[313] de .	띠[술] 예쁘므로
jikiyeme suwe dosinju .	속히 와서 당신들 들어오십시오!
siša / saikan de .	요령(腰鈴) 예쁘므로
sisalafi dosinju .	흩어져서[314] 들어오십시오!
hūsiha[315] saikan de .	치마 예쁘므로
hūsutuleme dosinju ./	힘써 들어오십시오!
meiren de mekunju[316] .	어깨에 굽혀서
sama i beyede halaju[317] .	샤먼의 몸에 바꾸십시오![318]
dosin i dosinju .	곧장 들어오십시오!
ersun i ebunju ./	위엄 있게[319] 내려오십시오![320] [28b]

310 [奇車山] yengse ; [Alessandra Pozzi] yekse. 샤먼이 착용하는 모자, 즉 神帽를 말한다.

311 [奇車山] nikeneme ; [Alessandra Pozzi] ingkendume[?]

312 girdan

313 [奇車山] sain

314 [奇車山] 譯注에서는 sisalafi를 분산하다는 의미로 풀었다. 보통 흩어지다, 분산되다는 의미는 samsimbi이다. 이외에도 삽입하다, 끼워넣다, 잘 내려놓다는 의미의 sisimbi 등이 있다.

315 hūsihan

316 [Alessandra Pozzi] mekunju < mehumbi

317 [奇車山] halanju

318 接神하는 과정을 나타낸 것으로 보인다.

319 三田村泰助는 急으로 풀었다. ersun은 보통 추하고 혐오스러운 것을 말한다.

320 [奇車山] 威嚴地降臨 ; [東京大漢譯] 以醜降格

29a [공란][29a]

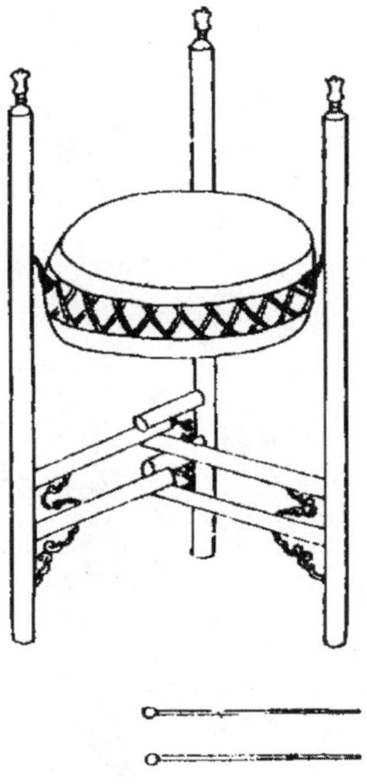

제사 때 사용하는 북[鼓]

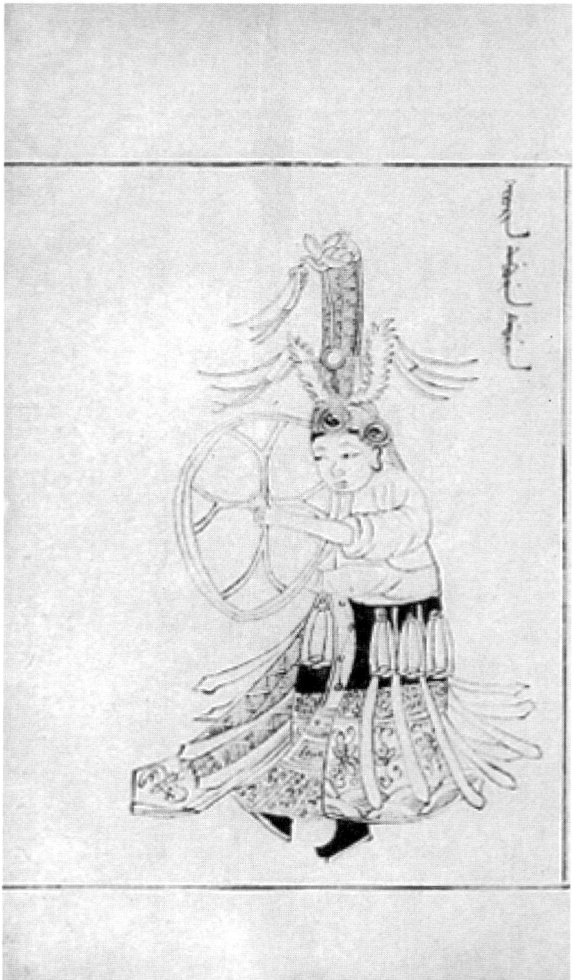

29b

圖-30

soorin tebure durun[321]

신위(神位)를 설립(設立)하는 의식 [29b]

321 [東京大漢譯] 安置神位式樣

30a

圖-31

gilda[322] be gidabure de

fudašara[323]

띠[술]를 누를 때

축사(逐邪)하는 의식[324] [30a]

322 [Alessandra Pozzi] girdan

323 [Alessandra Pozzi] fudešere. 만주어 fudešembi는 굿을 하여 逐邪하는 것을 말한다. fudašara는 fudešere의 의미로 보았다.

324 [東京大漢譯] 掩光跳老虎神式樣

30b

圖-32

samdara durun[325]

굿[跳神]하는 의식 [30b]

325 [東京大漢譯] 扭腰搖擺跳神式樣

31a

圖-33

fudašara[326] durun

축사(逐邪)하는 의식[327] [31a]

326 [奇車山] fudašara 反轉式樣 ; [Alessandra Pozzi] fudašara. fudašara는 fudešere의 의미로 풀었다.

327 [東京大漢譯] 跳老虎神式樣

31b

elun i enduri .	씨족의 신(神)
soorin i soki[328] weceku .	신위(神位)의 '소키' 신주(神主)
anculan muriha .	안출란[329] 무리하[330]
aifini tasha kai .	아이피니[331] 타스하[332]
kerime ./ keku[333] .	커리머 커쿠
niyasula muriha enduri .	니야술라[334] 무리하 신(神)
tumen i tungken .	일만(一萬)의 북[鼓]!
minggan i šose weceku .	일천(一千)의 '쇼서[碩色]'[335] 신주(神主)!
[uheri / deheri .	모든 씨족 사람들은
jakūn soorin weceku][336] sa .	여덟 신위(神位)의 신주(神主)]들
soliha *(be)[337] dahame .	청하였으므로
enduri soorin de ebunju ./	신위(神位)에 내려오십시오!
boliha be dahame .	불렀으므로
mergen soorin de wasinju .	지혜로운 신위(神位)에 내려오십시오!
uce dorgide dosinju ./	방문 안에 들어오십시오!
unenggi enduri ebunju .	참된 신(神) 내려오십시오!

328 [奇車山] soko
329 anculan 鳥類의 일종, 鶺鴒鳥.
330 murigan weceku 穆里罕神, 만주족 샤먼 제사 중에 나오는 夕祭神이다. 蒙古神과 畵像神의 서쪽에 위치한다.
331 [奇車山] 阿衣分尼. 만주어 aifini에는 이미[旣] 등의 의미가 있다.
332 tasha는 호랑이라는 뜻이다.
333 keku는 ilmaha와 의미가 같은 단어로 小舌, 重舌이라는 뜻이 있다. cf. 重舌 ; 목젖
334 三田村泰助는 niyasula를 niyase에 la가 결부된 형태로 보고, 撚子, 捻子를 뜻하는 niyase와 연관이 있는 것으로 보았다.
335 神主의 한 명칭으로 보인다.
336 [奇車山] [ ] 부분은 누락되었다.
337 [奇車山] (be) 보충.

fa dorgide dosinju .	창문 안에 들어오십시오!
faidaha bade teyeme kai .	진열한 곳에서 휴식하십시오!
enduri / jidere be šadaha[338] .	신(神) 오느라 피곤하고
weceku ebure be yadaha[339] .	신주(神主) 내려오느라 피로하였습니다.
šadaha seme ainara .	피곤하다 해도 어찌합니까?
yadaha / ume gūnireo .	피로하다 해도 걱정하지 마소서!
soorin ninggude teyeme kai .	신위(神位) 위에서 휴식하십시오!
turgun suwende tucibuki .	까닭 당신들에게 진술하고
baita / suwende wesimbuki .	일 당신들에게 상주하고자 합니다.
getukeleme bairengge .	분명하게 구하는 것이고
baibi bairengge waka kai .	부질없이 구하는 것 아닙니다.
baita sa jalinde ./	일들을 위해서 입니다.
untuhun solirengge waka kai .	헛되이 청하는 것 아니고
elun i turgun kai .	씨족인 까닭입니다.
hasuri hala .	여러 성씨(姓氏)에서
tere hala ./ elun kai .	모씨(某氏) 씨족입니다.
tere aniyangge .	모년생(某年生)의
elun i ejen kai .	씨족의 주인(主人)
gaiha boihoji[340] .	맞이한 처(妻)

338 [奇車山] šanduha
339 [奇車山] yanduha
340 [奇車山] boigoji

tere aniyangge / beye kai .	모년생(某年生)의 몸
ujibuha juse .	기른 자식들
gaiha i urun kai .	맞이한 며느리
fusembuhe omosi .	번성한 손자들
uheri deheri ./	모든 씨족 사람들은
sakdasa werihengge doro kai .	노인들이 남긴 예(禮)로써
forgon amcame gingneme kai .	때를 따라서 헌주(獻酒)합니다.
mafa werihengge kooli /	조상이 남긴 규례(規例) [31b]

32a

kai .	입니다.
booi weceku jukteme kai .	가신(家神) 제사드립니다.
unenggi gūnin tucifi .	참된 뜻 드러내고
yargiyan gūnin jafame / kai .	진실한 뜻 지녔습니다.
inenggi yendeme .	낮에 일어나고[341]
dobori geli duleme .	밤이 또 지나서[342]
ehe inenggi *(be)[343] waliyafi .	나쁜 날(을) 버리고
sain inenggi / be sonjofi .	좋은 날을 선택해서
ere inenggi tuwabuha .	이 날 점(占) 보게 하고
booi weceku weceme kai .	가신(家神) 제사지냅니다.
elgin[344] *niyengniyeri*	풍요로운 봄
bayan bolori forgon / kai .	부유한 가을철
ulin jiha udafi .	재물과 돈 내고
basa jiha baicame[345] .	공전(工錢) 돈 쓰며
baitangga ulgiyan be / gajifi .	집사인(執事人)은 돼지를 가져와
hūwa i bade sindaha .	뜰에 놓았습니다.
en jen i belhehe .	다 준비하였습니다.
geren weceku be weceme ./ kai .	여러 신주(主神)를 제사지냅니다.
ereci julesi .	이후로

341 [奇車山] 百天住宿 ; [東京大漢譯] 早起. 여기에서는 일찍 일어나다는 의미로 풀었다.

342 [奇車山] 夜晩又過去 ; [東京大漢譯] 過夜. 밤이 지나가다로 풀었다. 참고로 보통 일을 하느라 밤을 지새우는 것은 만주어로 dulimbi이다.

343 [奇車山] (be) 보충

344 [奇車山] elgiyen

345 [奇車山] baitalame

elun i ejen be gosireo .	씨족의 주인(主人)을 인애(仁愛)하소서!
yabure bade yargiyambu .	행하는 바에 결실있게 하고
genere / bade getuken kai .	가는 곳에 분명하게!
sain jugūn yabuci .	좋은 길 다니면
ehe jugūn dalibu .	나쁜 길 가리게 하십시오!
sain niyalma / acabuki .	좋은 사람 만나게 하고
ehe niyalma be jailabu .	나쁜 사람을 피하게 하십시오!
orin niyalma oilori .	20명은 걸어서
dehi niyalma deleri ./	40명은 말 위에서
juleri dalibu .	앞에서 가로막게 하고
amari[346] alibu .	뒤에서 대적하게 하십시오!
jidere gasgan[347] dangnabu .	오는 재해 막아내게 하고
ehe sukdun mayambu ./	나쁜 기운 소멸하게 하십시오!
ehe de ejebu .	나쁜 때를 기억하게 하고
mangga de maribuki .	좋은 때로 돌아가게 하십시오!
calabuha babe .	실수한 바를
cashūlame waliyaki ./	저버리고
endebuhe babe .	잘못한 바를
oncodome guwebureo .	너그럽게 용서해주소서!
hutu angga yaksibu .	나쁜 입 닫게 하고
banjiha angga / weribu .	좋은 입 남게 하십시오!

346 [奇車山] amala
347 [奇車山] gashan

baibi tefi banjimbu .	다만 앉아서 살아가게 하고
sain tefi sakdabu .	잘 앉아서 늙게 하십시오!
uju i funiyehe ./	머리카락 [32a]

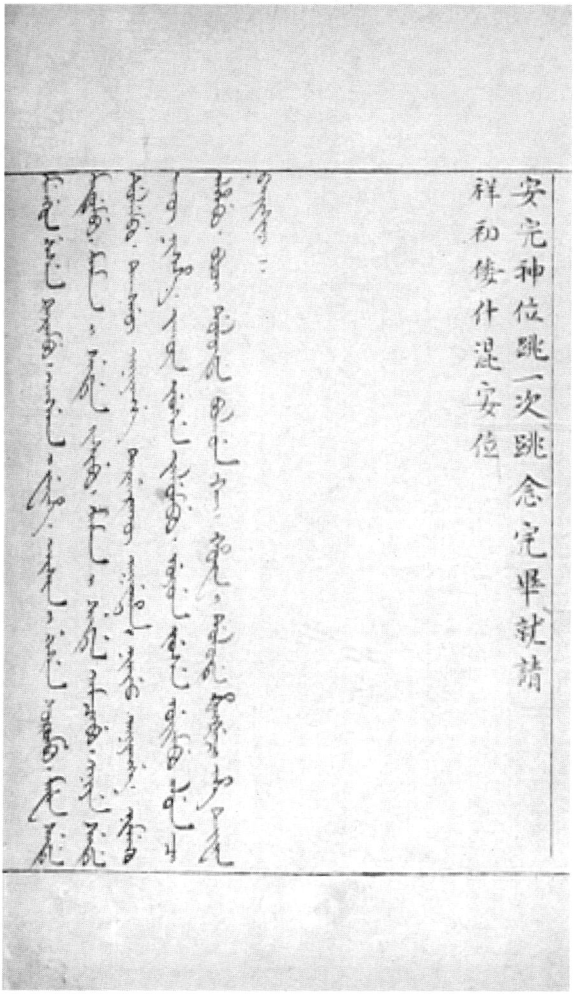

安完神位跳一次跳念完畢就請
祥初傳什混安位

32b

menggun gese šarambu .	은(銀)처럼 희게 하십시오!
angga i weihe .	입의 치아
aisin i gese sorombu .	금(金)처럼 누렇게 하십시오!
mafan[348] sede / mandumbu .	조부 나이에 장성하게 하고
mama i sede isibu .	조모의 나이에 이르게 하십시오!
ama i sede amcabu .	아버지의 나이에 따르게 하고
eniye sede / dulembu .	어머니의 나이를 넘게 하십시오!
tanggū aniyangge	백 년 동안
targarakū akdaha .	금기 없이 의지하였습니다.
ninju aniyangge .	60년 동안
nimeku / akū nikehe .	병 없이 의지하였습니다.
jakūn juse jalumbu .	8자식들 가득하게 하고
uyun juse ujimbu .	9자식들 기르게 하십시오!
elun ci / elhebu .	씨족부터 평안하게 하고!
booi dolode bolgon kai .	집의 안은 정(淨)합니다.
hūwa i dolode hungšeci[349] .	뜰의 안에서 감격한즉
ehe[350] taifin / banjikini .	평안히 살게 하십시오! [32b]

安完神位, 跳一次. 跳念完畢, 就請/祥初倭什混安位.

---

348 [奇車山] mafa ; [Alessandra Pozzi] mafa
349 [奇車山] hukšeci ; [Alessandra Pozzi] hungšeci
350 [奇車山] elhe

신위(神位)를 다 안치하고, 1차례 굿한다. 굿과 송념(誦念)을 마친 뒤, 곧 시얀추[祥初] 신주(神主)를 청하여 안치한다. [32b]

33a

[abka ci wasika .	[하늘로부터 내려왔습니다.
amba siyancu be soliha .	대시안추[大祥初]를 청하였습니다.
na i ci oilori ./	땅의 표면으로부터 왔다.
narhūn siyancu be bolime kai .	세밀하신 시얀추[祥初]를 청하였습니다.
yamji šurdeme yabume .	저녁에 주위 다니며
yangsangga siyancu / ebunju .	어여쁜 시얀추[祥初] 내려오십시오!
dobori šurdeme yabume .	밤에 주위 다니며
doronggo siyancu wasinju .	예의바른 시얀추[祥初] 내려오십시오!
hojo hūnggo ./	호조 훙고[351]
sure jukten i enduri .	총명한 제사의 신(神)
horonggo ejen ebunju .	위엄 있는 주(主) 내려오십시오!
faidaka soorin de / teyeme kai .	진열한 신위(神位)에서 휴식하십시오!
enduri jidere be šadaha .	신(神) 오느라 피곤하고
weceku ebure be yadaha[352] .	신주(神主) 내려오느라 피로하였습니다.
šataha / seme ainara .	피곤하다 해도 어찌합니까?
yadaha ume gūnireo .	피로하다 해도 걱정하지 마소서!
soorin ninggude teyeme kai .	신위(神位) 위에서 휴식하십시오!
turgun / suwende tucibuki .	까닭 당신들에게 진술하고

351 hojo hūnggo를 神의 명칭으로 보았는데, 만주어로 hojo에는 고운, 예쁜 등의 의미가 있다.

352 yanduha

baita suwende wesimbuki .	일 당신들에게 상주하고자 합니다.
ajige sama be .	작은 샤먼은
hūsiha[353] sišа / be hūwaitaha .	치마 요령(腰鈴)을 묶었습니다.
yekse[354] uju de wengkenju[355] .	신모(神帽) 머리에 걸치고
imci jisun be jafame kai ./	작은 북과 북채[356]를 잡고
weceku i jakade ilimbi .	신주(主神) 앞에서 일어섭니다.
getukeleme bairengge .	분명하게 구하는 것
baibi bairengge waka kai ./	부질없이 구하는 것 아니고
elun i turgun kai .	씨족인 까닭입니다.
hasuri hala * kai[357] .	여러 성씨(姓氏)에서
tere hala kai .	모씨(某氏)입니다.
tere aniyangge ./	모년생(某年生)의
eun i ejen kai .	씨족의 주인(主人)
gaiha i boihoji .	맞이한 처(妻)
tere aniyangge beye kai .	모년생(某年生)의 몸
uheri deheri /	모든 씨족 사람들은
unenggi gūnin tebuhe .	참된 뜻 지녔습니다.
sakdasa doro be yarufi .	노인들 예(禮)를 인도(引導)하고
mafan[358] i kooli dahame kai ./	조상의 규례(規例) 따릅니다. [33a]

---

353 hūsihan

354 [奇車山] yengse ; [Alessandra Pozzi] yekse

355 [奇車山] wengkenju ; [Alessandra Pozzi] wengkeju

356 jisun ; 鼓推, 鼓搥

357 * kai : 본문에서 행을 벗어나 추가된 형태로 삽입된 부분이다.

358 [Alessandra Pozzi] mafa

33b

inenggi yendeme .	낮에 일어나고
caruha[359] araha .	조리해서 만들었습니다.
caise araha .	떡[360]을 만들었습니다.
dobori duleme	밤이 지나서
(muriha mudan be)[361]	(무리하 떡을)
weilehe .	만들었습니다.
hatan arki burha[362] .	독한 소주 내렸습니다.
jancuhūn nure tebuhe .	단술[甘酒] 빚었습니다.
(훼손)[363]	(훼손)
juleri hiyan dabume .	앞에 향(香) 피우고
siyangnakū de sindaha .	향 접시에 놓았습니다.
weceku hanci de(훼손)[364]	신주(神主) 가까이
wecere doro kai .	제사하는 예(禮)입니다.
jukteme kooli .	제사드리는 규례(規例)입니다.
agūra jaka acinggiyambi .	기물(器物)을 사용합니다.
ambarame weceme kai /	크게 제사지냅니다.[365]
ulin jiha be udafi .	재물과 돈을 내고

359 carumbi : 烹炸, 油炸, 기름에 튀기다.

360 caise ; 떡의 일종

361 [Alessandra Pozzi] (muriha mudan be) cf. 훼손된 부분을 복원한 것이다.

362 [Alessandra Pozzi] burha. burambi 증류하다. cf. arki burambi 燒燒酒 ; 소주를 내리다.

363 [Alessandra Pozzi] a(……)

364 [Alessandra Pozzi] de(……)

365 淸代에 圓丘, 太廟, 社稷 등에서 거행하는 중요한 제사를 大祀라고 하였다. ambarame wecere wecen을 『漢淸文鑑』에는 禘라고 하였는데, 『禮記』「王制」에 "天子諸侯宗廟之祭, 春曰礿, 夏曰禘, 秋曰嘗, 冬曰烝"이라고 하였다.

basa jiha baicame .	공전(工錢) 돈 쓰며
baitangga ulgiyan be udafi ./	집사인(執事人)은 돼지를 사서
hūwa i bade sindaha .	뜰에 놓았습니다.
en jen i belhebume kai .	모두 다 준비하게 하고
yargiyan weceku be gingneme kai ./	진실로 신주(神主)를 헌주(獻酒)합니다.
ereci julesi .	이후로
elun i ejen be gosireo .	씨족의 주인(主人)을 인애(仁愛)하소서!
yabure bade yargiyambu .	행하는 바에 결실있게 하고
genere bade / getuken kai .	가는 곳에 분명하게!
sain jugūn yabuci .	좋은 길 다니면
ehe jugūn dalibu .	나쁜 길 가리게 하십시오!
sain niyalma acabuki ./	좋은 사람 만나게 하고
ehe niyalma jailabu .	나쁜 사람 피하게 하십시오!
orin niyalma oilori .	20명은 걸어서
dehi niyalma deleri .	40명은 말 위에서
juleri / dalibu .	앞에서 가로막게 하고
amari alibu .	뒤에서 대적하게 하십시오!
hūturi weceku kesi kai .	복(福)은 신주(主神) 은덕입니다.
weme geli wesici .	교화(教化)하여[366] 또 오르면
amba / ejen de wesimbuki .	큰 주인[大官][367]에 오르게 하고

366 赤松智城(1941)에서는 weme geli wesici를 誰又上之라고 하여, 누구를 뜻하는 만주어 we의 의미로 보기도 하였다.

dergi ejen acabuki .	황상(皇上) 만나게 하고
amba ejen de acabuki .	큰 주인[大官]에게 만나게 하고
ambasa / jakade adabuki .	대신(大臣)들 곁에서 보좌하게 하십시오.
jalan halame .	대대로
wang ci dolome[368] .	왕(王)보다 넘어서고
abdaha suwende ./	잎 당신들에게 [33b]

367 大官員
368 duleme

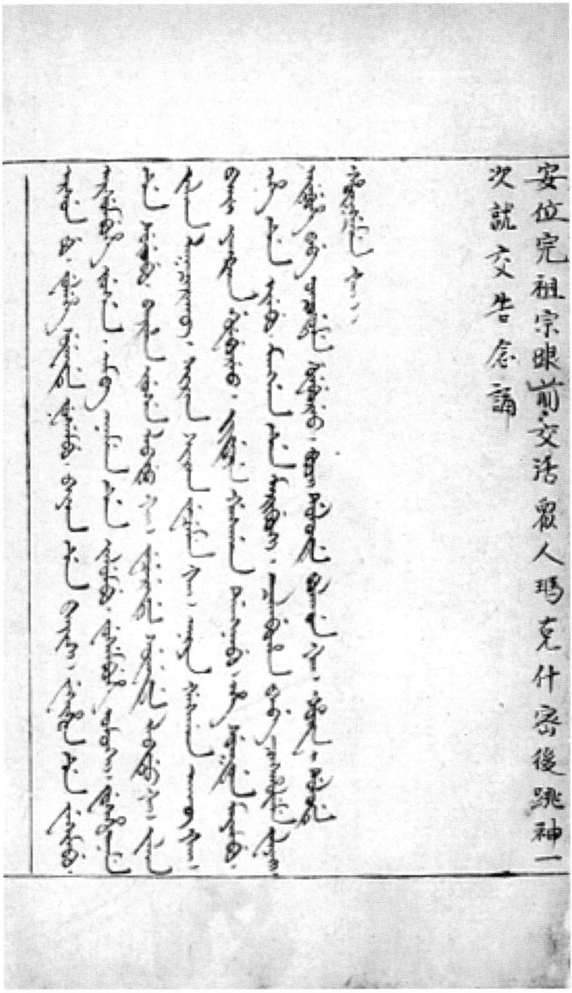

34a

arsun bu .	싹 나고[369]
fulehe suwende fusembu .	뿌리 당신들에게 번성하게 하십시오!
bayan de banjiki .	부유한 데 살고
wesihun de wesimbu ./	귀한 데 오르게 하십시오!
arsumbuhe juse .	번창한 자식들
amba aname[370] de jalumbu .	큰 [구들]에 가득하게 하십시오!
fusembuhe omosi .	번성한 손자들
fushu aname[371] / de sujubu[372] .	부뚜막 [구들]에서 뛰어다니게 하십시오!
banjiha juse labdu kai .	낳은 자식들 많고
wecerede suwende labdu kai .	제사지내는 일 당신들에게 많습니다.
jalan / jalan lakcarakū .	대대로 끊이지 않고
siran siran weceme kai .	연이어 제사지냅니다.
ainiya gasgan akū kai ./	해[年]의 원망 없고
banji[373] yangšan guwebureo .	달[月]의 질병 면하게 하소서!
jidere gasgan dangnabu .	오는 재해 막아내게 하고
ehe sukdun mayambu ./	나쁜 기운 소멸하게 하십시오!
ehe de ejebu .	나쁜 때를 기억하게 하고
mangga de maribuki .	좋은 때로 돌아가게 하십시오!

369 arsun bu는 움이 돋거나 싹이 나는 것을 말하는데, 자손의 번성을 의미한다. cf. arsumbuhe.

370 [Alessandra Pozzi] nagan. aname에 해당하는 부분이 다른 곳에서는 nagan으로 나온다. 여기에서도 nagan의 의미로 풀었다. nagan은 nahan으로 구들[炕]을 말한다.

371 nagan

372 [Alessandra Pozzi] surumbu.

373 [Alessandra Pozzi] biyai ;

calabuha babe	실수한 바를
cashūleme[374] waliyaki ./	저버리고
endebuhe babe	잘못한 바를
oncodome guwebureo .	너그럽게 용서해주소서!
booi dolode bolgon kai .	집의 안은 정(淨)합니다.
hūwa i dolode / hūkšeme kai .	뜰의 안에서 감격합니다.][375] [34a]

[安位完, 祖宗跟前交活. 衆人瑪克什密後, 跳神一/次, 就交告念誦.]

[신위(神位) 안치하는 의식 마치고, 조상께 살아 있는 희생(犧牲)을 바친다. 여러 사람들은 춤춘 뒤에, 한 차례 굿하고, 곧바로 제사지내고 송념(誦念)한다.][376] [34a]

374 [Alessandra Pozzi] cashūlame
375 [奇車山] [ ] 부분은 누락되었다.
376 [奇車山] [ ] 부분은 누락되었다.

사먼이 착용하는 치마[神裙]와 요령(腰鈴)

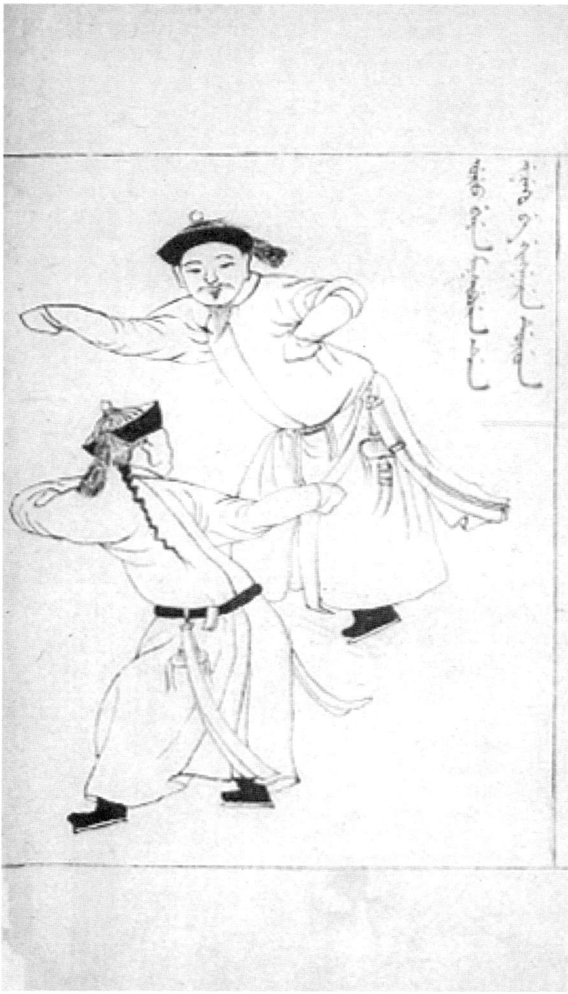

34b

圖-34

juru beye maksibure de

weceku be gingnere durun[377]

한 쌍 춤추도록 할 때

신주(神主)를 헌주(獻酒)하는 의식 [34b]

377 [東京大漢譯] 對舞供獻神主式様

35a

圖-35

ergen be wara sidende

yengeyen[378] seme hūlara durun[379]

희생(犧牲)을 죽이는 사이에

송념(誦念)하며 부르는 의식 [35a]

---

378 [奇車山] yegeyen ; [Alessandra Pozzi] yengeyen

379 [東京大漢譯] 殺牲時讀念式樣

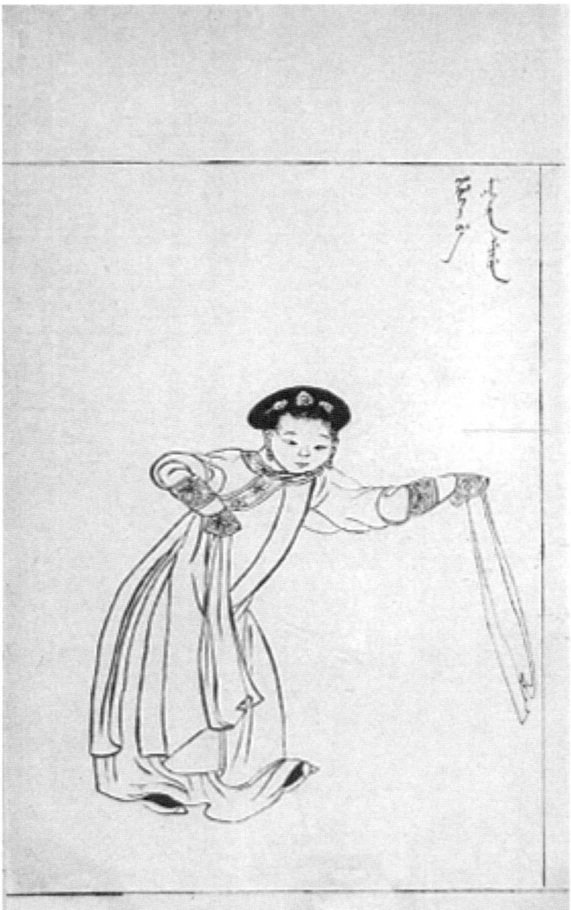

35b[381]

380 [Alessandra Pozzi] 역본에서는 이 부분을 [下]로 분류하였다.

圖-36

hehesi be

maksira[381] durun[382]

부녀자들을

춤추게 하는 의식 [35b]

---

381 [奇車山] maksibure ; [Alessandra Pozzi] maksire

382 [東京大漢譯] 婦人跳舞式樣. 말굽형 소매[馬蹄袖] 옷을 입고 춤추는 여자의 모습.

36a[384]

383 [Alessandra Pozzi] 역본에서는 이 부분을 [下]로 분류하였다.

圖-37

maksire durun[384]

춤추는 의식 [36a]

384 [東京大漢譯] 跳舞式樣. 깃털모자[翎帽]를 쓰고 사자문양흉배와 말굽형 소매[馬蹄袖] 옷을 입고 춤추는 남자의 모습. 보통 청대에 사자 문양은 武官 2품의 관복에 해당한다.

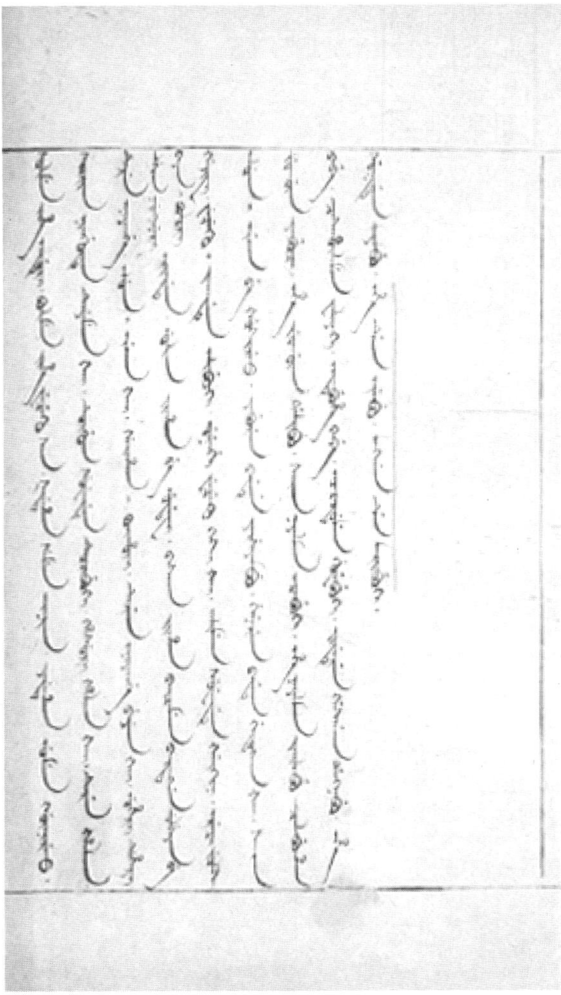

36b[386]

385 [Alessandra Pozzi] 역본에서는 이 부분을 [下]로 분류하였다.

solime jihe enduri .	청하여 온 신(神)
bolime jihe weceku se .	불러서 온 신주(神主)들
šadaha seme ainara .	피곤하다 해도 어찌합니까?
yadaha ume gūnireo ./	피로하다 해도 걱정하지 마소서!
soorin ninggute[386] teyeme kai .	신위(神位) 위에서 휴식하십시오!
turgun suwende tucibuki .	까닭 당신들에게 진술합니다.
hasuri hala kai .	여러 성씨(姓氏)에서
tere hala ./	모씨(某氏)입니다.
tere aniyangge .	모년생(某年生)의
elun i ejen kai .	씨족의 주인(主人)
gaiha i boihoji .	맞이한 처(妻)
tere aniyangge beye kai .	모년생(某年生)의 몸
uheri deheri ./	모든 씨족 사람들은
elgin[387] *niyengniyeri*	풍요로운 봄
bayan i bolori[388] erinde .	부유한 가을철에
ulin jiha be udafi .	재물과 돈을 내고
basa jiha baicame .	공전(工錢) 돈 쓰며
baitangga ulgiyan be / gajifi .	집사인(執事人)은 돼지를 가져와
weceku i jakade alibuki .	신주(神主)께 바치고자 합니다.
unenggi weceku kesi kai .	진실로 신주(神主) 은덕입니다.

386 [奇車山] ninggude ; [Alessandra Pozzi] ninggude

387 [奇車山] elgiyen

388 [奇車山] bayan bolori ; [Alessandra Pozzi] bayan bolori

alime suwende gaikini .	받아서 당신들에게 가지게 합니다.
ereci julesi ./	이후로
elun i ejen be gosireo .	씨족의 주인(主人)을 인애(仁愛)하소서!
yabure bade yargiyambu .	행하는 바에 결실있게 하고
genere bade getuken kai .	가는 곳에 분명하게!
sain / jugūn yabuci .	좋은 길 다니면
ehe jugūn dalibu .	나쁜 길 가리게 하십시오!
sain niyalma acaki[389] .	좋은 사람 만나게 하고
ehe niyalma jailabu .	나쁜 사람 피하게 하십시오!
calabuha / babe .	실수한 바를
cashūlame waliyaki .	저버리고
endebuhe babe .	잘못한 바를
oncodome guwebuki .	너그럽게 용서하셨으면 합니다.
jidere gasgan dangnabu .	오는 재해 막아내게 하고
ehe / sukdun mayambu .	나쁜 기운 소멸하게 하십시오!
ehe de ejebu .	나쁜 때를 기억하게 하고
mangga de maribuki .	좋은 때로 돌아가게 하십시오! [36b]

389 acaci

『제사전서무인송념전록(祭祀全書巫人誦念全錄)』 하(下)

『제사전서무인송념전록(祭祀全書巫人誦念全錄)』 하(下)

念那哥敬祖宗

1a

念耶哥敬祖宗

송념(誦念)하며[1]

조상을 경배한다. [1a]

1 念耶哥는 샤먼이 神歌를 송념하는 것을 말한다. 黃强 · 色音, 『薩滿教圖說』, 民族出版社, 2002, 150쪽 참고.

1b

圖-1(全-38)

soorin tebure durun[2]

신위(神位) 설립(設立)하는 의식 [1b]

2 [東京大漢譯] 植位式樣

2a

圖-2(全-39)

sama maksire durun[3]

샤먼 춤추는 의식 [2a]

3 [東京大漢譯] 巫人跳舞式樣

2b

圖-3(全-40)

hacingga imci be eficere durun[4]

각종(各種) 무고(巫鼓)를 함께 연주하는 의식 [2b]

4 [東京大漢譯] 頑要各色太平鼓式樣

3a 圖-4(全-41) [설명 없음][3a]

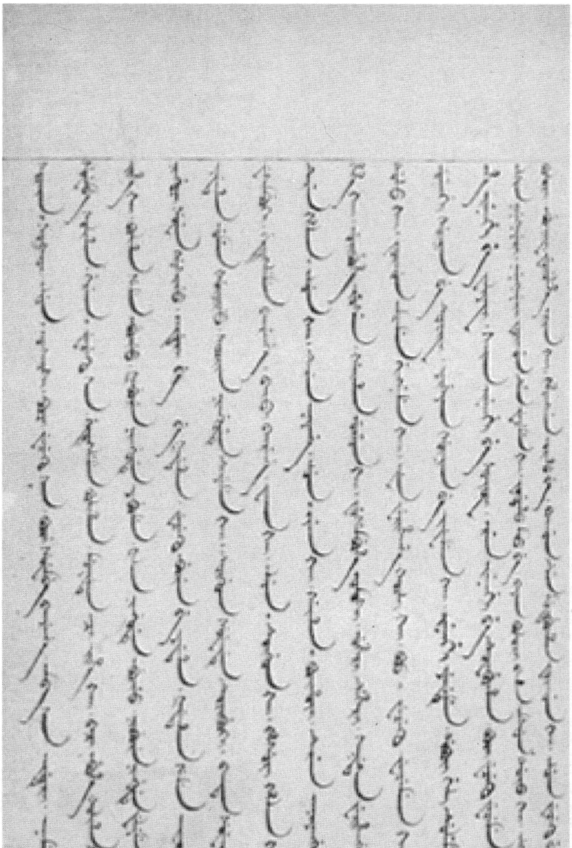

3b

soorin i songkoi .	신위(神位) 그대로[5]
elun i ongkosi .	씨족의 옹코신들이여,[6]
booi weceku sa .	가신(家神)들이여,
booi suwembe bairengge .	가족이 당신들을 청하는 것입니다.
amba sa enduri .	큰 신(神)들이여,[7]
aname / suwembe soliha .	두루 당신들을 청했습니다.
geren i weceku sa .	여러 신주(神主)들이여,
getukeleme boliha .	분명하게 불렀습니다.
mukden ci jihe kai .	묵던[盛京][8]으로부터 오셨습니다.
baci ebuhe .	옛 땅[故地]으로부터 내려오십시오!
soliha seme / jihe kai .	청했다 하고 오셨습니다.
boliha seme ebunju .	불렀다 하고 내려오십시오!
šabure[9] ninggude yabume .	흰 [구름] 위에서 다니시어
šala ninggude ebunju .	가장자리 위에 내려오십시오!
niobure[10] ninggude feliyeme kai ./	짙푸른 [구름] 위에서 다니시어
ningguci suwe dosinju .	위로부터 당신들 들어오십시오!
enduri [jidere][11] be šadaha[12] .	신(神) [오느라] 피곤하고
weceku ebure be yadaha[13] .	신주(神主) 내려오느라 피로하였습

5 [奇車山] 依照原來之神座
6 [奇車山] 照原來之額倫 ; [Alessandra Pozzi] ongko. ongko를 神의 이름으로 보았다.
7 [奇車山] 大德之神仙
8 [奇車山] 穆克敦
9 šaburu : 淡黃色, 乳白色.
10 nioboro ; 油綠, 深綠色.
11 [Alessandra Pozzi] (jidere)
12 [奇車山] šanduha ; [Alessandra Pozzi] šadaha

	니다.
šadaha seme ainara ./	피곤하다 해도 어찌합니까!
yadaha ume gūnireo .	피로하다 해도 걱정하지 마소서!
soorin ninggude teyeme kai .	신위(神位) 위에서 휴식하십시오!
turgun suwende tucibuki .	까닭 당신들에게 진술하고
baita suwende / wesimbuki .	일 당신들에게 상주하고자 합니다.
getukeleme bairengge .	분명하게 구하는 것
baibi bairengge . waka kai .	그저 구하는 것 아닙니다.
elun i turgun kai .	씨족인 까닭입니다.
hasuri hala kai ./	여러 성씨(姓氏)에서
tere hala i elun kai .	모씨(某氏)의 씨족
tere aniyangge .	모년생(某年生)의
elun i ejen kai .	씨족의 주인(主人)
gaiha i boihoji[14] .	맞이한 처(妻)
tere aniyangge / hehe kai .	모년생(某年生)의 부인
ujibuhe juse .	기른 자식들
gaiha urun kai .	맞이한 며느리
fusembuhe omosi .	번성한 손자들
uheri deheri .	모든 씨족 사람들은
sakdasa werihengge ./ dolo[15] kai .	노인들이 남긴 예(禮)

13 [奇車山] yanduha
14 boigoji
15 [奇車山] doro ; [Alessandra Pozzi] doro

forgon amcame[16] gingneme kai .	때 맞춰서 헌주(獻酒)합니다.
mafa werihengge kooli kai .	조상이 남긴 규례(規例)
booi weceku weceme kai ./	가신(家神) 제사지냅니다.
unenggi gūnin be tucifi .	참된 뜻을 내고
yargiyan gūnin be jafame kai .	진실한 뜻을 지녔습니다.
inenggi yendeme .	낮에 일어나고
dobori geli duleme ./	밤이 또 지나서
ehe inenggi be waliyafi .	나쁜 날을 버리고
sain inenggi be sonjofi .	좋은 날을 선택해서
ere inenggi be tuwabuha .	이 날을 점(占) 보게 하고
booi weceku weceme kai ./	가신(家神) 제사지냅니다.
eigin[17] *niyengniyeri* .	풍요로운 봄에
niyengniyeri forgon de	봄철에
weceme kai .	제사지냅니다.
fodoho moo be .	버드나무를
bayan bolori baha .	부유한 가을에 득(得)했습니다.
amsun doro kai .	제육(祭肉)의 예(禮)입니다.
eigin[18] *i / bolori* .	풍요로운 가을에
ebunjifi furulehe erin kai .	내려와서 [제육] 자른[19] 때입니다.
hacingga orho be .	갖가지 풀을

16 [奇車山] acabume

17 eigiyen

18 eigiyen

19 furulehe는 fulumbi의 의미로 풀었다.

boigon de mutubuha forgon kai .	땅에서 자라게 한 때입니다.[20]
elun weceku be /	씨족 신주(神主)를[21] [3b]

20 [奇車山] 長在家中之時 ; [東京大漢譯] 用各草者, 生於土之時也.

21 [東京大漢譯] 額倫祭神主之規矩

4a

kooli kai.	(제사하는) 규례(規例)입니다.
sakda doro yalufi[22] *.*	노인의 예(禮) 인도(引導)하고[23]
mafa i kooli be dahame .	조상의 규례(規例)를 따라서
koo doro kooli be /	와제(瓦祭) 예규(禮規)를[24]
gingneme kai .	헌주(獻酒)합니다.
booi weceku jukteme koo jafafi .	가신(家神) 제사드리고 포와(布瓦) 잡고[25]
booi weceku be weceme kai .	가신(家神)을 제사지냅니다.
tariha jeku be gajifi .	경작한 곡물을 가져와
amba i amsun be / araha .	큰 제육(祭肉)을 만들었습니다.
weilehe jeku be gajifi .	농사지은 곡물을 가지고
bolgon i amsun be belhehe .	정(淨)한 제육(祭肉)을 준비하였습니다.
orin i soiha[26] be .	20개 쑥을
oilori alin de gaiha .	오일로리산[27]에서 취했습니다.
dehi suiha (be)/	40개 쑥을
deleri alin de fataha .	덜러리산[28]에서 취했습니다.
inenggi yendeme .	낮에 일어나고
ciruha[29] caise araha .	떡을 만들었습니다.

22 [奇車山] yarufi ; [Alessandra Pozzi] yarufi

23 [奇車山] 依照老人之禮 ; [東京大漢譯] 騎紅花騸馬. 만주족 恭正은 yalufi로 보아서 일종의 말을 타는 의미로 본 것 같다.

24 [奇車山] 來祭瓦祭之禮呀

25 [奇車山] 手持布瓦

26 [奇車山] suiha ; [Alessandra Pozzi] suiha ; [東京大漢譯] 艾葉

27 [奇車山] 鄂依羅里 ; [東京大漢譯] 在外山上

28 [奇車山] 德勒里 ; [東京大漢譯] 在高山上

29 [奇車山] caraha ; [Alessandra Pozzi] caruha

dobori duleme .	밤이 지나서
muriha mudan be weilehe .	무리하 떡을 만들었습니다.[30]
hatan / arki burha .	독한 소주 내리고
jancuhūn nure be tebuhe .	단술[甘酒]을 빚었습니다.
wecere dolo[31] kai .	제사지내는 예(禮)이고
jukteme[32] kooli kai .	제사드리는 규례(規例)입니다.
sakdasa i doro be waliyarakū ./	노인들의 예(禮)를 버리지 않고
mafa i kooli be onggorakū .	조상의 규례(規例)를 잊지 않습니다.
ulin jiha be tucifi .	재물과 돈을 내고
basa jiha baicame .	공전(工錢) 돈 쓰며
baitanga ulgiyan be gajifi .	집사인(執事人)이 돼지를 가져와
weceku / jakade alibufi .	신주(神主)께 바치고
unenggi weceku kesi kai .	진실로 신주(神主) 은덕(恩德)입니다.
alime suwende gaiha kai .	받아서 당신들에게 가졌습니다.
ergen be ekiyefi .	희생(犧牲)을 죽이고
bolgon i amsun be weilehe ./	정(淨)한 제육(祭肉)을 만들었습니다.
amba amsun araha .	큰 제육(祭肉)을 만들고
fan i dere de faidaha .	목반(木盤)의 탁상에 진열하였습니다.
yargiyan weceku gingneme kai .	진실로 신주(神主) 헌주(獻酒)하고
unenggi weceku be jukteme kai ./	참으로 신주(神主)를 제사드립니다.

30 [奇車山] 做了煎簪餅
31 [奇車山] doro ; [Alessandra Pozzi] doro
32 [奇車山] juktere

mukden ci jihe .	묵던[盛京][33]에서 온
doro kai .	예(禮)입니다.
baci ebuhe .	옛 땅으로부터 내려온
kooli kai .	규례(規例)입니다.
ereci julesi .	이후로
elun i ejen be gosiki .	씨족의 주인(主人)를 인애(仁愛)하고
unenggi weceku gosireo ./	참으로 신주(神主) 인애(仁愛)하소서!
yargiyan weceku kesi kai .	진실로 신주(神主) 은덕(恩德)입니다.
yabure bade yargiyambu .	행하는 바에 결실있게 하고
genere bade getuken kai .	가는 바에 분명하게!
sain jugūn yabuci .	좋은 길 다니면
ehe jugūn / dalibu .	나쁜 길 가리게 하십시오!
sain niyalma acabuki .	좋은 사람 만나게 하고
ehe niyalma jailabu .	나쁜 사람 피하게 하십시오!
orin niyalma oilori .	20명은 걸어서
dehi niyalma deleri .	40명은 말 위에서
juleri geli / dalibu .	앞에서 또 가로막게 하고
amari[34] geli alibu .	뒤에서 또 대적하게 하십시오!
yaluha morin be .	탄 말을
bethe ume bukdabure .	발 굽히지 않게 하십시오!
tucire[35] bethe tucibu .	내는 발 내딛게 하고

33 [東京大漢譯] 奉天

34 [奇車山] amala

amala bethe be / alibu .	뒤의 발을 바치게 하십시오!
jafaha šusiha .	잡은 채찍
umai gese tuhebureo .	전혀 떨어뜨리지 마십시오!
hūturi weceku kesi kai ./	복(福)은 신주(神主) 은덕(恩德)입니다.
weme geli wesici .	교화(教化)하여 또 오르면
amba ejen de .	큰 주인[大官][36]에 [4a]

35 [奇車山] tucibure
36 [奇車山] 大官員

4b

wesimbuki .	오르게 하고
dergi ejen de acabuki .	황상(皇上)께 만나게 하고
amba ejen de acabuki .	큰 주인[大官]에게 만나게 하고
ambasa jakade adabuki .	대신(大臣)들 곁에서 보좌하게 하소서!
jalan halman[37] .	대대로
wang ci / dolome[38] .	왕(王)보다 넘어서고
abdaha suwende arsumbu .	잎 당신들에게 싹 나게 하고
fulehe suwende fusembu .	뿌리 당신들에게 번성하게 하십시오!
bayan de banjiki .	부유한 데 살고
wesihun de wesimbu .	귀한 데 오르게 하십시오!
arsumbuhe / juse .	번창한 자식들
amba nagan[39] de yalumbu[40] .	큰 구들에 가득하십시오!
fusembuhe omosi .	번성한 손자들
fushu nagan de surumbu .	부뚜막 구들에서 뛰어다니게 하십시오![41]
banjiha juse labdu kai ./	낳은 자식들 많고
baire suwende fulu kai .	구하는 일 당신들에게 넉넉합니다.
ujiha omosi fulu kai .	기른 손자들 넉넉하고
wecere suwende labdu kai .	제사하는 일 당신들에게 많습니다.

37 [奇車山] halame ; [Alessandra Pozzi] halame
38 [奇車山] duleme
39 nahan
40 [奇車山] jalumbu ; [Alessandra Pozzi] jalumbu
41 surumbu를 sujumbu의 의미로 풀었다.

jalan jalan lakcarakū ./	대대로 끊이지 않고
siran siran i weceme kai .	연이어 제사지냅니다.
aniya i gasgan[42] akū kai .	해[年]의 재해 없고
biyai yangšan guwebureo .	달[月]의 질병 면하게 하소서!
jidere gasgan / dangnabu .	오는 재해 막아내게 하고
ehe sukdun mayambu .	나쁜 기운 소멸하게 하십시오!
ehe de ejebu .	나쁜 때를 기억하게 하고
mangga de maribuki .	좋은 때로 돌이키게 하십시오!
calabuha / babe .	실수한 바를
cashūlame waliyaki .	저버리고
endebuhe babe .	잘못한 바를
oncodome guwebureo .	너그럽게 용서하여 주소서!
hutu angga yaksibu ./	나쁜 입 닫게 하고
banjiha angga weribu .	좋은 입 남게 하십시오!
baibi tefi banjimbu .	그저 앉아서 살게 하고
sain tefi sakdabu .	잘 앉아서 늙게 하십시오!
uju i funiyehe /	머리카락
menggun i gese šarambu .	은(銀)처럼 희게 하고
angga i weihe be	입의 치아를
aisin i gese sorombu .	금(金)처럼 누렇게 하십시오!
mafa sede / mandumbu .	조부(祖父) 나이에 장성하게 하고

---

42 gashan

mama i sede isibu .	조모(祖母) 나이에 이르게 하십시오!
ama sede amcabu .	부친(父親) 나이에 뒤따르게 하고
eniye sede dulembu .	모친(母親) 나이를 넘게 하십시오!
tanggū / geli aniyangge .	백 년 동안
targakū akdaha .	금기 없이 의지하였습니다.
ninju aniyangge .	60년 동안
nimeku akū nikehe .	병 없이 의지하였습니다.
jakūn / juse jalumbu .	8자식들 가득하게 하고
uyun juse ujibu .	9자식들 기르게 하십시오!
elun ci elhebu .	씨족부터 평안하게 하십시오!
booi dolode /	집의 안은 [4b]

5a

bolgon kai .	정(淨)합니다.
hūwa i dolode hukšeci .	뜰의 안에서 감격하면
elhe taifin banjikini ..	평안히 살게 하십시오! [5a]

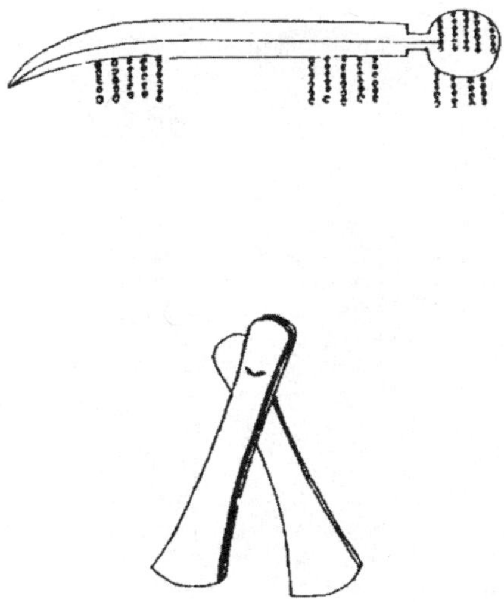

샤먼이 사용하는 신칼[神刀]과 박판(拍板)

5b

圖-5(全-42)

amsun be baha manggi neneme ilan

mudan ferebumbi[43] amala yala[44] alibuki sembi[45]

제육(祭肉)을 얻고 나서 먼저 3번

큰 소리로 송념(誦念)하고 나중에 제육 바치고자 한다. [5b]

43 [奇車山] 誦念

44 [奇車山] yali ; [Alessandra Pozzi] yala. yali의 의미로 풀었다.

45 [東京大漢譯] 得祭肉之後, 先三次淘板而後獻之.

6a

圖-6(全-43)

yali alibure durun . alibume wajici .

fayangga bade alibuki . alibume wajici .

geren i weceku be ferebume fudeki .[46]

제육[肉] 바치는 의식. 제헌(祭獻) 마치면

영혼(靈魂)[陽神]께 바치고자 한다. 제헌(祭獻) 마치면

여러 신주(神主)를 큰 소리로 송념(誦念)하여 보내고자 한다. [6a]

---

46 [東京大漢譯] 獻肉式樣. 獻畢請獻陽神. 獻畢淘送各神主.

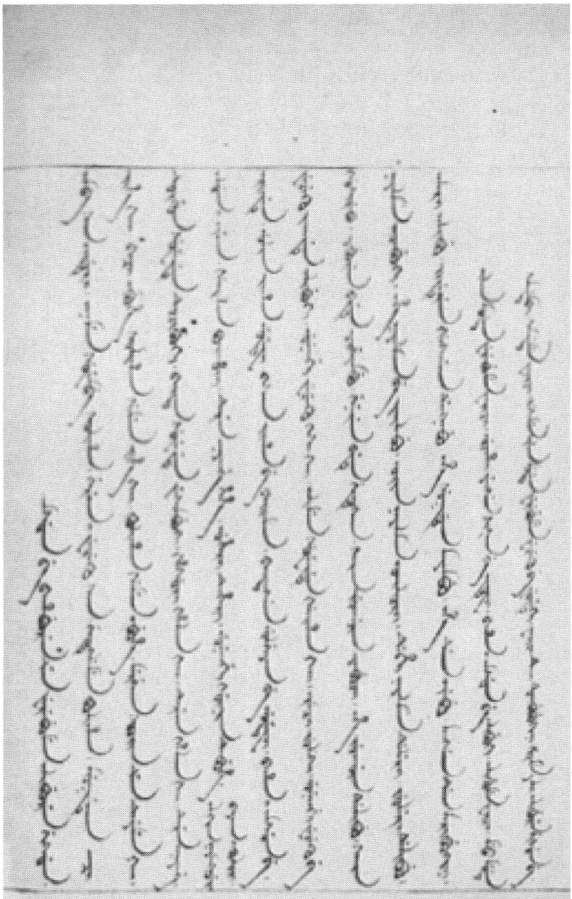

6b

amsun be bahabure de	제육(祭肉)을 바칠 적에
ferebume alibure gisun ./	소리치며 송념하고 바치는 말
amba sa enduri .	큰 신(神)들이여,
aname suwembe soliha .	두루 당신들을 청합니다.
geren i weceku sa .	여러 신주(神主)들이여,
getukeleme boliha .	분명하게 불렀습니다.
mukden ci / jihe kai .	묵던[盛京]에서 오셨고
baci ebuhe .	옛 땅에서 내려왔습니다.
soliha seme jihe kai .	청했다고 오셨고
boliha seme ebuhe .	불렀다고 내려왔습니다.
mergen soorin de teyeme kai ./	지혜의 신위(神位)에서 휴식하십시오!
turgun suwende tucibuki .	까닭 당신들에게 진술하고
baita suwende wesimbuki .	일 당신들에게 상주하고자 합니다.
hasuri hala kai .	여러 성씨(姓氏)에서
tere hala kai .	모씨(某氏)입니다.
tere aniyagge ./	모년생(某年生)의
elun i ejen .	씨족의 주인(主人)
gaiha boihoji .	맞이한 처(妻)
tere aniyangge hehe .	모년생(某年生)의 부인
uheri teheri .	모든 씨족 사람들은
unenggi gūnin tebuhe .	참된 뜻 지녔습니다.
eigin[47] *niyengniyeri .*	풍요로운 봄에

bayan i bolori / erinde .	부유한 가을철에
ulin jiha udafi .	재물과 돈 내고
basa jiha be baicame[48] .	공전(工錢) 돈을 쓰며
baitanga ulgiyan be udafi .	집사인(執事人)이 돼지를 사고
baha i amsun be /	얻은 제육(祭肉)을
weceku jakade alibuki .	신주(神主)께 바치고자 합니다.
unenggi weceku kesi kai .	참으로 신주(神主)의 은덕(恩德)입니다.
alime suwende gaiha kai .	받아서 당신들에게 가졌습니다.
ereci julesi .	이후로
weceku be[49] / gosireo .	신주(神主)를 인애(仁愛)하소서!
yabure bade yargiyambu .	행하는 바에 결실있게 하고
genere bade getuken .	가는 바에 분명하게!
sain jugūn yabuci .	좋은 길 다니면
ehe jugūn dalibu .	나쁜 길 가리게 하십시오!
sain / niyalma acabuki .	좋은 사람 만나게 하고
ehe niyalma be jailabu .	나쁜 사람을 피하게 하십시오!
orin niyalma oilori .	20명은 걸어서
dehi niyalma deleri .	40명은 말 위에서
jueri dalibu /	앞에서 가로막게 하고
amari[50] alibu .	뒤에서 대적하게 하십시오!

47 [奇車山] elgiyen
48 baitalame
49 [Alessandra Pozzi] de
50 [奇車山] amala

jidere gasgan dangnabu .	오는 재해 막아내게 하고
ehe sukdun mayambu .	나쁜 기운 소멸하게 하십시오!
ehe de ejebu .	나쁜 때를 기억하게 하고
mangga de maribukini /	좋은 때로 돌이키게 하십시오!

ilan mudan ferebume wajici .	세 번 소리치며 송념(誦念) 마치면
uthai yekse[51] siša be etufi .	즉시 신모(神帽) 요령(腰鈴)을 착용하고
baha amsun be alibuki .	얻은 제육(祭肉)을 바치고자 합니다.
alibume wajici .	바치기 마치면
emu mudan/ samdambi .	한 번 굿합니다.
samdame wajici .	굿하기 마치면
dasame ilan mudan ferebume	다시 세 번 소리치며 송념하고
weceku be fudeki .	신주(神主)를 전송합니다.
wajici teni tuibubukini .	마치면 바로 배등(背燈) 제사하게 합니다.
sirame yali alibure gisun be /	이어서 제육[肉] 바치는 말을 [6b]

51 [奇車山] yengse ; [Alessandra Pozzi] yekse

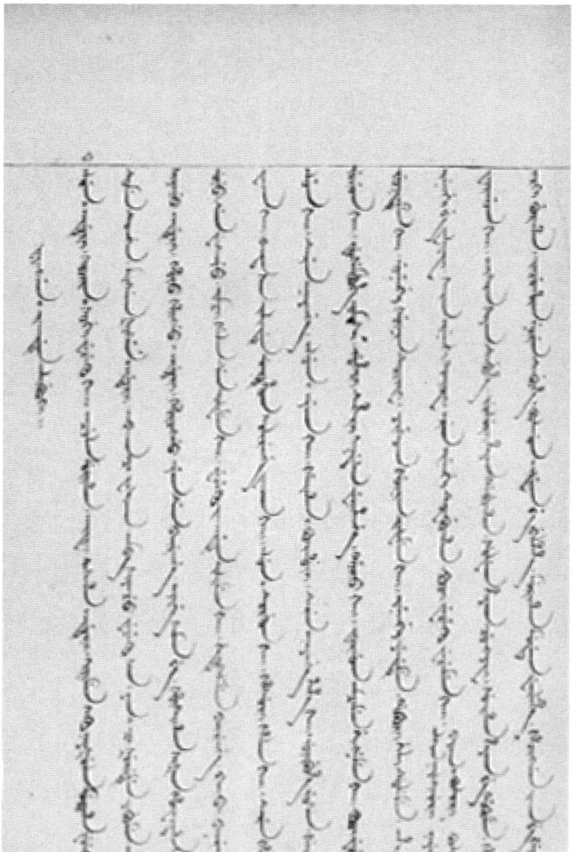

7a

fayangga i jakade alibuki ../	영혼(靈魂)께 바치고자 합니다.
elun i enduri .	씨족의 신(神)
soorin i sogi[52] weceku [kai .	신위(神位)의 소키 신주(神主)[입니다.
anculan muriha .	안출란 무리하
aifini tasha enduri .	아이피니 타스하 신(神)
kirime keku	키리머 커쿠
niyašula muriha weceku][53] sa ./	니야슐라 무리하 신주(神主)]들
tumen tunggen[54] .	일만(一萬)의 북[鼓]
minggan šose enduri .	일천(一千)의 쇼서 신(神)
abka ci wasika .	하늘에서 내려왔습니다.
amba siyancu weceku sa .	큰 시얀추[祥初] 신주(神主)들
na i ci šurdeme yabume .	땅으로부터 주위 다니고
aisin / siyancu enduri .	금(金) 시얀추[祥初] 신(神)
hojo honggo i enduri .	호조[55] 홍고의 신(神)
horonggo ejen de bairengge .	위엄 있는 주(主)에게 구하는 것
ajige sama be .	작은 샤먼은
hūsiha[56] siša hūwaitaha .	치마 요령(腰鈴)을 묶었습니다.
yekse / uju de wengkanju[57] .	신모(神帽) 머리에 걸치고
imci[58] gala de jafame kai .	작은 북[小鼓] 손으로 잡습니다.

52 [奇車山] soki(soko) ; [Alessandra Pozzi] sogi

53 [奇車山] 譯注에서 [ ] 부분이 누락되었다.

54 [奇車山] tungken ; [Alessandra Pozzi] tunggen

55 [奇車山] 和者

56 hūsihan

57 [奇車山] wengkenju ; [Alessandra Pozzi] wengkanju?

weceku jakade ilime kai .	신주(神主) 앞에서 일어섭니다.
getukeleme bairengge .	분명하게 구하는 것
baibi bairengge / waka kai .	그저 구하는 것 아닙니다.
baita sa jalinde .	일들을 위해서입니다.
untuhun solirenge waka kai .	헛되이 청하는 것 아닙니다.
elun i turgun kai .	씨족인 까닭입니다.
hasuri hala kai .	여러 성씨(姓氏)에서
tere hala /	모씨(某氏)
elun kai .	씨족입니다.
tere aniyangge .	모년생(某年生)의
elun i ejen kai .	씨족의 주인(主人)
gaiha i boihoji .	맞이한 처(妻)
tere aniyangge hehe kai .	모년생(某年生)의 부인
ujibuhe juse .	기른 자식들
gaiha / urun kai .	맞이한 며느리
fusembuhe omosi .	번성한 손자들
uheri teheri .	모든 씨족 사람들은
sakdasa werihengge . doro kai .	노인들이 남긴 예(禮)
forgon amcame[59] gingneme[60] kai .	때 맞춰서 헌주(獻酒)하고
booi weceku / jukteme kai .	가신(家神) 제사지냅니다.

58 [奇車山] yemcen
59 [奇車山] acame
60 [奇車山] gingguleme

unenggi gūnin tucifi .	참된 뜻 내고
yargiyan gūnin jafame kai .	진실한 뜻 지녔습니다.
inenggi yendeme .	낮에 일어나고
dobori geli duleme .	밤이 또 지나서
ehe / inenggi be waliyafi .	나쁜 날을 버리고
sain inenggi sonjofi .	좋은 날을 선택해서
ere inenggi tuwabuha .	이 날을 점(占) 보게 하고
booi weceku weceme kai .	가신(家神) 제사드립니다.
elkin[61] *niyengniyeri niyengniyeri* .	풍요로운 봄, 봄에
bayan i bolori bolori / forgon kai .	부유한 가을, 가을철에
aisin siyan[62] tebuhe .	금향로(金香爐)에 담게 하였습니다.
juluri[63] hiyan dabuha .	한 쌍의 향(香)을 켰습니다.
sulfan hiyan cungkiyafi[64] .	술판 향(香)을 꽂고
suiha hiyan be dobome .	쑥향(香)을 제물 바칩니다.
hatan[65] / nure buraha .	독한 술 담그고
jancuhūn nure tebuhe .	단술[甘酒] 빚었습니다.
bolgo i efen be belhehe .	정(淨)한 떡을 준비하고
muriha mudan weilehe .	무리하 떡[66]을 만들었습니다.
hacingga jaka be gajifi /	갖가지 물건을 가져와 [7a]

61 [奇車山] eigiyen
62 [奇車山] 香
63 [奇車山] juru
64 cokimbi : 揷入, 삽입하다.
65 [奇車山] hatan ; [Alessandra Pozzi] hata
66 mudan efen 搓條餑餑. 떡의 일종.

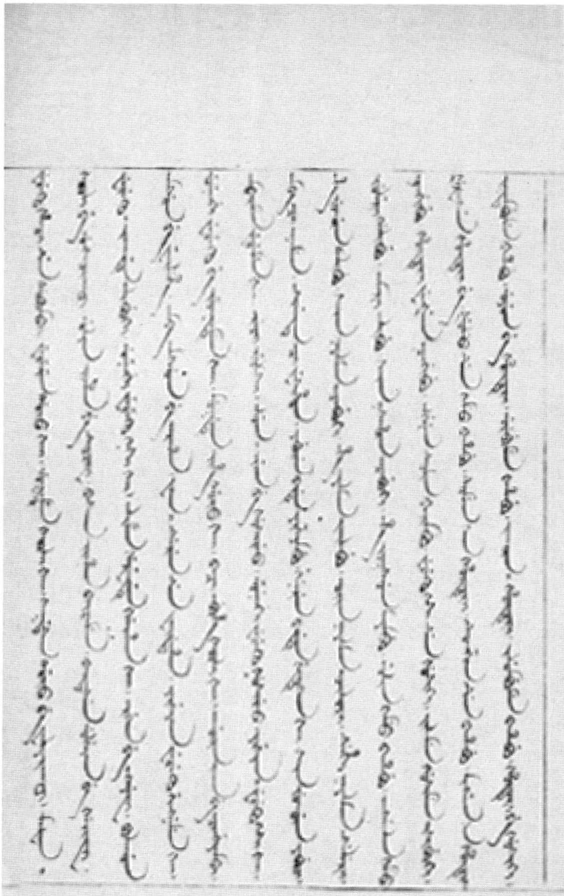

7b

weceku hanci de dobombi .	신주(神主) 가까이에 제물 바칩니다.
wecere doro kai .	제사지내는 예(禮)이고
jukteme[67] kooli kai .	제사드리는 규례(規例)입니다.
sakdasa doro be walivarakū .	노인들 예(禮)를 버리지 않고
mafa i / kooli be ungkorakū[68] .	조상의 규례(規例)를 잊지 않습니다.
ulin jiha be tucifi .	재물과 돈을 내고
basa jiha baicame[69] .	공전(工錢) 돈 쓰며
baitangga ulgiyan be gajifi ./	집사인(執事人)이 돼지를 가져와
weceku i jakade alibuki .	신주(神主)께 바치고자 합니다.
unenggi weceku kesi kai .	참으로 신주(神主) 은덕(恩德)입니다.
alime suwende gaiha kai .	받아서 당신들에게 가졌습니다.
ergen be ekiyefi .	희생(犧牲)을 잡아서
bolgon / amsun be weilehe .	정(淨)한 제육(祭肉)을 만들었습니다.
amba amsun be araha .	큰 제육(祭肉)을 만들고
fan i dere de faidaha .	목반(木盤)의 탁상에 진열하였습니다.
yargiyan weceku gingneme kai ./	진실로 신주(神主) 헌주(獻酒)하고
unenggi weceku be jukteme kai .	참으로 신주(神主)를 제사드립니다.
mukden jihe doro kai .	묵던[盛京]에서 온 예(禮)이고
baci ebuhe kooli kai .	옛 땅에서 내려온 규례(規例)입니다.
agūra jaka be acinggiyambi ./	기물(器物)을 움직이고

67 [奇車山] juktere
68 [奇車山] onggorakū ; [Alessandra Pozzi] onggorakū
69 baitalame

ambarame weceme kai .	크게 제사지냅니다.
ereci julesi .	이후로
elun i ejen be gosireo .	씨족의 주인(主人)을 인애(仁愛)하소서!
unenggi weceku gosireo .[70]	참으로 신주(神主) 인애(仁愛)하소서!
yargiyan i weceku kesi kai ./	진실로 신주(神主) 은덕(恩德)입니다.
amba ci aname .	어른으로부터 미루어
asigata[71] ci wesihun .	젊은이들 위로
yabure bade yargiyambu .	행하는 바에 결실있게 하고
genere bade getuken kai .	가는 바에 분명하게!
sain jugūn yabuci ./	좋은 길을 다니면
ehe jugūn dalibu .	나쁜 길을 가리게 하십시오!
sain niyalma acabuki .	좋은 사람 만나게 하고
ehe niyalma jailabu .	나쁜 사람 피하게 하십시오!
orin niyalma oilori .	20명은 걸어서
dehi niyalma deleri ./	40명은 말 위에서
juleri dalibu .	앞에서 가로막게 하십시오!
amari[72] alibu .	뒤에서 대적하게 하십시오!
sain nashūn acabuki .	좋은 기회 만나게 하고
ehe joksun[73] mayambu .	나쁜 기운을 소멸하게 하십시오!

70 [奇車山] unenggi weceku be jukteme kai. 원문에는 unenggi weceku gosireo이다.

71 [奇車山] asigan

72 [奇車山] arnala

73 [奇車山] jokson ; [Alessandra Pozzi] jokson. jokson은 始初, 當初 또는 말 등이 야윈 것을 말한다.

ulin gemu bahabu .	재물 모두 얻게 하고
anggala gemu / nonggibu .	식구(食口) 모두 늘게 하십시오!
hūturi fengšen nonggibu .	복록(福祿)[74]을 늘게 하고
elgiyen tumin banjimbu .	풍요롭게 살게 하십시오!
weceku kesi de gosiki .	신주(神主) 은덕(恩德)에 인애(仁愛)하고
jilame gosime isibuki ./	자애(慈愛)하여 베풀게 하십시오!
šufangga hūturi be .	모은 복(福)을
šulu[75] de gemu bahabu .	전부 다 얻게 하십시오!
tumen sa[76] hūturi .	만년(萬年) 복(福)
tunggin[77] de bahabu .	가슴 속에 얻게 하십시오!
minggan sa[78] hūturi ./	천년(千年) 복(福)
iktambume bahabu .	많이 쌓게 하고 얻게 하십시오!
uyun be hūturi .	아홉 가지 복(福)을
urebume bahabu .	익히 얻게 하십시오!
jakūn i hūturi .	여덟 가지의 복(福)
jalumbume bahabu .	가득하게 얻게 하십시오!
hūturi be gosiki ./	복(福)을 인애(仁愛)하소서! [7b]

74 hūturi 福. fengšen 福分.
75 šulu : 饕. cf. šoro : 광주리. 여기서는 福笊籬를 의미하는 것으로 보인다.
76 [奇車山] se
77 [Alessandra Pozzi] tunggen
78 [奇車山] se

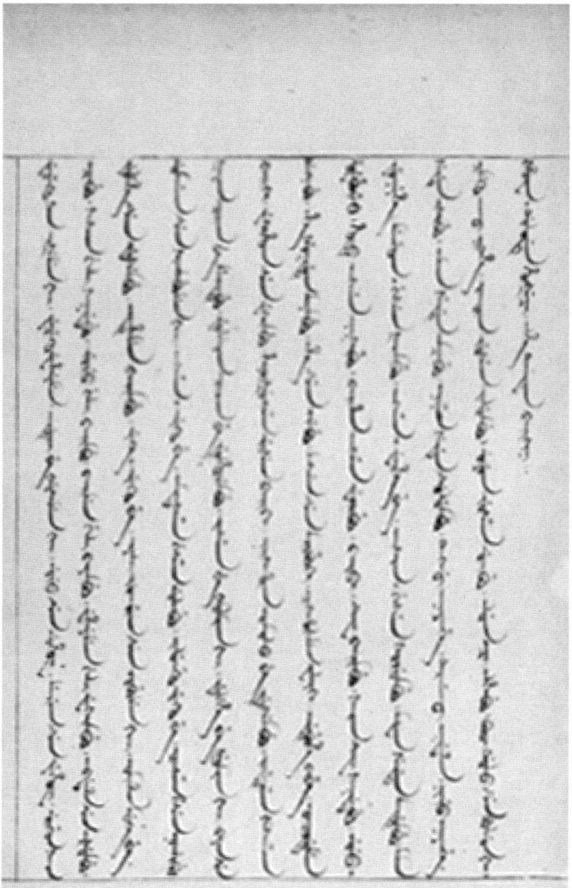

8a

weceku sa eršeme kai .	신주(神主)들 돌보고
weceku wehiyeme .	신주(神主) 거들어 돕고
enduri be gosime kai .	신(神)을 인애(仁愛)합니다.
uju de uhufi[79] .	머리에 이고
meiren de fehufi .	어깨에 메고
urgun sain / acabu .	기쁘고 좋은 일 만나게 하십시오!
sasa geli sakdabu .	함께 또 늙게 하고
juru geli banjimbu .	짝으로 또 살게 하십시오!
banjime geli bayambu .	살면서 또 부유하게 하고
wehiyeme geli wesimbu .	거들어서 또 오르게 하십시오!
abdaha de arsumbu ./	잎에 싹이 나게 하고
fulehe de fusembu .	뿌리에 번성하게 하고
enteheme banjimbu .	영원히 살게 하십시오!
jeke i jeku be .	먹은 음식을
yali jugūn de obume kai .	고깃길[肉道]에 되게 하고
omiha muke be ./	마신 물을
umgan de singgebume kai .	골수(骨髓)에 스며들게 하십시오!
angga i jeku be .	입의 음식을
amtangga gese ulabu[80] .	맛난 것처럼 먹게 하고
ilunggu[81] jeku be .	혀의 음식을

79 [奇車山] ukufi
80 [奇車山] ulebu
81 [奇車山] ilenggu

icangga gese nonggibu ./	마음에 맞게 증가시키십시오!
šayan cira be meitebu .	흰 얼굴을 잘라내고
fulgiyan cira be fulhurembu .	붉은 얼굴을 자라나게 하십시오![82]
jalgan be golmin kai .	수명(壽命)을 길게 하고
fulehe be šumin kai .	뿌리를 깊게 하십시오!
bayan de / banjiki .	부유한 데 살고자 하고
wesihun de wesimbu .	귀한 데 오르게 하십시오!
hiyoošungga juse banjiki .	효도하는 자식들 낳고
ijishūn omolo be fusembu.	순종하는 손자들 번창하게 하십시오!
jidere gasgan / dangnabu .	오는 재해 막아내게 하고
ehe sukdun mayambu .	나쁜 기운 소멸하게 하십시오!
ehe de ejebu .	나쁜 때를 기억하게 하고
mangga de maribuki .	좋은 때로 돌이키게 하십시오!
* (calabuha babe)[83]	실수한 바를
cashūlame waliyaki .	저버리고
endebuhe babe .	잘못한 바를
oncodome / guwebureo .	너그럽게 용서하여 주소서!
hutu angga yaksibu .	나쁜 입 닫게 하고
banjiha angga weribu .	좋은 입 남게 하십시오!
baibi . tefi baniimbu .	그저 앉아서 살게 하고

82 흰 얼굴은 蒼白한 것을 말하고 붉은 얼굴은 紅顔을 비유해서 젊음과 건강을 나타낸 것으로 일종의 無病長壽를 비는 神歌이다.

83 [奇車山] calabuha babe. [Alessandra Pozzi] (calabuha babe)

sain tefi sakdabu .	잘 앉아서 늙게 하십시오!
uju i / funiyehe .	머리카락
menggun i gese šarambu .	은(銀)처럼 희게 하십시오!
angga i[84] weihe be .	입의 치아를
aisin i gese sorumbu[85] .	금(金)처럼 누렇게 하십시오!
mafa sede mandumbu .	조부 나이에 장성하게 하고
mama / sede isibu .	조모 나이에 이르게 하십시오!
ama sede amcabu .	부친 나이에 뒤따르고
eniye sede dulumbu[86] .	모친 나이에 넘어서게 하십시오!
tanggū aniyangge .	백 년 동안
targakū akdaha .	금기 없이 의탁하였습니다.
ninju aniyangge ./	60년 동안
nimeku akū nikehe .	병 없이 의지하였습니다.
jakūn juse jalumbu .	8자식 가득하게 하고
uyun juse ujibu .	9자식 기르게 하십시오!
elun ci elhebu .	씨족부터 평안하게 하십시오!
booi dolo de bolgon kai ./	집의 안은 정(淨)합니다.
hūwa i dolode hukšeci .	뜰의 안에서 감격하면
elhe taifin banjikini ../	평안히 살게 하십시오! [8a]

84 [奇車山] [i] 부분이 누락되었다. [Alessandra Pozzi] angga-weihe be. [i] 부분이 누락되었다.
85 [奇車山] sorombu ; [Alessandra Pozzi] sorombu
86 [奇車山] dulembu ; [Alessandra Pozzi] dulembu

8b

amsun be alibume wajici .	제육(祭肉)을 바치기 마치면
emu mudan[87] samdambi .	한 번 굿한다.
samdame wajici .	굿하기 마치면
ilan / mudan ferebume .	세 번 큰 소리로 외치고
weceku be fudekini .	신주(神主)를 전송하게 하라!
sirame yali alibure gisun ./	이어서 제육[肉] 바치는 말

mafa mama .	조부 조모
ama eme .	부친 모친
elu[88] bolho[89] i	씨족의 정(淨)한[90]
fayangga be soliki .	영혼(靈魂)을 청합니다.
soliha seme jihe kai .	청했다 하고 오셨고
boliha seme / ebuhe .	불렀다 하고 내려왔습니다.
farahūn[91] baci jihe kai .	어둑한 곳에서 오셨고
fayangga be dobome kai .	영혼을 제사지냅니다.
goloi ci jihe kai .	성(省)으로부터 오셨고
sakdasa be gingneme kai ./	노인들을 헌주(獻酒)합니다.
mafa mama i fayangga .	조부 조모의 영혼
ama eme i fayangga .	부친 모친의 영혼

87 [Alessandra Pozzi] mudam. 원문에는 mudan이다. mudam은 오식으로 보인다.
88 [奇車山] elun ; [Alessandra Pozzi] (elun?) 원문에는 elu이다.
89 [奇車山] bolgo 博爾火 ; [Alessandra Pozzi] bolgo
90 [東京大漢譯] 孩子奴僕之靈[elu bolho i fayangga]
91 [奇車山] farhūn ; [Alessandra Pozzi] farhūn

sakdasa fayangga .	노인들 영혼
suwembe donjiki .	당신들은 들으소서!
weceku i dalbade ./	신주(神主)의 곁에
soorin be faidame kai .	신위(神位)를 진열하고
weceku adali gingneme kai .	신주(神主)처럼 헌주(獻酒)합니다.
unenggi gūnin tucifi .	참된 뜻 드러내고
yargiyan gūnin jafame kai ./	진실한 뜻 지녔습니다.
sini fusembuhe juse omosi .	당신의 번창한 자손들은
tere aniyangge beyebe .	모년생(某年生)의 몸
unenggi gūnin hiyoošulambi .	정성껏 효도하고
sakdasa beyesa[92] / gingneme kai .	노인 몸들을 헌주(獻酒)합니다.
ulin jiha udafi .	재물과 돈 내고
majige[93] mihan[94] be gajifi[95]	작은 새끼돼지를 가져와
baha i yali be .	얻은 제육[肉]를
sakdasa fayangga i / juleri alibuki .	노인들의 영혼 앞에 바치고자 합니다.
sakdasa beyesa kesi kai .	노인들 자신들 은덕(恩德)입니다.
alime suwende gaiha kai .	받아서 당신들에게 가졌습니다.
ereci julesi .	이후로
sini juse omosi be / gosireo .	당신의 자손들을 인애(仁愛)하소서!
yabure bade yargiyambu .	행하는 바에 결실있게 하고

92 [奇車山] beyebe
93 [奇車山] ajige
94 [奇車山] mihan ; [Alessandra Pozzi] miha
95 [奇車山] gajiha

genere bade getuken kai .	가는 바에 분명하게!
sain jugūn yabuci .	좋은 길을 다니면
ehe jugūn dalibu .	나쁜 길을 가리게 하십시오!
sain / niyalma acabuki .	좋은 사람 만나게 하자!
ehe niyalma be jailabu .	나쁜 사람을 피하게 하십시오!
orin niyalma oilori .	20명은 걸어서
dehi niyalma deleri .	40명은 말 위에서
juleri dalibu .	앞에서 가로막게 하고
amari[96] / alibu .	뒤에서 대적하게 하십시오!
jidere gasgan dangnabu .	오는 재해 막아내게 하고
ehe sukdun mayambu .	나쁜 기운 소멸하게 하십시오!
ehe de ejebu .	나쁜 때를 기억하게 하고
mangga de maribuki ../	좋은 때로 돌이키게 하십시오! [8b]

96 [奇車山] amala

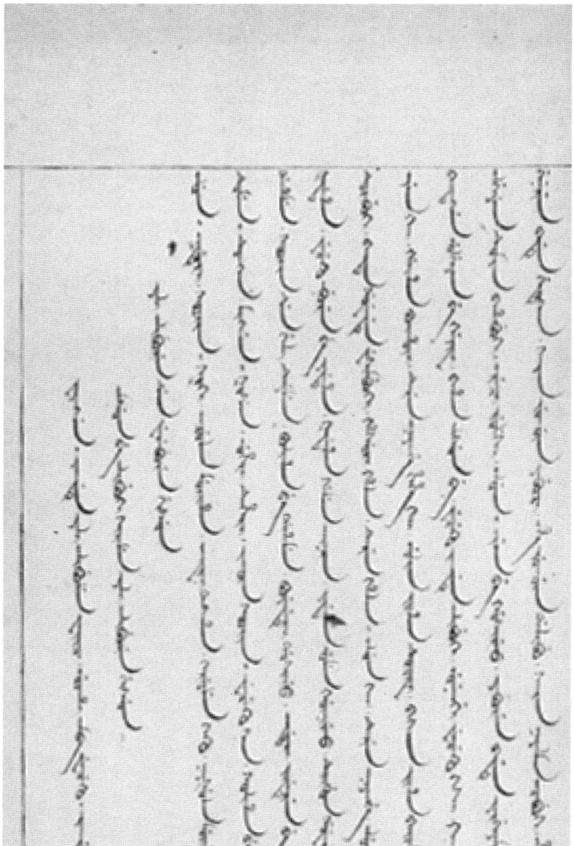

9a

fayangga i jakade	영혼의 앞에
yali alibure[97] wajici .	제육[肉] 바치기 마치면
uthai amba weceku i jakade ./	즉시 큰 신주(神主)께
amsun be alibuki	제육(祭肉)을 바치고자 합니다.
sirame[98] yali alibure gisun ../	이어서 제육[肉] 바치는 말

[yali alibure de ferebure[99] gisun][100] 제육[肉] 바칠 적에 큰 소리로 하는 말

elun i enduri .	씨족의 신(神)
soorin i soki[101] .	신위(神位)의 소키
anculan muriha .	안출란 무리하
aifini tasha .	아이피니 타스하
kirume keku .	키루머 커쿠
niyašula muriha ./	니야슐라 무리하
tumen i tungken .	만(萬) 개의 북[鼓]
minggan i šose .	천(千) 명의 쇼서
uheri teheri .	모든 씨족 사람들은
jakūn soorin i weceku sa .	8신위(神位)의 신주(神主)들
soliha be / dahame .	청하였으므로

97 [奇車山] alibume
98 [奇車山] seme. 원문에는 sirame이다.
99 ferembure
100 [奇車山] [ ] 부분은 누락되었다.
101 [奇車山] soko

soorin de geli teyeme .	신위(神位)에서 또 휴식하십시오!
boliha be dahame .	불렀으므로
boyenderi[102] dosinju .	몸으로 들어오십시오![103]
enduri jidere be / šadaha[104] .	신(神) 오느라 피곤하고
weceku ebure be yadaha[105] .	신주(神主) 내려오느라 피로하였습니다.
šadaha seme ainara .	피곤하다 해도 어찌합니까!
yadaha ume gūnireo .	피로하다 해도 걱정하지 마소서!
turgun suwende / tucibuki .	까닭 당신들에게 진술하고
baita suwende wesimbuki .	일 당신들에게 상주하고자 합니다.
hasuri hala .	여러 성씨(姓氏)에서
tere hala i elun kai .	모씨(某氏)의 씨족입니다.
tere aniyangge .	모년생
(某年生의 elun i / ejen kai .	씨족의 주인(主人)
gaiha boihoji .	맞이한 처(妻)
tere aniyangge hehe kai .	모년생(某年生)의 부인
ulin jiha tucifi .	재물과 돈 내고
basa jiha baicame[106] /	공전(工錢) 돈 쓰며
baitangga ulgiyan be gajifi .	집사인(執事人)이 돼지를 가져와

102 [奇車山] geyederi ; [Alessandra Pozzi] buyenderi. cf. beyederi?
103 接神의 한 과정으로 보인다.
104 [奇車山] šanduha
105 [奇車山] yanduha
106 baitalame

baha amsun be .	얻은 제육(祭肉)을
weceku jakade alibuki .	신주(神主)께 바치고자 합니다.
unenggi weceku kesi kai ./	참으로 신주(神主) 은덕(恩德)입니다.
elgiyen tumin bahabuki .	풍요롭게 얻게 하고자 합니다.
ereci julesi .	이후로
elun i ejen be gosireo .	씨족의 주인(主人)을 인애(仁愛)하소서!
yabure bade yargiyambu /	행하는 바에 결실있게 하고
genere bade getuken .	가는 바에 분명하게!
sain jugūn yabuci .	좋은 길 다니면
ehe jugūn dalibu .	나쁜 길 가리게 하십시오!
sain niyalma acabuki .	좋은 사람 만나게 하고
ehe /	나쁜 [9a]

9b

niyalma jailabu .	사람 피하게 하십시오!
orin niyalma oilori .	20명은 걸어서
dehi niyalma deleri .	40명은 말 위에서
juleri dalibu .	앞에서 가로막게 하고
amala[107] alibu .	뒤에서 대적하게 하십시오!
weceku / kesi de gosireo .	신주(神主) 은덕(恩德)에 인애(仁愛)하소서!
hūturi fengšen bahabu .	복록(福祿) 얻게 하십시오!
geren i weceku .	여러 신주(神主)
baha amsun be .	얻은 제육(祭肉)을
eigiyen tumin / bahabure be dahame .	풍요롭게 얻게 하였으므로
da soorin de tafanabuki .	원래 신위(神位)에 올라가게 하고
geren i weceku be fudeki .	여러 신주(神主)를 전송하고자 합니다.
damu tuibure / weceku be werifi .	다만 배등(背燈) 제사하는 신주(神主)를 남기고
kooli songkoi tuibubuki ../	규례(規例)대로 배등(背燈) 제사하게 합니다.

sirame tuibubure gisun	이어서 배등(背燈) 제사하게 하는 말

[9b]

107 [奇車山] amari

10a

圖-7(全-44)

dengjan mukiyebufi

tuibure durun

등잔 끄고

배등제(背燈祭) 하는 의식

siyancu weceku[108]

시얀추[祥初] 신주(神主) [10a]

108 [東京大漢譯] 息燈式樣.

10b 圖-8(仝-45) [설명 없음][10b]

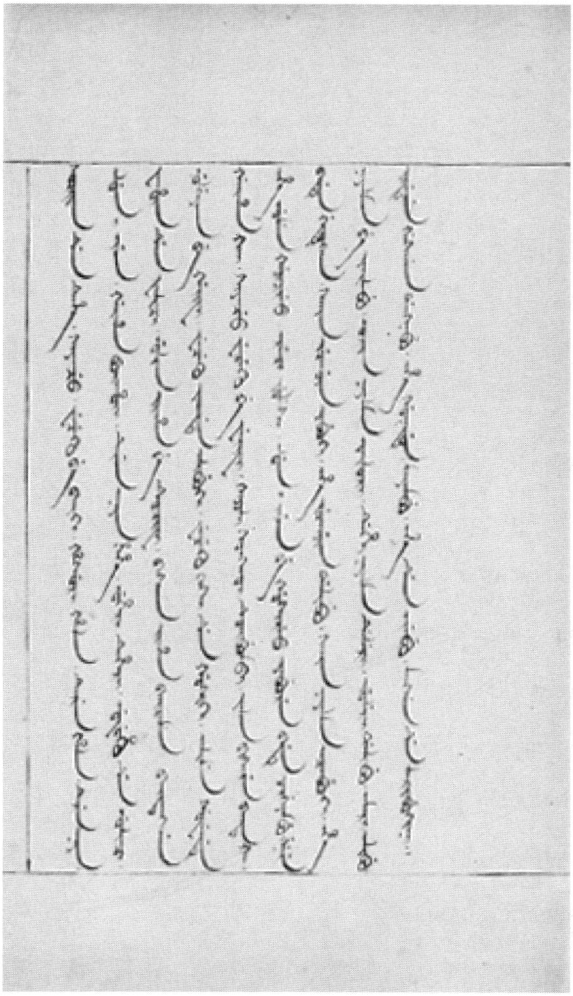

11a

soorin de tehe . siyancu	신위(神位)에 앉은 시얀추[祥初]
weceku be baiki .	신주(神主)께 빌고자 합니다.
hasuri hala .	여러 성씨(姓氏)에서
tere hala .	모씨(某氏)입니다.
tere aniya ./	모년(某年)
elun i ejen .	씨족의 주인(主人)
gaiha boihoji .	맞이한 처(妻)
tere aniya hehe .	모년생(某年生) 부인
uheri teheri .	모든 씨족 사람들은
ufuhu de ulici ./	폐부(肺腑)에 새기고
fahūn de falici .	간(肝)에 새기어
ulin jiha be tucifi .	재물과 돈을 내고
basa jiha baicame .	공전(工錢) 돈 쓰며
baitangga / ulgiyan be gajifi .	집사인(執事人)이 돼지를 가져와
weceku jakade alibuki .	신주(神主)께 바치고자 합니다.
weceku kesi de gosiki .	신주(神主) 은덕(恩德)에 인애(仁愛)하고
alime suwende / gaiha kai .	받아서 당신들에게 가졌습니다.
siyancu weceku be werifi .	시얀추[祥初] 신주(神主)를 남기고
kooli songkoi tuibumbi .	규례(規例)대로 배등(背燈祭) 제사합니다.
jalan bisire baita kai /	세상에 있는 일입니다.
ehe ume gūnireo .	나쁘게 생각하지 마소서!
ereci julesi .	이후로

elun i ejen be gosireo .	씨족의 주인(主人)을 인애(仁愛)하소서!
yabure bade yargiyambu .	행하는 바에 결실있게 하고
genere / bade getuken .	가는 바에 분명하게!
sain jugūn yabuki[109] .	좋은 길 다니게 하고
ehe jugūn dalibu .	나쁜 길 가리게 하십시오!
sain niyalma acabuki .	좋은 사람 만나게 하고
ehe / niyalma be jailabu .	나쁜 사람을 피하게 하십시오!
orin niyalma oilori .	20명은 걸어서
dehi niyalma deleri .	40명은 말 위에서
juleri dalibu .	앞에서 가로막게 하고
amari[110] alibu ./	뒤에서 대적하게 하십시오!
jidere gasgan dangnabu .	오는 재해 막아내게 하고
ehe sukdun mayambu .	나쁜 기운 소멸하게 하십시오!
ehe de ejebu .	나쁜 때를 기억하게 하고
mangga de maribukini ./	좋은 때로 돌이키게 하십시오! [11a]

109 [奇車山] yabuci ; [Alessandra Pozzi] yabuki
110 [奇車山] amala

11b [공란][11b]

接索頭次屋內放飯棹西抗下棹上放淨水一盞水
餅二碟每碟九個香碟一箇焚起香來將奶光小猪
用津繩栓內在後腿上拴在屋內棹前差一人請柳
枝左手拉索右拿念完差二人擡棹示恍猪索柳枝
隨之至竭〻扞前將棹放下猪捆棹前柳枝擺在扞
上三道新龍為圈將索拴在頭道圈兒上柳枝上穗
子三箇上九條左七條右五條

換索頭次. 屋內放飯棹, 西抗[111]下棹上放淨水一盞, 水/餅二碟, 每碟九個. 香碟一箇, 焚起香來. 將奶光小猪/用連繩拴, 再[112]左[右][113]後[114]腿上捺在屋內棹前. 差一人請柳/枝, 左手拉索, 右手請枝. 念完, 差二人搭[115]棹出院, 猪索柳枝/隨之. 至媽〃[116]杆前, 將棹放下, 猪捆棹前. 柳枝搒在杆/[上, 三道新痲爲固. 將索拴在頭道固兒上. 柳枝上穗/][117]子三箇, 上九條, 左七條, 右五條.

줄바꾸기[換索] 제1차

실내(室內)에서 식탁을 놓고, 서쪽 구들[炕] 아래 탁자 위에 맑은 물[淨水] 1잔, 수병(水餠) 떡 2접시, 매 접시마다 9개를 놓는다. 향(香) 접시 1개에는 향을 피우기 시작한다. 살진 새끼돼지[118]를 연결된 끈으로 묶고, 다시 왼쪽 (오른쪽) 뒷다리를 묶어서 위쪽으로 해서 실내 탁자 앞에 눕혀 둔다. 사람을 1명 보내서 버들가지를 청해오고, 왼손으로는 자손줄[119]을 잡아당기고, 오른손으로는 버들가지를 청한다. 송념(誦念)을 마치면, 두 사람을 보내서 탁자를 뜰로 들어내고, 돼지와 자손줄과 버들가지를 뒤따르게 한다. '성모신간[聖母, 媽媽神杆]'[120] 앞에 이르러 탁자

111 [奇車山] 炕. 원문에는 '抗'으로 되어 있다.
112 [奇車山] 在. 원문에는 '再'이다.
113 [奇車山] 譯注에서 [右] 부분은 보충된 것이다.
114 [奇車山] '後'가 누락되었다.
115 [奇車山] 抬. 원문에는 '搭'이다.
116 媽媽
117 [奇車山] [ ] 부분은 누락되었다.
118 새끼돼지, 즉 奶光인데, 만주어로는 'mihan(=ulgiyan i deberen)'이라고 한다.
119 求福할 때에 어린이 목이나 손목 등에 두르는 끈이나 줄을 말하는데, 만주어로 sorokū futa라고 한다.
120 mama는 할머니, 즉 祖母를 말하는데, 여기서는 佛多媽媽, 즉 버들가지 聖母를 말한다.

를 내려놓고, 돼지는 탁자 앞에서 묶는다. 버들가지는 신간(神杆) 위에 매어두고, 3가닥의 새 삼끈으로 고정시킨다. 자손줄을 첫 번째 고정시킨 가닥 위에 묶는다. 버들가지 위의 이삭가지[수술] 3개 중에, 위쪽은 9가닥, 왼쪽은 7가닥, 오른쪽은 5가닥으로 드리운다. [12a]

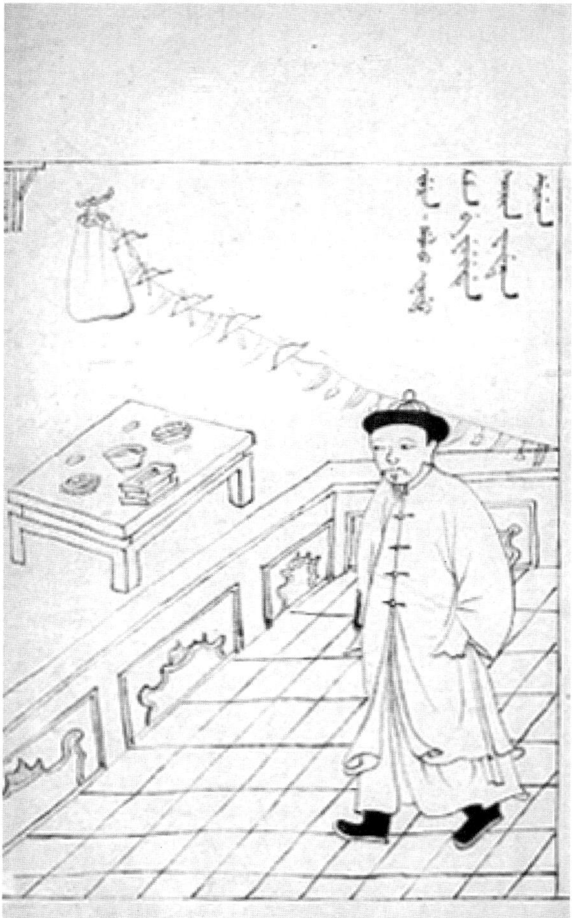

12b

圖-9(全-46)

uce i dolo fodo[121]

mama be wecerede

soorin faidara durun[122]

방문 안에서 불다(佛多)

성모(聖母)[123]를 제사할 때

신위(神位) 진열하는 의식 [12b]

---

121 fodo wecembi : 柳枝를 꽂고 줄 늘이고 지내는 제사, 柳枝祭.

122 [東京大漢譯] 堆房內, 祭佛多聖母列位式様.

123 fodo mama는 柳枝奶奶, 柳枝祖母로 직역하면 버들가지 할머니가 된다.

13a

圖-10(全-47)[124]

mukūn geren

ursei niyakūraki[125]

씨족의 여러

사람들이 무릎 꿇은 의식 [13a]

124 그림 속에 '居士'라는 문구가 보인다.

125 [奇車山] niyakūraha durun ; [東京大漢譯] 族中人跪式樣

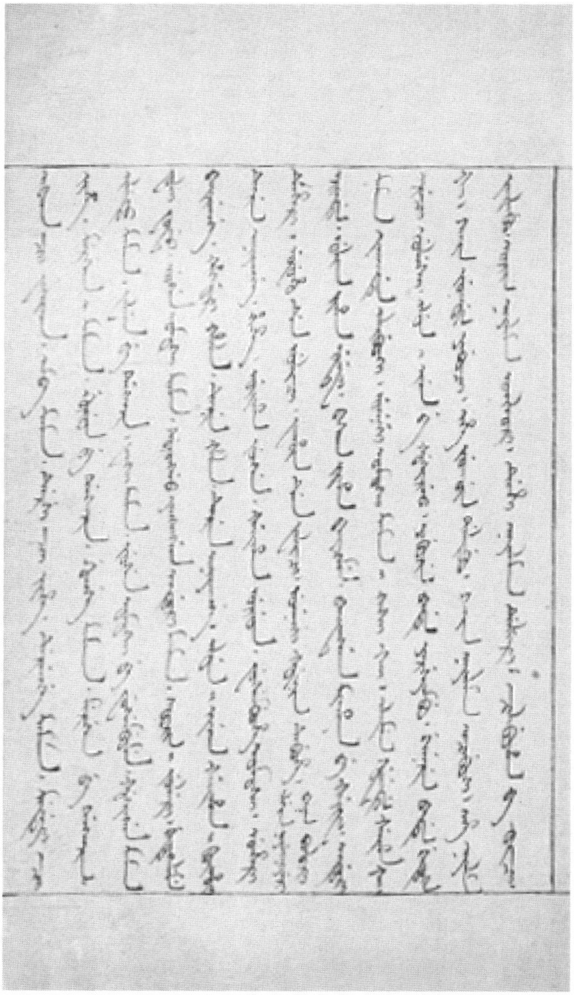

13b

abka ci wasika .	하늘로부터 내려온
amba mama .	큰 성모(聖母)[126]
dergi[127] ci jihe .	위[東]로부터 온
derengge mama .	영광의 성모(聖母)[128]
mederi ci / jihe .	바다로부터 온
mergen i mama .	지혜의 성모(聖母)[129]
gurun be dasara .	나라를 다스리는
gungge mama .	공훈(功勳)의 성모(聖母)[130]
mergen be dasara ./	현자(賢者)를 다스리는
iletu mama .	밝은 성모(聖母)[131]
falga be dasara .	동족(同族)을 다스리는
faksi mama .	솜씨 있는 성모(聖母)[132]
juse omosi be fusembume[133] .	자손들을 번창하게 하는
gosingga mama ./	인애(仁愛)로운 성모(聖母)[134]
foli fodo .	굳센 버들가지[135]
juse omosi mama .	자손성모(子孫聖母)[136]

126 天仙聖母[碧霞元君]
127 [奇車山] 上 ; [東京大漢譯] 東
128 榮光聖母[閘口元君]
129 智勇聖母[玄妙元君]
130 功勳聖母[運用元君]
131 明亮聖母[淸目元君]
132 巧勝聖母[引蒙元君]
133 [奇車山] fusembure
134 仁德聖母[陪始元君]
135 [奇車山] foli fodo, 柳樹枝子 ; [東京大漢譯] 弘毅. foli를 fali[結繩, 매듭] 또는 fili[弘毅, 굳세다] 등의 의미로도 보고 있다. 문헌에서는 foli fodo를 佛立佛多라고 音譯한 것이 보인다.
136 子孫聖母[廣嗣元君]

doronggo yangsangga .	예의를 갖춘
enduri mama .	신령한 성모(聖母)[137]
soorin i juleri .	신위(神位)의 앞에서
getukeleme / bairengge .	분명하게 구하는 것이다.
hasuri hala .	여러 성씨(姓氏)에서
tere hala .	모씨(某氏)입니다.
tere aniyangge .	모년생(某年生)의
elun i ejen .	씨족의 주인(主人)
gaiha i[138] boihoji ./	맞이한 처(妻)
tere aniyangge hehe .	모년생(某年生)의 부인
ujiha juse .	기른 자식들
gaiha urun .	맞이한 며느리
fusembuhe omosi .	번성한 손자들
uheri / teheri .	모든 씨족 사람들은
ufuhu de ulici .	폐부(肺腑)에 새기고
fahūn de falici .	간(肝)에 새기어
unenggi gūnin tebuhe .	참된 뜻 지녔습니다.
elgin[139] *niyengniyeri* .	풍요로운 봄에
bayan bolori / erinde .	부유한 가을철에
ulin jiha udafi .	재물과 돈 내고

137 文理聖母[豆疹元君]
138 [奇車山] 'i'가 누락되었다.
139 [奇車山] elgiyen

basa jiha baicame[140] .	공전(工錢) 돈 쓰며
baitangga mihan be gajifi .	집사인(執事人)이 새끼돼지를 가져와
enduri / mama jakade alibuki .	신령한 성모(聖母)께 바치고자 합니다.
unenggi omosi mama i kesi kai .	참으로 자손성모[141]의 은덕(恩德)입니다.
alime suwende gaiha kai ./	받아서 당신들에게 가졌습니다.
ereci julesi .	이후로
elun i ejen be gosireo .	씨족의 주인(主人)을 인애(仁愛)하소서!
yabure bade yargiyambu .	행하는 바에 결실있게 하고
genere bade getuken / kai .	가는 바에 분명하게!
sain jugūn yabuci .	좋은 길 다니면
ehe jugūn dalibu .	나쁜 길 가리게 하십시오!
sain niyalma acabuki .	좋은 사람 만나게 하고
ehe niyalma / jailabu .	나쁜 사람 피하게 하십시오!
orin niyalma oilori .	20명은 걸어서
dehi niyalma deleri .	40명은 말 위에서
calabuha ba bici /	실수한 바 있으면 [13b]

140 baitalame

141 omosi mama는 자손을 주관하는 신으로 福神이라고도 하는데, 子孫聖母를 말한다.

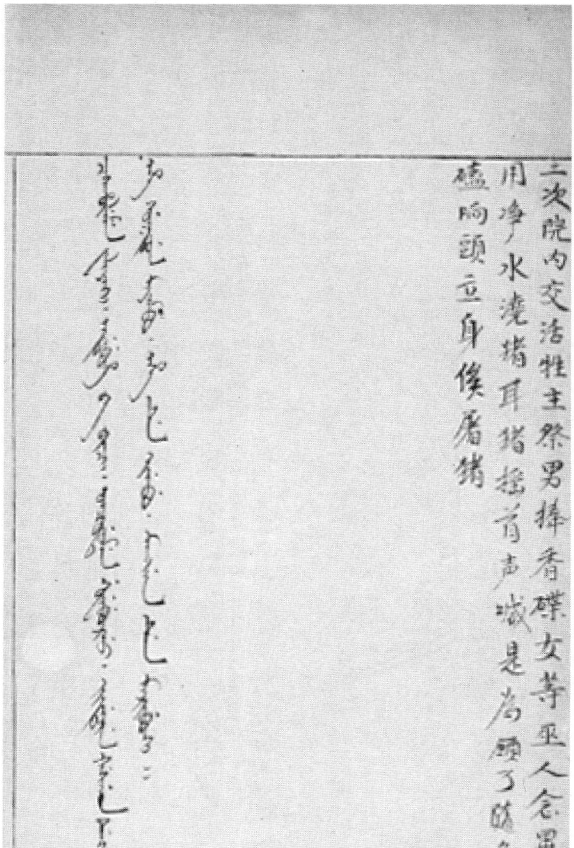

三次院内交活牲主祭男捧香碟女等巫人念畢
用淨水澆猪耳猪摇首声喊是為領了牲急
磕响頭立身後屠猪

14a

cashūlame waliyaki .	저버리고
endebuhe ba bici .	잘못한 바 있으면
oncodome guwebureo .	너그럽게 용서하여 주소서!
jidere gasgan dangnabu ./	오는 재해 막아내게 하고
ehe sukdun mayambu .	나쁜 기운 소멸하게 하십시오!
ehe de ejebu .	나쁜 때를 기억하게 하고
mangga de maribuki ../	좋은 때로 돌이키게 하십시오! [14a]

二次. 院內交活牲. 主祭男捧香碟, 女等巫人念畢,/ 用淨水澆猪耳. 猪搖首聲喊, 是爲領了. 隨急/磕響頭, 立身俟屠猪.

[줄바꾸기] 제2차[142]

뜰 안에서 살아 있는 희생을 바친다. 제사 주관하는 남자는 향(香) 접시를 받들고, 여자는 샤먼의 송념(誦念)이 끝나기를 기다렸다가 맑은 물[淨水]을 사용하여 돼지의 귀에 뿌린다. 돼지가 머리를 흔들고 소리를 지르면 신령(神靈)께 응납된 것이다. 이어서 곧바로 소리나게 고두(叩頭)하고,[143] 일어나서 돼지 잡는 것을 기다린다. [14a]

142 2차라고만 되어 있으나 換索의 일환으로 보아서 [ ] 부분을 보충하였다.
143 磕響頭는 이마를 지면에 소리나게 부딪쳐서 叩頭하는 것을 말한다.

14b

圖-11(全-48)

hūwa i bade fodo mama i

jakade ergen alibure

durun[144]

뜰에서 불다성모(佛多聖母)의

앞에 희생(犧牲) 바치는

의식 [14b]

144 [東京大漢譯] 在院子佛多聖母前獻牲式樣

15a

圖-12(全-49)

niyakūrafi hiyan dabume

alibure durun[145]

무릎 꿇고 향(香) 피우고

바치는 의식 [15a]

145 [東京大漢譯] 跪獻香式樣

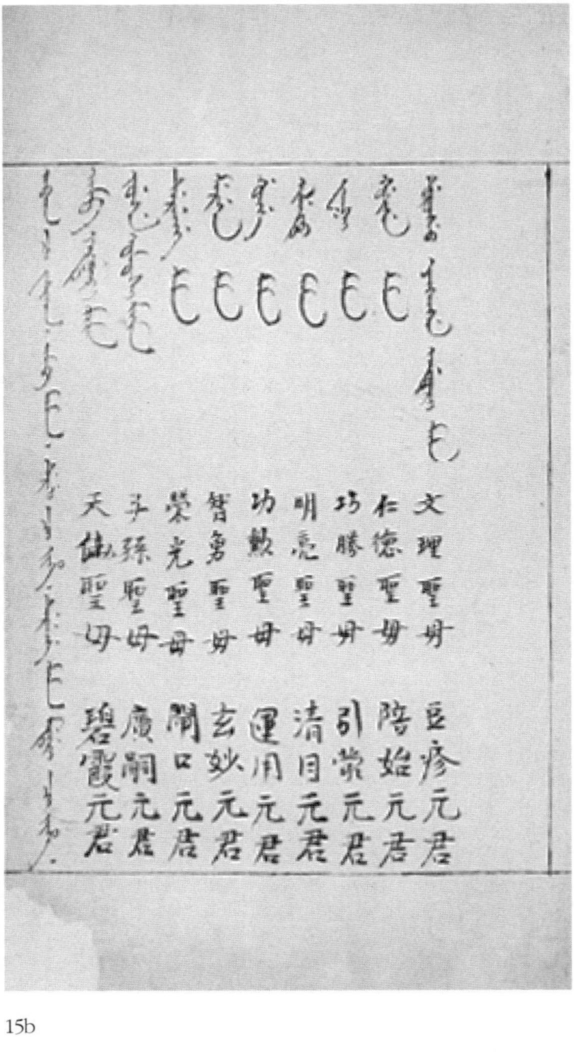
文理聖母 豆疹元君
仁德聖母 陪始元君
巧勝聖母 引蒙元君
明亮聖母 清目元君
功勳聖母 運用元君
智勇聖母 玄妙元君
榮光聖母 開口元君
子孫聖母 廣嗣元君
天仙聖母 碧霞元君

15b

abka ci wasika .	하늘로부터 내려온
amba mama .	큰 성모(聖母)
dergi ci jihe .	위로부터 온
derengge mama .	영광의 성모(聖母)
mederi ci jihe .	바다로부터 온

amba enduri mama	천선성모(天仙聖母, 碧霞元君)[146]
juse omosi mama	자손성모(子孫聖母, 廣嗣元君)[147]
derengge mama	영광성모(榮光聖母, 開口元君)
mergen mama	지용성모(智勇聖母, 玄妙元君)
gungge mama	공훈성모(功勳聖母, 運用元君)
iletu mama	명량성모(明亮聖母, 淸目元君)
faksi mama	교승성모(巧勝聖母, 引蒙元君)
gosingga mama	인덕성모(仁德聖母, 陪始元君)
doronggo yangsangga enduri mama	
	문리성모(文理聖母, 豆疹元君) [15b]

146 碧霞元君 : 道教에서 숭배하는 女神의 이름.
147 廣嗣元君 : 자손들이 많게 해달라고 비는 神.

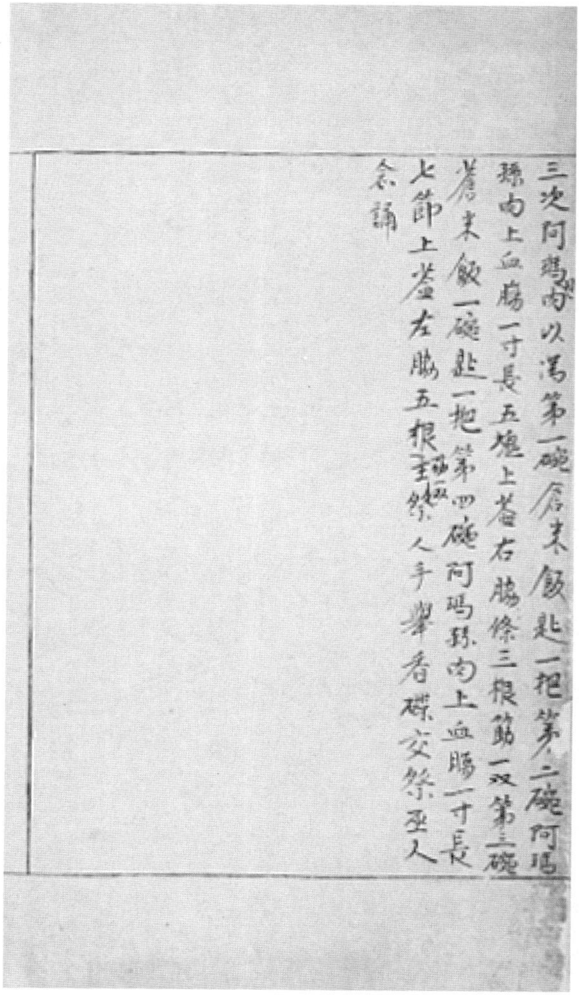

三次阿瑪孫肉以滿第一碗蒼米飯匙一把第二碗阿瑪孫肉上血腸一寸長五塊上著右脇條三根筯一双第三碗蒼米飯一碗匙一把第四碗阿瑪孫肉上血腸一寸長七節上著左脇五根主祭人手舉香碟安祭巫人念誦

16a

三次. 阿瑪孫肉以得,[148] 第一碗倉米飯, 匙一把. 第二碗阿瑪/孫肉上, 血腸一寸長五塊, 上蓋右脇條三根, 筯[149]一双. 第三碗/倉米飯一碗, 匙一把. 第四碗阿瑪孫肉上, 血腸一寸長/七節, 上蓋左脇五根, 筯[150] 一双. 主祭人手擧香碟交祭, 巫人/念誦.

[줄바꾸기][151] 제3차

제육(祭肉)을 얻고서, 첫 번째 사발은 창미반(倉米飯)과 숟가락 1개를 둔다. 두 번째 사발의 제육(祭肉) 위에는 1촌(寸) 길이의 혈장(血腸)[152] 다섯 덩이를 놓는데, 위로 오른쪽 갈빗대 3개, 젓가락 한 쌍을 덮어 놓는다. 세 번째 사발에는 창미반 한 그릇에 숟가락 1개를 둔다. 네 번째 사발의 제육(祭肉) 위에는 1촌 길이의 혈장(血腸) 일곱 마디, 위에 왼쪽 갈빗대 5개, 젓가락 한 쌍을 덮어 놓는다. 제사를 주관하는 사람은 손으로 향(香) 접시를 들고 제사지내고, 샤먼은 송념(誦念)한다. [16a]

148 [奇車山] 得.
149 [奇車山] 筋. 원문에는 '筯'이다.
150 [奇車山] 筋. 원문에는 '筯'이다.
151 원문에는 '三次'라고만 되어 있으나 換索의 일환으로 보아서 [ ] 부분을 보충하였다.
152 돼지의 피에 양념 등을 넣은 다음 깨끗이 씻은 돼지의 내장 속에 넣고 익혀서 먹는 음식을 말한다. 만주어로는 senggi duha라고 하는데, 보통은 돼지나 양의 내장에 피를 넣은 것을 말한다.

16b

圖-13(全-50)

amsun baha fodo

mama i jakade

alibure baita durun[153]

제육(祭肉) 얻어서 불다(佛多)

성모(聖母)의 앞에

바치는 일 의식 [16b]

153 [東京大漢譯] 得了祭肉. 在佛多聖母前. 呈獻事宜式様.

17a

圖-14(全-51)

mukūn gubci niyakūrafi

amsun alibure hengkilempi[154]

씨족 사람 전부가 무릎 꿇고

제육(祭肉) 바치며 고두(叩頭)한다 [17a]

154 [東京大漢譯] 闔族跪獻祭肉叩頭式様 ; [Alessandra Pozzi] durun

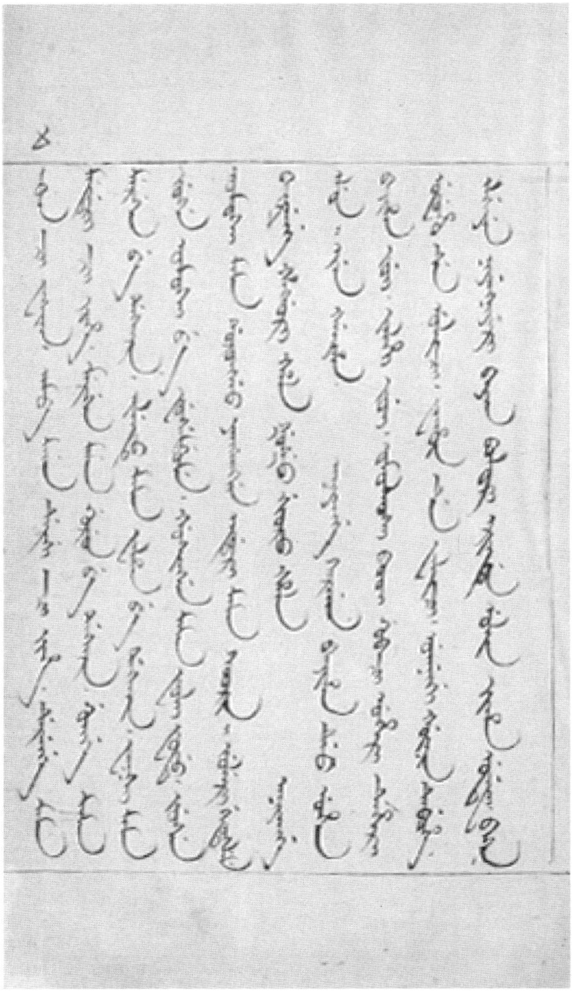

17b

abka ci wasika .	하늘에서 내려온
amba mama .	큰 성모(聖母)
dergi ci jihe .	위에서 온
derengge mama /	영광(榮光)의 성모(聖母)
deri ci jihe .	바다에서 온
mergen mama .	지혜(智慧)의 성모(聖母)
gurun be dasara .	나라를 다스리는
gungge mama /	공훈(功勳)의 성모(聖母)
mergen be dasara .	현자(賢者)를 다스리는
iletu mama .	밝은 성모(聖母)
falha[155] be dasara .	부족(部族)을 다스리는
faksi mama /	솜씨 좋은 성모(聖母)
juse omosi be fusembume[156] .	자손들을 번창케 하는
gosingga mama .	인애(仁愛)로운 성모(聖母)
foli fodo .	버드나무 가지
juse / omosi mama .	자손성모(子孫聖母)
doronggo yangsangga	위엄 있는
enduri mama .	신령(神靈)한 성모(聖母)
soorin i juleri .	신위(神位) 앞에서
getukeleme / bairengge .	분명하게 구하는 것입니다.
hasuri hala .	여러 성씨(姓氏)에서

155 [奇車山] falga ; [Alessandra Pozzi] falga. cf 街坊 ; 部族
156 [奇車山] fusembure

šušu gioro[157] hala .	서서각라씨(舒舒覺羅氏)
#[158] aniyangge ./	모년[某年]의
elun i ejen .	씨족의 주인(主人)
gaiha # aniyangge sargan .	맞이한 [某]년의 처(妻)
banjiha deo .	친(親) 아우
uhen[159] / banjiha jui .	모든 친자식
jalhi[160] jui . omolosi	조카, 손자들
boo i gubci .	집안 모두
uheri teheri ./	모든 씨족 사람들은
ufuhu de ulici .	폐부(肺腑)에 새기고
fahūn de falici .	간(肝)에 새기어
unenggi gūnin tebuhe /	참된 뜻 지녔습니다.
eiglyen niyengniyeri .	풍요로운 봄에
bayan bolori erinde .	부유한 가을철에
ulin jiha udafi .	재물과 돈 내고
basa /	공전(工錢) [17b]

157 [奇車山] giyoro. 원문에는 'gioro'이다.
158 원문에 이 부분은 띄워쓰기가 되어 있다. 이하 # 같음.
159 [奇車山] uheri
160 [Alessandra Pozzi] jalahi

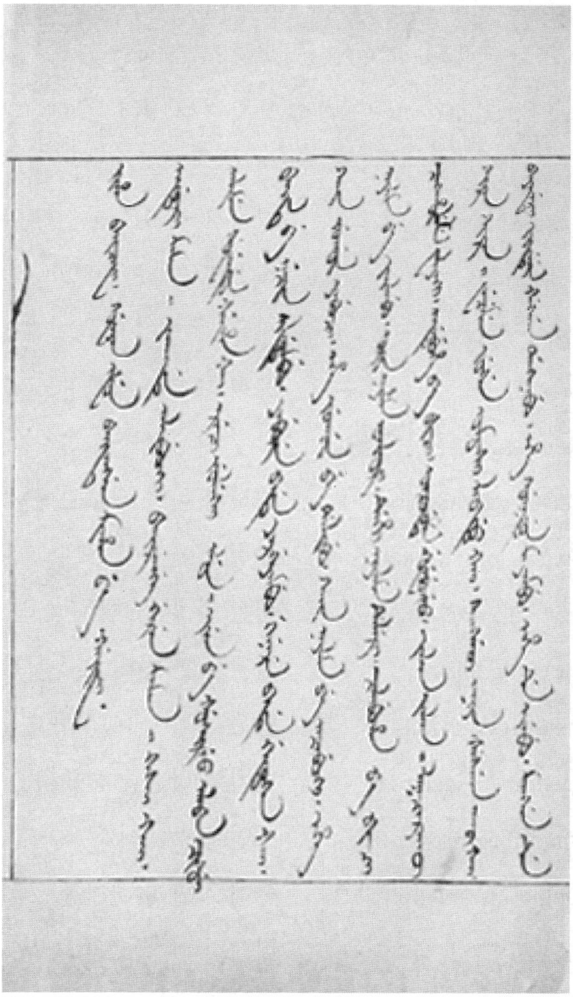

18a

jiha baicafi[161] .	돈 쓰고
suwayan efun[162] .	노란 떡 [사오고]
baitangga mihan be gajifi /	집사인(執事人)이 새끼돼지를 가져와
enduri mama i jakade alibuki .	신령한 성모(聖母)께 바치고자 합니다.
bairengge geren mama i kesi kai/	구하는 것 여러 성모(聖母)의 은덕(恩德)입니다.
alime suwende gaiha kai .	받아서 당신들에게 가졌습니다.
ereci julesi .	이후로
elun i ejen be gosireo .	씨족의 주인(主人)을 인애(仁愛)하소서!
alban cisui / baita be .	공적 사적인 일을
necin eldembu .	모두 순탄하게 하십시오!
yabure bade yargiyambu .	행하는 바에 결실있게 하고
genere bade getuken kai ./	가는 바에 분명하게!
sain jugūn yabuci .	좋은 길 다니면
ehe jugūn be dalibu .	나쁜 길을 가리게 하십시오!
sain niyalma be acabuki .	좋은 사람 만나게 하고
ehe / niyalma be jailabu .	나쁜 사람을 피하게 하십시오!
orin niyalma oilori .	20명은 걸어서
dehi niyalma deleri .	40명은 말 위에서
calabuha ba bici ./	실수한 바 있으면
cashūleme[163] waliyaki .	저버리고

161 baitalafi
162 [奇車山] efen ; [Alessandra Pozzi] efen

endebuhe ba bici .	잘못한 바 있으면
oncodome guwebureo .	너그럽게 용서하여 주소서!
jalan jalan i lakcarakū ./	대대로 끊어지지 않고
siran siran i weceme .	연이어 제사하고
juse omosi labdu kai .	자손들 많게 하십시오!
tanggū aniya gasgan akū kai ./	백 년 재해 없고
biyadari jidere gasgan dangnabu .	달마다 오는 재해 막아내게 하고
ehe sukdun mayambu .	나쁜 기운 소멸하게 하십시오!
ehe de ejebu .	나쁜 때를 기억하게 하고
mangga de ./	좋은 때로 [18a]

163 [奇車山] cashūlame

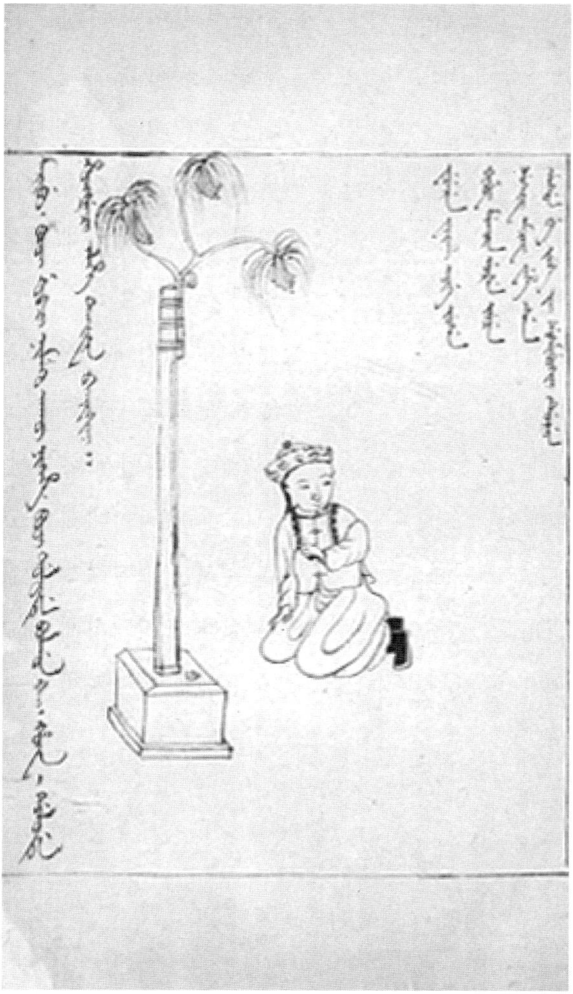

18b

maribu .	돌이키게 하십시오!
booi gubci nimeku akū nikehe .	가족[164] 전부 병 없이 의지하였습니다.
booi dolode bolgon kai .	집의 안은 정(淨)합니다.
hūwa i dolode hungšeci[165] .	뜰의 안에서 감격하면
elhe taifin banjikini /	평안히 살게 하십시오! [18b]

圖-15(全-52)

wecere wajihai ajige juse
bibufi mukūn urse uce
dosifi amcafi wehe de
amsun be jeke jai dosimbukini durun[166]

제사(祭祀) 마치고서 어린 아이들
남아있게 하고, 씨족 사람들은 방문으로
들어가고 뒤따라서 돌[石][167]에서
제육(祭肉)을 먹고 다시 들어가게 하는 의식 [18b]

---

164 [奇車山] wajiha(wajifi) ; [Alessandra Pozzi] wajihai
165 [奇車山] hukšeci
166 [東京大漢譯] 祭畢. 留小孩族人進堆房. 趁此在石上吃肉. 再入. 式樣.
167 祖宗石

19a

圖-16(全-53)

wecere wajifi tederi hūturi be

bargiyakini durun[168]

제사(祭祀) 마치고 그로부터 복(福)을

거두려는 의식 [19a]

168 [東京大漢譯] 祭畢收從彼之福式樣

19b

圖-17(全-54)

muke jeku efen

jefi[169] durun[170]

수병(水餅) 떡

먹는 의식 [19b]

169 [奇車山] jetere

170 [東京大漢譯] 吃水谷餅子式様

20a 圖-18(全-55)[177] [설명 없음][20a]

171 실내에서 씨족의 부부로 보이는 이들이 水餠 떡을 먹는 모습

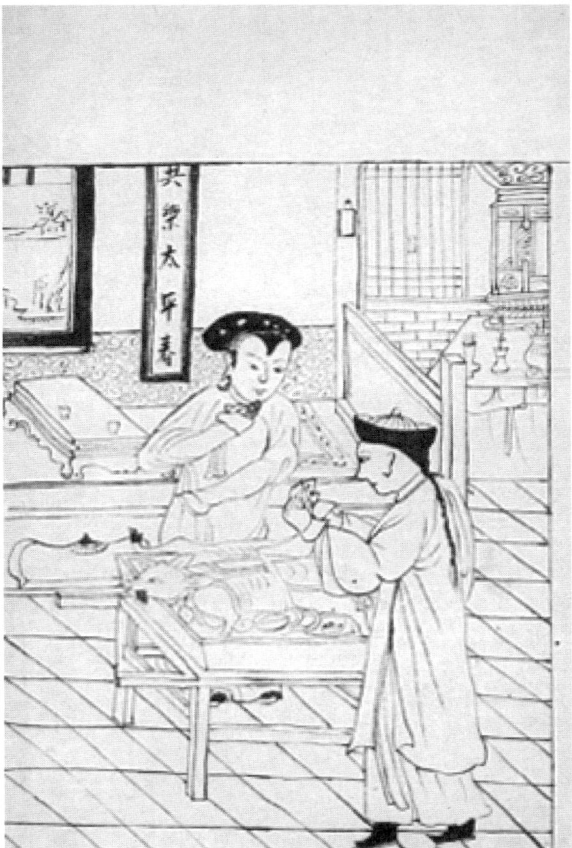

20b 圖-19(全-56)[172] [설명 없음][20b]

172 실내에서 씨족의 부부로 보이는 이들이 福肉을 먹는 모습. 그림 속에 '共樂太平春'이라는 문구가 보인다.

21a 圖-20(仝-57)[173] [설명 없음][21a]

---

173 家譜를 수정하여 쓰는 모습. 그림 속에 '氏家譜'라는 문구가 보인다.

21b 圖-21(全-58)[174] [설명 없음][21b]

174 佛多聖母 神位를 뜰 안에서 神杆 동북쪽에 진열하는 모습.

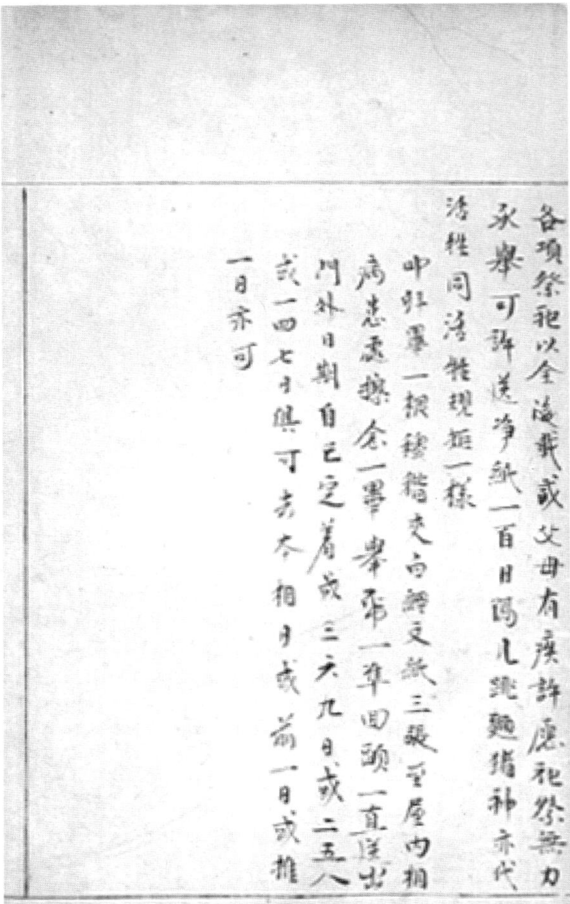

各項祭祀以全豬載或文毋有疾許虔祀祭無力
永舉可許送淨紙一百日燒化繞麵豬神亦代
活牲同活牲規矩一樣
叩頭畢一根線繩交白解交紙三張至屋內相
病患處擦念一畢舉帶一年回頭一直送出
門外日期自己定着或三天九日或二五八
或一四七日俱可去不相同或前一日或推
一日亦可

22a

各項祭祀以全, 後載[175]或父母有疾, 許願祀祭. 無力/承擧, 可許送淨紙一百日. 隔几[176]跳麵猪神, 亦代/活牲, 同活牲規矩一樣.

叩拜畢, 一根稷稭夾白經文紙三張. 至屋內相[177]/病患處擦念一畢. 擧紙[178]一[179]準, 囬頭一直送出/門外. 日期自己定着, 或三六九日, 或二五八,/ 或一四七日俱可. 去本相日, 或前一日, 或推/一日亦可.

각 항목의 제사를 온전히 마치고, 뒤에 혹 부모에게 질병 있으면 허원(許愿)[180] 제사를 한다. 제사지낼 여력이 없으면 정결한 종이 보내기를 1백일을 한다. 작은 궤(几)에서 떨어져서 면저신(麵猪神)[181]을 제사하는데, 또한 살아 있는 희생(犧牲)을 대신하고, 살아 있는 희생과 같은 규례(規例)로 제사한다.

고두(叩頭)를 마치고, 기장수숫대 1개에 경문(經文)을 쓴 흰 종이[182] 3장을 끼운다. 실내에 이르러 병자의 아픈 부위에 마찰하고 한 차례 송념(誦念)을 마친다. 그 종이를 들고서 병자를 한 번 응시하고, 고개를 돌려서 곧장 문밖으로 종이를 내보낸다. 날짜[期日]는 자신이 직접 결정하는데, 3・6・9일이나 2・5・8일이나 1・4・7일 모두 가능하다. 자신이 출생한 같은 날은 제외하는데,[183] 하루 전이나 하루 미루어도 또한 가능하다. [22a]

175 [奇車山] '載' 부분이 누락되었다.
176 [奇車山] 入. 원문에는 '几'이다.
177 [奇車山] 向. 원문에는 '相'이다.
178 [奇車山] 紙. 원문에는 '紙'이다.
179 [奇車山] 不. 원문에는 '一'이다.
180 神이나 부처 등에게 발원하는 것을 말한다.
181 밀가루로 만든 희생 돼지를 말한다. 이 같은 제사를 麵猪還愿이라고 하는데, 만주어로 suwayan bumbi라고 한다.
182 白經文紙라는 표현을 통해서도 만주족은 흰색을 숭상한 것을 알 수 있다.
183 자신이 태어난 生日과 같은 干支에 해당하는 날을 말한다.

22b 圖-22(全-59)[184] [설명 없음][22b]

184 白經文紙를 꽂은 기장수숫대를 神龕 앞에서 들고 있는 모습.

23a 圖-23(全-60)[185] [설명 없음][23a]

185 병이 난 어머니를 살피는 모습으로 보았다.

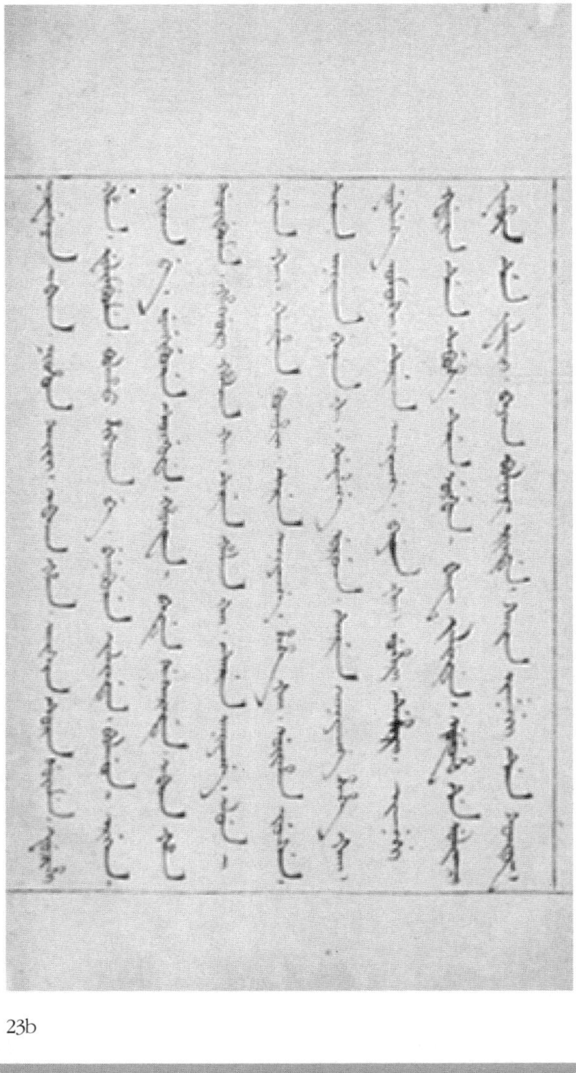

23b

niowanggiyan abka .	푸른 하늘[靑天]이시여,
niohun[186] taiji .	푸른 타이지여,
abka han .	천신(天神)이시여,
aisin tura sujame .	금(金) 기둥 지탱하십시오!
fucihi / han .	부처님 한(汗)이시여,
fulimbume .	현령(顯靈)하십시오!
bolho[187] hibcan[188] be .	정(淨)하고 검소한 것을[189]
benebure jalinde .	보내드리기 위하여
bolgon i ergen i / giran be .	정(淨)한 희생(犧牲)의 시신을
unggibure turgunde .	보내는 까닭에
hūwa i bade dasarade[190] .	뜰에서 준비할 적에
abka han / [de][191] donjibume .	천신(天神)께 듣게 합니다.
hasuri hala kai .	여러 성씨(姓氏)에서
tere hala kai .	모씨(某氏)입니다.
tere aniyangge .	모년생(某年生)의
elun i / ejen kai .	씨족의 주인(主人)
gaiha bohoji[192] .	맞이한 처(妻)
tere aniyangge . hehe kai .	모년생(某年生)의 부인

186 [奇車山] hohon. 원문에는 niohun이다.
187 bolgo
188 [奇車山] nibcan. 원문에는 hibcan이다.
189 [奇車山] 將這微薄的(淨紙)
190 [奇車山] dasafi
191 [奇車山] 譯注에서 [ ] 부분은 보충한 것이다.
192 [奇車山] boihoji ; [Alessandra Pozzi] boihoji

ujiha juse ./	기른 자식들
tere aniya beye kai .	모년생(某年生)의 몸
gaihangge[193] urun .	맞아들인 며느리
tere aniyangge hehe kai ./	모년생(某年生)의 부인
fuseke omosi .	번성한 손자들
tere aniyangge . baye[194] kai .	모년생(某年生)의 몸
uheri teheri .	모든 씨족 사람들은
inenggi[195] / gūnin de tebuhe .	참된 뜻 지녔습니다.
tere urgun i baitai[196] jalinde .	어떤 기쁜 일을 위하여
ufuhu de ulinci[197] /	폐부(肺腑)에 새기고
fahūn de falici .	간(肝)에 새기어
bayan bolori erinde .	부유한 가을철에
sain inenggi de[198] sonjofi /	좋은 날을 선택하고 [23b]

193 [奇車山] gaiha
194 [奇車山] beye ; [Alessandra Pozzi] beye
195 [奇車山] unenggi ; [Alessandra Pozzi] unenggi
196 [奇車山] batai ; [Alessandra Pozzi] baitai
197 [奇車山] ulici ; [Alessandra Pozzi] ulici. cf. ulimbi 穿繩
198 [奇車山] be

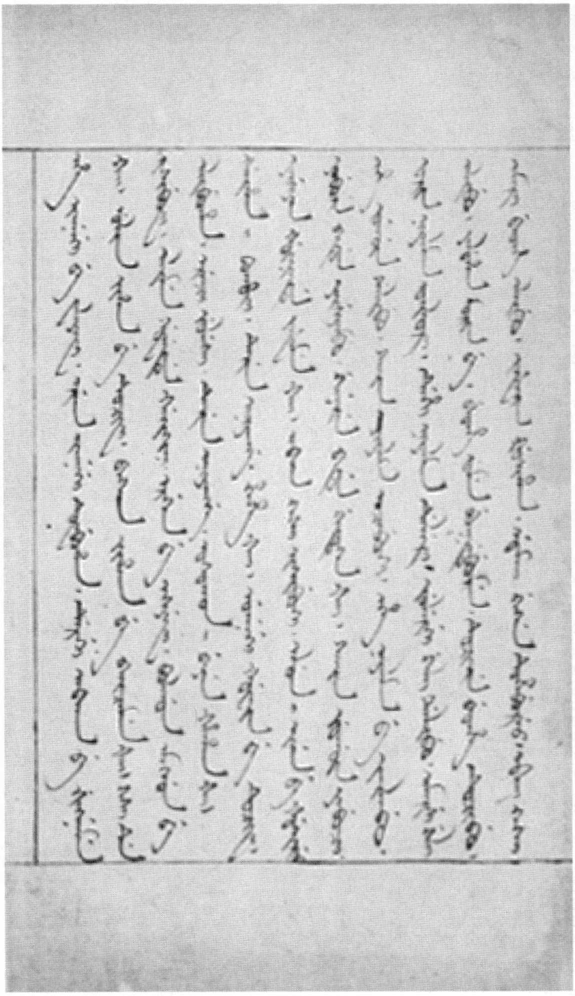

24a

ehe inenggi be waliyafi .	나쁜 날을 버리고
ere inenggi tuwabuha[199] .	이 날을 점(占) 보게 하고
dergi abka be gingneme / kai .	상천(上天)을 헌주(獻酒)합니다.
ulin jiha be tucifi .	재물 돈을 내고
basa jiha be baicame[200] kai .	공전(工錢) 돈을 씁니다.
kesi de / isibufi .	은덕(恩德)에 베풀게 하고[201]
alime suwende gaikini .	받아서 당신들에게 가지게 하고자 합니다.[202]
ergen be ekiyefi .	희생(犧牲)을 죽이고
bolgon amsun be / alibuha .	정(淨)한 제육(祭肉)을 바쳤습니다.
ereci julesi .	이후로
tere aniyangge .	모년생(某年生)의
osokon[203] i beye haha kai ./	작은 몸 사내
gaiha i bohoji[204] .	맞이한 처(妻)
tere aniyangge . hehe kai .	모년생(某年生)의 부인
unenggi gūnin be tucifi ./	참된 뜻을 내고
yargiyan gūninde jafame kai .	진실된 뜻 지녔습니다.
abka kesi isibuki .	하늘 은덕[天恩] 베푸소서![205]

199 [奇車山] tuwabufi
200 baitalame
201 [奇車山] 請賜恩惠
202 [奇車山] 領受了吧 ; [東京大漢譯] 施恩享受於爾等
203 osohon
204 [奇車山] boihoji ; [Alessandra Pozzi] boihoji
205 [奇車山] 請天賜福呀 ; [東京大漢譯] 請施天恩

elun i ejen be gosireo ./	씨족의 주인(主人)을 인애(仁愛)하소서!
yobure[206] bade yargiyambu .	행하는 바에 결실있게 하고
genere bade getuken kai .	가는 바에 분명하게!
sain jugūn yabuci ./	좋은 길 다니면
ehe jugūn dalibu .	나쁜 길 가리게 하십시오!
sain niyalma acabuki .	좋은 사람 만나게 하고
ehe niyalma be jailabu ./	나쁜 사람을 피하게 하십시오!
orin niyalma oilori .	20명은 걸어서
dehi niyalma deleri .	40명은 말 위에서
julergi geli dalibu .	앞에서 또 가로막게 하고
amargi geli / alibu .	뒤에서 또 대적하게 하십시오!
yaluha morin be .	탄 말을
bethe ume bukdebure[207] .	발 굽히지 않게 하십시오!
tucire bethe tucibu ./	내는 발 내딛게 하고
amari[208] bethe alibu .	뒤의 발을 바치게 하십시오!
jafara[209] šusiha .	잡은 채찍
umai gese tuhebureo[210] .	전혀 떨어뜨리지 마소서!
abkai kesi ./	하늘의 은덕(恩德) [24a]

206 [奇車山] yabure ; [Alessandra Pozzi] yabure
207 [奇車山] bukdabure ; [Alessandra Pozzi] bukdabure
208 [奇車山] amargi
209 [奇車山] jafaha ; [Alessandra Pozzi] jafara
210 [奇車山] tehebure ; [Alessandra Pozzi] tehebureo

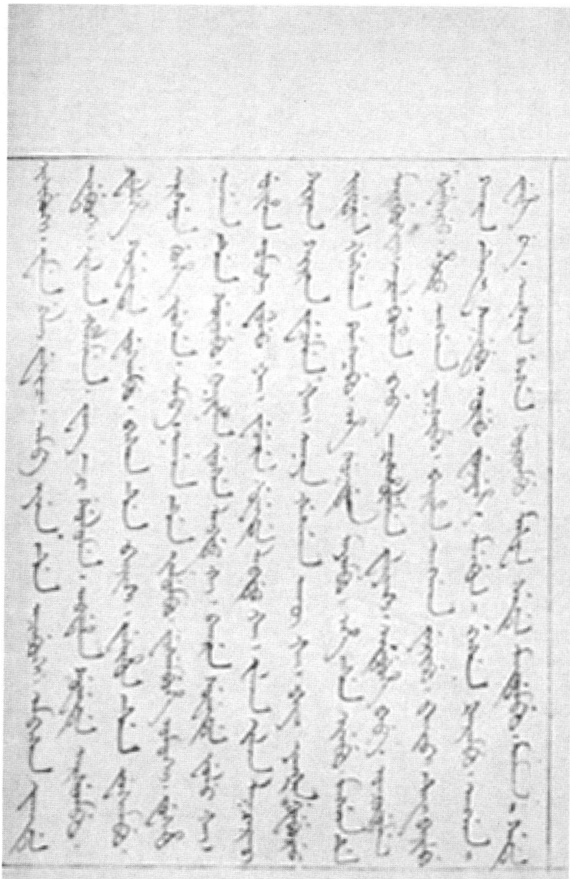

24b

isibuki .	베풀게 하고자 합니다.[211]
wame[212] geli wesici .	교화(敎化)하여 또 승진하면
amba ejen de acabuki .	큰 주인[大官][213]에게 만나게 하고
ambasa jakade / adabuki .	대신(大臣)들 곁에서 보좌하게 하소서!
jalan halame .	대대로
wang ci dolome[214] .	왕(王)보다 넘어서고
abdaha suwende arsumbu ./	잎 당신들에게 싹 나게 하고
fulehe suwende fusembu .	뿌리 당신들에게 번성하게 하십시오!
basa de banjiki .	보수로 살아가고[215]
wesihun de fusambu[216] ./	귀한 데 번창하게 하십시오!
arsun buhe juse .	번창한[217] 자식들
amba nagan de jalumbu .	큰 구들에 가득 차게 하십시오!
fusembuhe omosi .	번성한 손자들
fushu / nagan de sujubu .	부뚜막 구들에서 뛰어다니게 하십시오!
banjiha juse labdu kai .	낳은 자식들 많고
baire suwende fulu kai ./	구하는 일 당신들에게 넉넉합니다.
ujiha omosi fulu kai .	기른 손자들 넉넉하고

211 [奇車山] 請上天賜福吧 ; [東京大漢譯] 請施天恩

212 [奇車山] weme ; [Alessandra Pozzi] weme

213 [奇車山] 皇帝. 앞의 [下-4b]에서는 dergi ejen을 황제로 amba ejen을 大官으로 번역하였다.

214 [奇車山] duleme

215 [奇車山] 長成有用之材 ; 쓸모있는 인재로 성장한다는 의미로도 보았다.

216 [奇車山] fusembu ; [Alessandra Pozzi] fusembu

217 arsun buhe는 arsumbuhe의 의미로 보인다.

wecere suwende labdu kai .	제사하는 일 당신들에게 많습니다.
jalan jalan lakcarakū ./	대대로 끊이지 않고
siran siran weceme kai .	연이어 제사지냅니다.
aniya gasgan akū kai .	해에 재해 없고
biyai yangšan guwebureo ./	달의 질병 면하게 하소서!
jidere gasgan[218] dangnabu .	오는 재해 막아내게 하고
ehe sukdun mayambu .	나쁜 기운 소멸하게 하십시오!
ehe de ejebu .	나쁜 때를 기억하게 하고
mangga de / maribukini .	좋은 때로 돌이키게 하십시오!
calabuha babe .	실수한 바를
cashūleme[219] waliyaki .	저버리고
endebuhe babe .	잘못한 바를
oncodome / guwebureo .	너그럽게 용서하여 주소서!
hutu angga yaksibu .	나쁜 입 닫게 하고
banjiha angga weribu .	좋은 입 남게 하십시오!
baibi tefi banjimbu ./	그저 앉아서 살게 하고
sain tefi sakdabu .	잘 앉아서 늙게 하십시오!
uju funiyehe .	머리카락
menggun i gese šarambu .	은(銀)처럼 희게 하십시오!
angga i / weihe be .	입의 치아를
aisin i gese sorombu .	금(金)처럼 누렇게 하십시오!

218 [奇車山] gasgan ; [Alessandra Pozzi] gargan

219 [奇車山] cashūlame ; [Alessandra Pozzi] cashūleme

mafa sede mandumbu .	조부 나이에 장성하게 하고
mama i sede /	조모의 나이에 [24b]

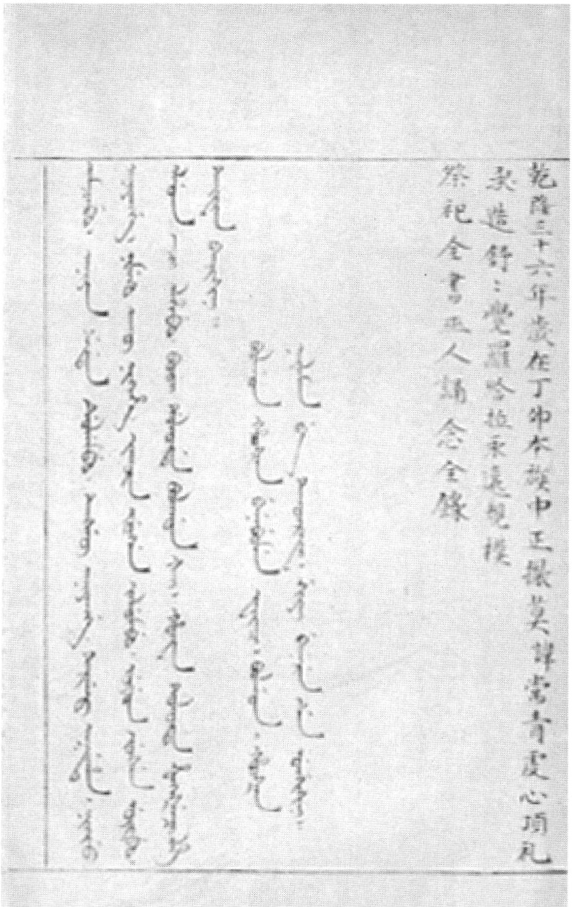
乾隆三十六年歲在丁卯本族中正鑲黃旗諱常青虔心頂礼
敬造舒舒覺羅哈拉永遠規模
祭祀全書巫人誦念全錄

25a

amcabu .	뒤따르게 하고
aniya[220] sede dulembu .	모친 나이에 넘어서게 하십시오!
tanggū aniyangge .	백 년 동안
targakū akdaha .	금기 없이 의지하였습니다.
niniju / aniyangge .	60년 동안
nimeku akū nikehe .	병 없이 의지하였습니다.
jakūn juse jalumbu .	8자식들 가득하게 하고
uyun juse ujibu ./	9자식들 기르게 하십시오!
elun ci elhebu .	씨족부터 평안하게 하십시오!
booi dolode bolgon kai .	집의 안은 정(淨)합니다.
hūwa dolode hungšeci[221] .	뜰의 안에서 감격하면
elhe / taifin banjikini ../	평안히 살게 하십시오!

bolgon hoošan benebume wajici .	정(淨)한 종이 보내게 하기 마치면
bolgon i hoošan /	정(淨)한 종이
niyalma be takūrafi .	사람을 보내서
giyai benere de unggikini[222]	길거리로 보낼 적에 보내게 합니다.
	[25a]

乾隆三十六年歲在丁卯本族中正撒莫[223]諱常青虔[224]心頂礼/承造

220 [奇車山] eniye ; [Alessandra Pozzi] eniye
221 [奇車山] hukšeci ; [Alessandra Pozzi] hungšeci
222 [奇車山] unggiki
223 [奇車山] 薩滿

舒〃[225]覺羅哈拉永遠規模.

祭祀全書巫人誦念全錄

건륭(乾隆)[226] 36년 정묘년(丁卯年), 본 씨족 중 정(正) 샤먼, 휘(諱) 상청(常靑)은 경건한 마음으로 예(禮)를 갖추고, 서서각라(舒舒覺羅) 씨[哈拉][227]의 영원한 규례 의식을 계승하여 지었다.

제사전서무인송념전록(祭祀全書巫人誦念全錄) [25a]

224 [奇車山] 處. 원문에는 '虔'이다.

225 舒舒

226 청나라 고종인 건륭제(乾隆帝, 1711~1799)의 연호이다. 청대 제6대 황제로 雍正帝의 다섯 째 아들이다. 이름은 弘曆 묘호는 高宗이며 시호는 純帝이다. 재위 기간만 60년(1735~1796)으로 오랜 治世로도 유명하다. 티베트를 청의 영토로 완전히 복속시키는 등 활발한 대외정복과 『欽定四庫全書』, 『滿文大藏經』 등 다양한 문화사업을 전개하였다.

227 哈拉는 姓을 의미하는 만주어 'hala'의 音譯이다.

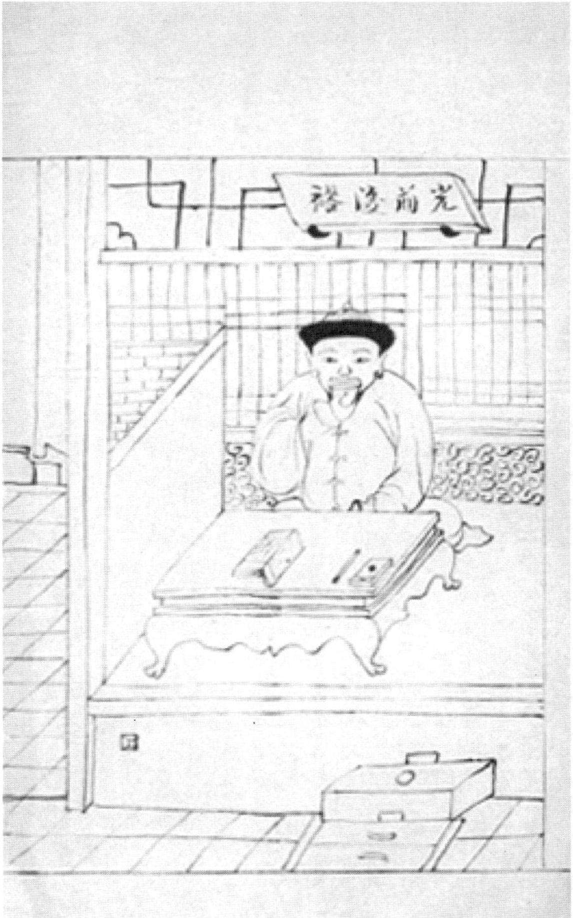

25b 圖-24(全-61)[228] [설명 없음][25b]

228 이곳 圖-24부터는 족보를 수정하는 작업인 重修世譜 부분인데, 이 대목에서는 한문으로 된 설명이 없다. 이하 黃强・色音,『薩滿教圖說』을 참고하여 보충하였다. 씨족의 주인이 구들에 앉아서 차를 마시며 족보에 대해 거듭 생각하는 모습. 그림 속에 '光前後裕'라는 편액 문구가 보인다. 보통 '光前裕後'라고 하는데, 조상님들께 영광을 더하고 후손들에게 은택이 이르게 하는 것을 말한다.

26a [공란][26a]

26b 圖-25(全-62)[229] [설명 없음][26b]

229 씨족의 세 사람이 구들에 앉아서 상의하는 모습. 아마도 이들은 족보를 수정하는 작업을 책임 맡은 사람들로 보인다.

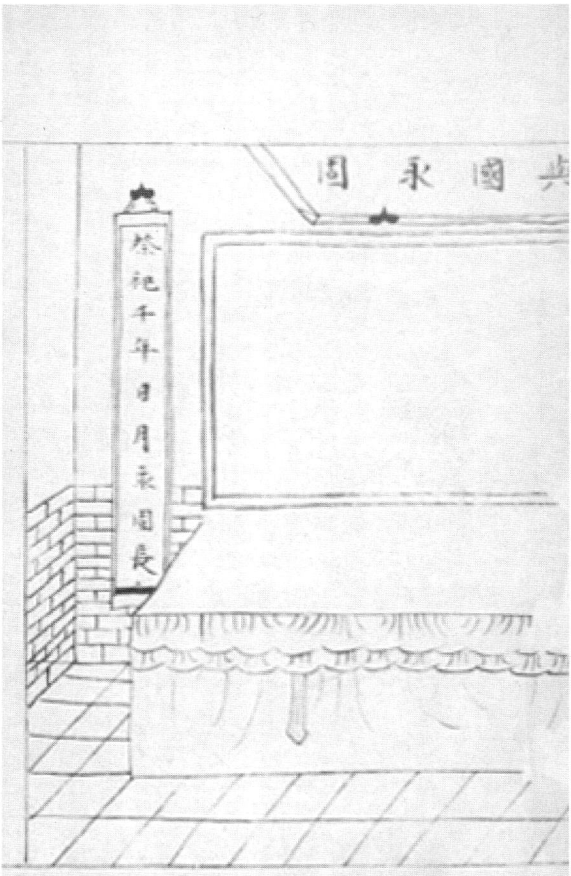

27a 圖-26(仝-63)[230] [설명 없음][27a]

230 족보를 바치는 모습. 그림 속 상단에 '與國永固'와 좌측에 '祭祀千年日月永固長'이라는 문구가 보인다. 與國을 興國으로 보기도 하였다.

27b 圖-27(全-64)[231] [설명 없음][27b]

231 씨족의 연장자 두 분이 탁자 양쪽에 앉아서 족보를 수정하는 문제를 두고 상의하는 모습. 다만 두 사람의 얼굴이 서로 마주보는 것이 아니라 동시에 같은 곳을 바라보는 것으로 보아 씨족의 다른 이들의 의견을 청취하는 것으로 보인다. 圖-28 참고.

28a 圖-28(소-65)[232] [설명 없음][28a]

232 씨족의 8사람이 족보 수정 문제로 열심히 논쟁하는 모습.

28b 圖-29(全-66)[233] [설명 없음][28b]

233 족보 수정 논의가 끝난 뒤 담당자가 결정된 내용을 족보에 써넣는 모습.

29a

圖-30(全-67)[234]

weceku somo[235] i juleri alibure durun

wecen i bithe yongkiyaha[236]

신간(神杆)의 전(前)에 바치는 의식

제문(祭文) 온전히 갖추었다.[237] [29a]

---

234 수정한 족보를 神께 바쳐서 고하는 모습

235 還愿할 때 세우는 나무, 還愿神杆.

236 [東京大漢譯] 在神主索木桿前進獻式樣. 祭文全畢.

237 wecen i bithe yongkiyaha 祭文全備

29b 圖-31(全-68)[238] [설명 없음][29b]

238 족보를 다시 정리해서 걸어두는 양식에 옮겨 적는 모습. 그림 속에 '重整世譜謄寫式樣'이라는 문구가 보인다.

30a 圖-32(全-69)[239] [설명 없음][30a]

239 족보를 수정하는 작업을 마치고 작업에 들어간 비용 등을 결산하는 모습. 그림 속에는 당시에 사용했던 주판의 모습도 보인다.

30b [공란][30b]

衣錢式樣

一項

打蛴式樣

一項

送淨紙式樣

一項

重修世譜人等

31a

환쇄식양(換鎖式樣)

일항(一項)

타망식양(打蟒式樣)

일항(一項)

송정지식양(送淨紙式樣)

일항(一項)

중수세보인등(重修世譜人等) [31a]

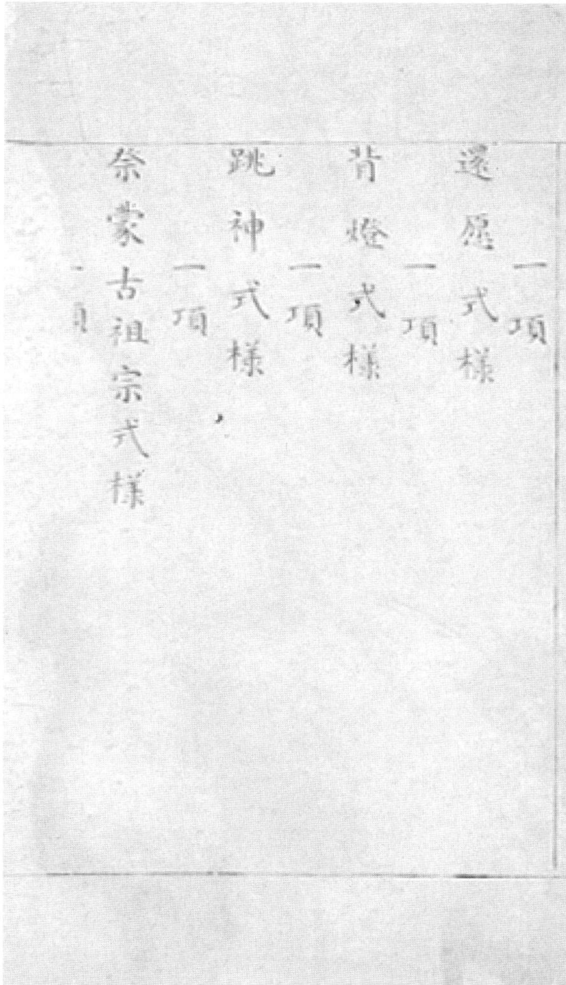
一項
還歷式樣
一項
背燈式樣
一項
跳神式樣
一項
祭蒙古祖宗式樣
一項

31b

일항(一項)

환원식양(還愿式樣)

일항(一項)

배등식양(背燈式樣)

일항(一項)

도신식양(跳神式樣)

일항(一項)

제몽고조종식양(祭蒙古祖宗式樣)

일항(一項) [31b]

3부

본문 의역
(本文 意譯)

『제사전서무인송념전록(祭祀全書巫人誦念全錄)』 상(上)

1항(一項) 제천(祭天) 제사의식

1항(一項) 배등(背燈) 제사의식

1항(一項) 굿하는 제사의식

1항(一項) 몽고 신주(神主) 제사의식

1항(一項) [1a] 시얀추[祥初] 신주(神主) 제사의식

1항(一項) 복(福)을 비는 제사의식

1항(一項) 춤추는 제사의식

1항(一項) 정결한 종이[淨紙]를 보내는 의식

1항(一項) 족보에서 수정 작업한 이들의 이름 [1b]

圖-1 [설명 없음] 전곡(戩穀) [2b]

환원(還愿)의 첫 번째 제사하는 의식(儀式)

실내(室內)에서 방문 맞은편에 높은 탁자 1개를 놓고, 그 위의 중간에 석두(錫斗)를 둔다. 3촌(寸) 크기의 접시 4개를 놓는데, 2개 속에는 창미(倉米)를 담고, 다른 2개 속에는 맑은 물[淨水]을 담아 둔다. 앞에 향(香) 접시 1개를 두고 향을 피운다. 제사를 주관하는 사람은 앞에서 무릎을 꿇고, 씨족 사람들은 그 뒤에서 무릎을 꿇고, 샤먼[巫人]이 송념(誦念)하는 것을 듣는다. 옆에서 일하는 일꾼 3명이 있는데, 1명은 정수통(淨水桶)을 들고, 1명은 쇠솥[鐵鍋]을 들고, 1명은 기장짚단[稷稭]에 불 붙여서 들고, 샤먼이 송념하며 제사지내고 쌀 뿌리는 것을 마치기를 기다린다. 두 사람을 보내서 탁자를 들어 뜰로 내가고 조종석(祖宗石) 앞에 이르러 잘 놓는다. 물과 숯불 및 쇠솥도 뒤이어 뜰로 내가서 서쪽 담장 아래에 잘 놓는다. 물이 끓기를 기다려 희생(犧牲)을 잡아서 제육(祭肉) 거리를 삶는다. [3a]

圖-2 방문의 안에서 첫 번째로 천신(天神)께 헌주(獻酒)할 때 희생물(犧牲物)을 바치는 의식 [3b]

圖-3 물과 숯불을 모두 탁자를 따라서 뜰에 내가게 하는 의식 [4a]

오!
높으신 하늘이시여,
명심하여 들으십시오!
크신 하늘이시여,
두루 들으십시오!

여러 성씨(姓氏) 중에

모씨(某氏)입니다.

모년생(某年生)의

씨족의 주인

씨족의 여주인

맞이한 처(妻)

모년생(某年生)의 부인

기른 자식들

맞이한 며느리

번성한 손자들

모든 씨족 사람들은

한 마음으로

일심동체 되어

정성을 다하였습니다.

풍요로운 봄과

부유한 가을철에

어떤 일을 위하여

재물과 돈을 내고

공전(工錢)을 사용하고

집사인(執事人)은 돼지와

양(羊)을 가지고

뜰에 놓았습니다.

천신(天神)께 바치고자 합니다.

한 손에 받아 가지고
두 손에 받아 가지십시오!
받아 가지고 하늘에 가져가십시오!
집어 가지고 구름에 가져가십시오!
이후로
백 년 동안 탈 없고
60년 동안 병 없게 하십시오!
소원한 대로 살아가게 하시고
잘 늙게 하십시오!
머리카락을 하얗고
입의 치아가 누렇도록 하십시오!
행하는 일마다 증험(證驗)있게 하시고
가는 곳마다 영험(靈驗)있게 하십시오!
선한 일을 행하면
악한 일을 가리게 하십시오!
좋은 사람을 만나면
나쁜 사람을 피하게 하십시오!
20명은 걸어서
40명은 말 위에서,
앞에서 가로막게 하시고
뒤에서 대적하십시오!
기쁘고 좋은 것을 만나게 하십시오!
함께 또 늙게 하시고

짝으로 또 살게 하십시오!
살면서 또 부유하게 하시고
도와서 높은 지위에 오르게 하십시오!
잎에서 또 싹이 나게 하시고
뿌리에서 또 번성하게 하십시오!
부유하고 귀하게 하시고
오래 장수하게 하시고
가득히 증가하게 하십시오! [4b]

환원(還愿)의 제2차 제사하는 의식

돼지를 새 삼끈 한 줄로 바꾸어 묶어서 탁자 앞에 놓고 다시 새로 향을 피운다. 제사를 주관하는 사람은 앞에서 무릎을 꿇고, 제사 참여자들은 뒤에서 무릎 꿇는다. 샤먼[巫人]은 왼편에서 송념(誦念)하고, 포인(庖人)은 오른편 통로에서 돼지를 붙잡는다. 준비해서 사용하는 작은 잔[盅]의 순서대로 샤먼은 쌀을 뿌리고 송념을 마치고, 돼지의 귀에 들어붓고 제사지낸다. 여러 사람들은 모두 모자를 벗고 고두(叩頭)한다. 주방일꾼은 돼지를 탁자 위에 올려놓고, 왼손으로 돼지를 도살(屠殺)한다. 피[血]는 탁자 앞에 바치고, 사지(四肢)를 발라서 해부하고, 발굽은 보관하고, 돼지의 각 지체(肢體)에서 한 덩이씩 잘라서 제육으로 삶는다. 척추뼈[色勒]와 명치뼈[胸岔兒]도 함께 솥에 넣는다. 각 부위를 통[槽] 안에 모아놓고 돼지의 껍질로 덮는다. 쓸개[苦膽]와 오줌보[尿泡]는 탁자 위에 놓고, 해부한 칼날의 피를 신간(神杆) 끝부분에 칠한다. 곧바로 사발을 꿰고, 교자골(膠子骨)로 덮고, 다시 돼지의 돌출된 주둥이를 꿴다.

제육이 삶아지기를 기다려서 삶은 희생을 바친다. [5a]

圖-4 뜰에서 천신(天神)께 바치는 의식 [5b]

圖-5 씨족의 주인이 뜰에서 희생(犧牲)을 바칠 때 무릎 꿇고 고두(叩頭)하고 복(福)을 구하는 의식 [6a]

오!
높으신 하늘이시여,
명심하여 들으십시오!
크신 하늘이시여,
두루 들으십시오!
여러 성씨(姓氏) 중에
모씨(某氏)입니다.
모년생(某年生)의
씨족의 주인
씨족의 여주인
맞이한 처(妻)
모년생(某年生)의 몸
기른 자식들
맞이한 며느리
번성한 손자들
모든 씨족 사람들은
한 마음으로

일심동체 되어
정성을 다하였습니다.
풍요로운 봄과
부유한 가을에
어떤 일을 위하여
응낙하였습니다.
재물과 돈을 내고
공전(工錢)을 사용하고
집사인(執事人)은 돼지와
양(羊)을 가져와
뜰에 놓았습니다.
천신(天神)께 헌주(獻酒)하고자 합니다.
맑은 하늘[靑天]에 바치고자 합니다.
한 손에 받아 가지고
두 손에 받아 가져가십시오!
받아 가지고 하늘에 가져가십시오!
집어 가지고 구름에 가져가십시오!
이후로
백 년 동안 탈 없고
60년 동안 병 없게 하십시오!
소원한 대로 살아가게 하시고
잘 늙게 하십시오!
머리카락을 하얗고

입의 치아가 누렇도록 하십시오!

행하는 일마다 증험(證驗)있게 하시고,

가는 곳마다 영험(靈驗)있게 하십시오!

선한 일을 행하면

악한 일을 가리게 하십시오!

좋은 사람을 만나면

나쁜 사람을 피하게 하십시오!

20명은 걸어서 [6b]

40명은 말 위에서,

앞에서 가로막게 하시고

뒤에서 대적하시고

항상 기쁘고 좋은 것을 만나게 하십시오!

함께 또 늙게 하시고,

짝으로 또 부유하게 하십시오!

살면서 또 부유하게 하시고

도와서 또 높은 지위에 오르게 하십시오!

잎에서 싹이 나게 하시고

뿌리는 또 번성하게 하십시오!

부유하고 귀하게 하시고

오래 장수하게 하시고

가득히 증가하게 하십시오! [7a]

환원(還愿)의 제3차 제사하는 의식

소육(小肉)이 익으면 주방일꾼이 자른다. 첫 번째 사발에는 창미반(倉米飯)과 순가락 한 개. 두 번째 사발에는 고기 위에 척추뼈[色勒]와 젓가락 한 쌍을 진열한다. 세 번째 사발에는 창미반과 순가락 한 개. 네 번째 사발에는 고기 위에 명치뼈[胸岔兒]와 젓가락 한 쌍을 진열한다. 제사를 주관하는 사람이 다시 향을 피우고, 앞에서 무릎 꿇는다. 여러 사람들은 일제히 무릎 꿇는다. 샤먼[巫人]이 송념(誦念)하고 쌀 뿌리는 의식을 마치면 모자를 벗고 고두(叩頭)를 마친 뒤 일어나 오줌보 등을 석두(錫斗) 안에 놓는다. 쌀접시[米碟] 2개와 작은 잔[盅] 2개를 놓는데 접시 순서대로 잔을 갖추어 공탁자(供棹子) 위에 엎어 놓는다. [7a]

圖-6 제육 얻어서 천신(天神)께 바치는 의식 [7b]

圖-7 제육 얻었으므로 고두(叩頭)하고 무릎 꿇어 천신(天神)께 바치는 의식 [8a]

오!
높으신 하늘이시여,
명심하여 들으십시오!
크신 하늘이시여,
두루 들으십시오!
여러 성씨(姓氏) 중에
모씨(某氏)입니다.
모년생(某年生)의

씨족의 주인

씨족의 여주인

맞이한 처(妻)

모년생(某年生)의 몸

기른 자식들

맞이한 며느리

번성한 손자들

모든 씨족 사람들은

한 마음으로

일심동체 되어

정성을 다하였습니다.

풍요로운 봄과

부유한 가을철에

어떤 일을 위하여

응낙하였습니다.

재물과 돈을 내고

공전(工錢)을 사용하고

집사인(執事人)은 돼지와

양(羊)을 가져와

천신(天神)께 바치고자 합니다!

준비한 제육(祭肉)을

맑은 하늘[靑天]에 바치고자 합니다!

한 손에 받아 가지고

두 손에 받아 가지십시오!
받아 가지고 하늘에 가져가십시오!
집어 가지고 구름에 가져가십시오!
이후로
백 년 동안 탈 없고
60년 동안 병 없게 하십시오!
소원한 대로 살아가게 하시고
잘 늙게 하십시오!
머리카락을 하얗고
입의 치아가 누렇도록 하십시오!
행하는 일마다 증험(證驗)있게 하시고
가는 곳마다 영험(靈驗)있게 하십시오!
선한 일을 행하면
악한 일을 가리게 하십시오!
좋은 사람을 만나게 하시고
나쁜 [8b] 사람을 피하게 하십시오!
20명은 걸어서
40명은 말 위에서,
앞에서 가로막게 하시고
뒤에서 대적하시고
항상 기쁘고 좋은 것을 만나게 하십시오!
함께 또 늙게 하시고
짝으로 또 살게 하십시오!

살면서 또 부유하게 하시고
도와서 또 높은 지위에 오르게 하십시오!
잎에서 또 싹이 나고
뿌리에서 또 번성하게 하십시오!
부유하고 귀한 데 살게 하시고
오래 장수하게 하시고
가득히 증가하게 하십시오! [9a]

[환원(還愿)] 제사 끝나고 제육을 치우는 의식

첫 번째 사발의 밥과 첫 번째 사발의 고기는 거두어서 실내에서 씨족 사람들과 더불어 먹고, 두 번째 사발의 밥과 두 번째 사발의 고기는 거두어 뜰에 남겨두어 샤먼[巫人]이 먹는데 예비한다. 그 나머지는 솥 안에 넣고 밥을 끓여서 여러 사람들이 먹는데 사용한다. 뜰 가운데 목반(木盤)을 1개 놓고 고기와 밥을 안에 놓는데, 제사를 주관하는 사람은 배석하고, 샤먼은 소육반(小肉飯)을 먹는다. 대육(大肉)은 솥에 넣고 익으면 친척과 벗들이 먹는데 사용하는데, 고기껍질은 나뭇가지에 걸쳐서 기장짚단[稷秸]에 불을 붙여서 그슬리고, 익으면 씨족 사람들이 먹는다. 각처의 식사가 일제히 끝나면, 희생(犧牲)의 뼈다귀를 가져다가 영벽(影壁) 앞에 던져서 개로 하여금 물고 가게 한다. [9a]

圖-8 [제사] 일에 사용하는 것을 예비하도록 하는 의식 [9b]

圖-9 [설명 없음] [10a]

圖-10 소육반(小肉飯) 얻어서 부리는 일꾼[用人]이 먹는 의식 [10b]

圖-11 얻은 제육을 샤먼이 뜰에 앉아서 먹는 의식 [11a]

圖-12 씨족 사람 전부가 제육을 먹는 의식 [11b]

圖-13 친척과 벗들이 제육을 먹는 의식 [12a]

圖-14 돼지의 껍질을 불에 그슬려서 먹는 의식 [12b]

圖-15 뼈[骨]를 던지는 의식 [13a]

[공란] [13b]

뜰 안에서 몽고조상을 제사지내는 의식

제1차 제사. 작은 방 뒷편에 기장짚단[稷稭] 1묶음을 놓고, 위에 홍전(紅氈) 1장을 덮어씌우고, 버들가지 3개를 꽂는데, 꽂은 버들가지의 두 좁은 사이에 남색(藍色) 천[紡子] 2장을 걸친다. 동쪽에는 볏짚단[稻草] 1묶음을 놓고 그 위에 말다래 1개를 덮어씌우고 버들가지 1개를 꽂는다. 각각 유반(油盤) 1개를 설치하고, 유반 안에 각각 수병(水餅) 떡 2접시와 유주(乳酒)를 놓는다. 남쪽 유반 안에 2잔, 동쪽 유반 안에 1잔을 놓고, 각각 술주전자 1개를 놓는다. 남쪽 유반 가장자리에 찰판(扎板) 1개를 놓고, 송념(誦念)할 준비를 한다. 유반 앞에는 새 포와(布)를 1개 놓고, 그 안에 화살대[箭杆]와 포화(包花) 덩이 5개를 놓는다. 제사를 주관하는 사람은 손에 기와를 받치고, 샤먼[巫人]은 송념을 마친 뒤 신속히 포화(包花)에 불을 붙이는데, 포인(庖人)은 양(羊)을 앞으로 밀치고, 제사를 주관하는 사람은 기와를 한 번 끌어당긴다. 만약 양이 포화(包花) 연기를 한 번 맡으면 이는 신(神)께서 응납하신 것이다. 여러 사람들은 모자를 벗고 고두(叩頭)한다. 주방일꾼은 곧 유반 앞에서 양을 넘어뜨려

서 잡고, 염통[心]을 취하여 제사지낸다. [14a]

圖-16 뜰에서 몽고 파오[包] 앞에서의 의식 [14b]

圖-17 몽고 신주(神主)께 양(羊)을 바치는 의식 [15a]

아수키 어터허 줄러허 노전
카툰 너거
흰 구름으로부터
가장자리 위에 내려오십시오!
짙푸른 구름으로부터
위로부터 내려오십시오!
내려오면 맞이하려 합니다.
내려가면 전송하려 합니다.
여러 성씨(姓氏) 중에
모씨(某氏)입니다.
모년생(某年生)의
씨족의 주인
맞이한 처(妻)
모년생(某年生)의 부인
기른 자식들
맞이한 며느리
번성한 손자들
모든 씨족 사람들은

한 마음으로
일심동체 되어
정성을 다하였습니다.
흉한 날을 버리고
길한 날을 골라서
오늘로 정해서
몽고 버이서[貝子]를 헌주(獻酒)하고자 합니다.
재물과 돈을 내고
공전(工錢)을 사용하고
집사인(執事人)은 양(羊)과
거위[鵝]를 가져와
몽고 신주(神主)께 바치고자 합니다.
이후로
씨족의 주인을 인애(仁愛)하십시오!
행하는 일마다 증험(證驗)있게 하시고
가는 곳마다 영험(靈驗)있게 하십시오!
선한 일을 행하면
악한 일을 가리게 하십시오!
좋은 사람을 만나게 하시고
나쁜 사람을 피하게 하십시오!
20명은 걸어서
40명은 말 위에서,
앞에서 가로막게 하시고

뒤에서 대적하십시오!
오는 재해를 막아내게 하시고
나쁜 기운을 소멸하게 하십시오!
나쁜 때를 기억하게 하시고
좋은 시절로 돌아가게 하십시오! [15b]

몽고조상을 맞이해 오고, 일어나서 안위(案位)를 설치하고, 신위(神位)를 설치한다. 설치를 마치고 정성껏 희생 제사지내고 제육을 삶을 때, 이를 따라 송념(誦念)하고 제사지낸다. [16a]

아수키 어터허 줄러허 노전
카툰 너거
흰 구름으로부터
가장자리 위에 내려오십시오!
짙푸른 구름으로부터
위로부터 내려오십시오!
내려오면 맞이하려 하고
내려가면 전송하려 합니다.
여러 성씨(姓氏) 중에
모씨(某氏)입니다.
모년생(某年生)의
씨족의 주인
맞이한 처(妻)

모년생(某年生)의 몸
기른 자식들
맞이한 며느리
번성한 손자들
모든 씨족 사람들은
한 마음으로
일심동체 되어
정성을 다하였습니다.
풍요로운 봄과
부유한 가을철에
재물과 돈을 내고
공전(工錢)을 사용하고
집사인(執事人)은 양(羊)과
거위[鵝]를 가지고
신주(神主)께 바치고자 합니다.
진실로 신주(神主)의 은덕(恩德)
받아서 가지셨습니다.
이후로
씨족의 주인을 인애(仁愛)하시고
행하는 일마다 증험(證驗)있게 하시고
가는 곳마다 영험(靈驗)있게 하십시오!
선한 일을 행하면
악한 일을 가리게 하십시오!

좋은 사람을 만나게 하시고
나쁜 사람을 피하게 하십시오!
20명은 걸어서
40명은 말 위에서,
앞에서 가로막게 하시고
뒤에서 대적하십시오!
잎은 싹이 나고
뿌리는 번성하게 하십시오!
부유한 데 살게 하시고
귀한 데 오르게 하십시오!
실수한 것을 저버리고
잘못한 것을 너그럽게 용서하십시오!
나쁜 말을 닫아버리게 하시고
좋은 말을 남기게 하십시오!
다만 앉아서 살게 하시고
잘 앉아서 늙게 하십시오!
오는 재해를 막아내게 하시고
나쁜 기운을 소멸하게 하십시오!
나쁜 때를 기억하게 하시고
좋은 시절로 돌아가게 하십시오! [16a]

삶은 희생(犧牲)을 모아서 통(槽) 안에 진열하고, 양(羊)의 앞 왼쪽 발굽을 덜어내어 양(羊)의 입 안에 놓고 송념(誦念)하면서 콧구멍 안에는 유지(油紙)를 꼬아서 만든 심지 2개를 꽂고 불을 붙인다. 제사를 주관하는 사람은 손으로 포와(布瓦)를 받들고, 포화(包花) 덩이에 불을 붙인다. 샤먼[巫人]은 송념하고 제사지낸다. [16a]

圖-18 얻은 제육을 신주(神主)께 바치는 의식 [16b]

圖-19 얻은 제육을 바치고 나면 즉시 가무(歌舞)하고 신주(神主)를 헌주(獻酒)하고, 이어서 망뉴[蟒牛]를 잡는 의식 [17a]

아수키 어터허 줄러허 노전
카툰 너거
한 쌍의 몽고 버이서[貝子]를 청하고자 합니다!
청했다고 오셨고
불렀다고 내려왔습니다.
흰 구름 위에서 다니시어
가장자리 위에 내려오십시오!
짙푸른 [구름] 위에서 다니시어
위로부터 당신들 들어오십시오!
신(神)께서 오시느라 피곤하시고
신주(神)께서 내려오시느라 피로하셨습니다.
피곤하다 해도 어찌하겠습니까?
피로하다 해도 염려하지 마십시오!
신위(神位) 진열한 곳에서 쉬십시오!
청한 사연을 당신들에게 고하고자 합니다!

여러 성씨(姓氏) 중에

모씨(某氏)입니다.

모년생(某年生)의 몸

기른 자식들

맞이한 처(妻)

번성한 손자들

모든 씨족 사람들은

노인들이 남긴 예(禮)로

신주(神主) 당신들을 헌주(獻酒)합니다.

조상이 남긴 규례(規例)로

몽고 신주(神主)를 제사합니다.

재물과 돈을 내고

공전(工錢)을 사용하고

집사인(執事人)은 양(羊)과

거위[鵝]를 사서

몽고 신주(神主)를 헌주(獻酒)하고자 합니다!

준비한 제육(祭肉)을

목반(木盤)에 진열하고

버이서[貝子]께 제물 바칩니다.

정성을 다하여 헌주(獻酒)합니다.

진실로 신주(神主)의 은덕(恩德)

받아서 가지셨습니다.

이후로

씨족의 주인
행하는 일마다 증험(證驗)있게 하시고
가는 곳마다 영험(靈驗)있게 하십시오!
선한 일을 행하면
악한[17b] 일을 가리게 하십시오!
좋은 사람을 만나게 하시고
나쁜 사람을 피하게 하십시오!
20명은 걸어서
40명은 말 위에서,
앞에서 가로막게 하시고
뒤에서 대적하십시오!
잎에 싹이 나고
뿌리는 번성하십시오!
부유한 데 살게 하시고
귀한 데 오르게 하십시오!
실수한 것을 저버리고
잘못한 것을 너그럽게 용서하십시오!
오는 재해를 막아내게 하시고
나쁜 기운을 소멸하게 하십시오!
나쁜 때를 기억하게 하시고
좋은 시절로 돌아가게 하십시오! [18a]

뜰 안에 네모난 목반(木盤)을 1개 놓고, 안에 양(羊)의 제육 조각을 담는다. 기장짚단[稷稭] 3묶음을 예비하여 사용하고, 샤먼[巫人]이 앉아서 자기 몫을 먹는 의식. 씨족 사람들이 수병(水餠) 떡을 먹는 의식이다. [18a]

圖-20 몽고 신주(神主)를 제사하는 제육 몫에서 한 조각 차려서 여러 사람에게 맛보이는 의식 [18b]

圖-21 제육과 정결한 곡물 떡을 먹고 맛보는 의식 [19a]

제육 바치는 것을 다 마치고, 찰판(扎板)을 가지고 송념한다. [19b]

하이저(haije, 海扎)하고 헌주(獻酒)하는 말
하이저, 하이저, 하이저건 이 자(ja, 扎)
한 쌍의 노전(nojen) 저구이(jegui) 자(ja, 扎)
어 어 어　　아 아 아 아 아 [19b]

이와 같이 세 번 송념(誦念)하는 법, 모두 아홉 번 마친다. 제육 맛보고 먹기를 다 마치고 나서 몽고 버이서[貝子] 첫째 분께 무릎 꿇고 몽고조상을 맞이한다. 한 차례 송념(誦念)하고 만약 움직이면 고두(叩頭)한다. [19b]

몽고 신주(神主)를 청해서
오늘 제육(祭肉)을
신주(神主)께 바치고자 합니다.
버이서[貝子] 은덕(恩德)을 베풀게 하여
풍요롭게 얻게 하고자 합니다!

헌주(獻酒)하는 것을 마쳤으므로
몽고 버이서[貝子]를 전송하고자 합니다!
이번에 제사지내고
신위(神位)에 오르게 하고,
오는 해[年]를 기다려서
다시 당신들을 청하여 제사하게 하십시오! [20a]

제사에서 고두(叩頭)를 한 번 마치고 버들가지를 취해서 모두 버들가지에 유주(乳酒)를 뿌리고 송념(誦念)한다. [20a]

굿[跳神]을 준비하는 의식

서쪽 구들[炕] 위에는 대조종(大祖宗), 시얀추[香順] 신주(神主), 영혼(fayangga, 發陽阿)을 모신다. 제사를 주관하는 사람은 고인(故人)의 마고자[褂子]를 바쳐서 영혼(fayangga, 發陽阿)으로 삼는다. 쌀 담는 말[斗] 1개에 쌀을 담고, 그 위에 막대 1개를 꽂는다. 황색 비단[黃綾] 몇 가닥에서 3개에 구리방울[銅鈴] 3개를 매달고, 이것을 시얀추[香順] 신주(神主)로 한다. 북쪽 구들[炕]에는 몽고조상 신상(神像) 둘을 안치한다.

대조종(大祖宗) 앞에는 술잔 8개, 수병(水餠) 떡 접시 8개, 매 접시마다 안에 수병(水餠) 떡 9개를 두고, 향 접시 3개를 둔다.

시얀추[香順] 신주(神主) 앞에 술잔 2개, 수병(水餠) 떡 접시 2개, 향 접시 1개를 둔다.

영혼(fayangga, 發陽阿) 전에 술잔 2개, 수병(水餠) 떡 2접시, 향 접시 1개를 둔다.

몽고조상 앞에 술잔 2개, 수병(水餠) 떡 접시 2개, 술주전자 1개를 둔다.

제사를 주관하는 사람은 손에 포와(布瓦)를 1개 받들고, 그 안에 포화(包花) 불을 붙이고, 앞에서 무릎 꿇는다. [21a]

주방일꾼은 양(羊)을 끌어와서 옆에서 무릎 꿇고, 샤먼[巫人]이 제사하며 송념(誦念)하는 것 듣기를 마치면, 양(羊)을 앞으로 나아가도록 한 번 내민다. 제사를 주관하는 사람이 기와의 포화(包花)를 한 번 불을 당겨서 양(羊)이 한 번 맡으면, 이는 신(神)께서 응납하신 것이다. 전처럼 양을 잡아서 염통[心]을 취한다. [20b]

圖-22 몽고 신주(神主) 시얀추[祥初] 신주(神主) 대신주위(大神主位) 영좌(靈座) [22b]

圖-23 몽고 신주(神主)의 신위(神位)에 양(羊)을 취하여 희생(犧牲)을 바치는 의식 [22a]

봄부러 노전
차차러 카툰
한 쌍의 몽고 버이서[貝子]를 청하고자 합니다.
청했다고 오셨고
불렀다고 내려왔습니다.
흰 [구름] 위에서 다니시어
가장자리 위에 내려오십시오!
짙푸른 [구름] 위로부터 다니시어
위로부터 당신들 들어오십시오!

씨족의 집에 들어와서

신위(神位) 진열한 곳에서 쉬십시오!

피곤하다 해도 어찌하겠습니까?

피로하다 해도 염려하지 마십시오!

신위(神位) 진열한 곳에서 쉬십시오!

청한 사연을 당신들에게 고하고

사정을 당신들에게 상주하고자 합니다!

여러 성씨(姓氏) 중에

모씨(某氏)입니다.

모년생(某年生)의

씨족의 주인

맞이한 처(妻)

모년생(某年生)의 부인

모든 씨족 사람들은

정성을 다하였습니다.

풍요로운 봄과

부유한 가을철에

재물과 돈을 내고

공전(工錢)을 사용하고

집사인(執事人)은 양(羊)과

거위[鵝]를 가져와

한 쌍의 몽고 신주(神主)께 바치고자 합니다.

진실로 신주(神主)의 은덕(恩德)

받아서 가지게 하고자 합니다!

이후로

씨족의 주인을 인애(仁愛)하십시오!

행하는 일마다 증험(證驗)있게 하시고

가는 곳마다 영험(靈驗)있게 하십시오!

좋은 사람을 만나게 하시고

나쁜 사람을 피하게 하십시오!

20명은 걸어서

40명은 말 위에서,

실수한[22b] 것을 저버리고

잘못한 것을 너그럽게 용서하십시오!

오는 재해를 막아내게 하시고

나쁜 기운을 소멸하게 하십시오!

나쁜 때를 기억하게 하시고

좋은 시절로 돌아가게 하십시오! [23a]

삶은 희생(犧牲) 제사지내는 의식

제2차 제사. 양(羊)의 콧구멍에 유지(油紙) 꼬아서 만든 심지[捻子] 2개를 삽입하고 불을 붙인다. 제사를 주관하는 사람은 손으로 포와(布瓦)를 받들고 포화(包花)에 불 붙이고, 샤먼[巫人]이 송념(誦念)하는 것을 듣는다. [23a]

圖-24 얻은 제육을 몽고 신주(神主) 앞에 바치는 의식 [23b]

圖-25 씨족 사람들이 무릎 꿇고 몽고 신주(神主)께 제육을 바친 의식

[24a]

봄부러 노전
차치러 카툰
두 신위(神位)이신
몽고 버이서[貝子]를 청하고자 합니다.
청했다고 오셨고
불렀다고 내려왔습니다.
신(神)께서 오시느라 피곤하시고
신주(神主)께서 내려오시느라 피로하셨습니다.
피곤하다 해도 어찌하겠습니까?
피로하다 해도 염려하지 마십시오!
신위(神位) 진열한 곳에서 쉬십시오!
청한 사연을 당신들에게 고하고
사정을 당신들에게 상주하고자 합니다!
부질없이 구하는 것 아니고
모든 씨족과 관련되어 있기 때문입니다.
여러 성씨(姓氏) 중에
모씨(某氏)입니다.
모년생(某年生)의
씨족의 주인
맞이한 처(妻)

모년생(某年生)의 부인
모든 씨족 사람들은
한 마음으로
일심동체 되어
정성을 다하였습니다.
풍요로운 봄과
부유한 가을철에
재물과 돈을 내고
공전(工錢)을 사용하고
집사인(執事人)은 양(羊)과
거위[鵝]를 가져와
준비한 제육(祭肉)을
신주(神主)께 바치고자 합니다.
진실로 신주(神主)의 은덕(恩德)
받아서 가지셨습니다.
희생(犧牲)을 잡아서
정결한 제육(祭肉)을 만들었습니다.
큰 제육(祭肉)을 만들고
목반(木盤) 탁자에 진열하였습니다.
제사지내는 예(禮)이고
제사드리는 규례(規例)입니다.
이후로
씨족의 주인을 인애(仁愛)하십시오!

행하는 일마다 증험(證驗)있게 하시고

가는 곳마다 영험(靈驗)있게 하십시오! [24b]

선한 일을 행하면

악한 일을 가리게 하십시오!

좋은 사람을 만나게 하시고

나쁜 사람을 피하게 하십시오!

20명은 걸어서

40명은 말 위에서,

앞에서 가로막게 하시고

뒤에서 대적하십시오!

오는 재해를 막아내게 하시고

나쁜 기운을 소멸하게 하십시오!

나쁜 때를 기억하게 하시고

좋은 시절로 돌아가게 하십시오!

여러 몽고 버이서[貝子] 신위(神位)에서 쉬시고

준비한 제육(祭肉)을 풍요롭게 얻게 하였으므로

지혜로운 신위(神位)에 오르게 하고자 합니다.

올해 당신들은 떠나가시게 됨으로

오는 해를 기다려서

다시 당신들을 헌주(獻酒)하고자 합니다. [25a]

몽고조상 제사 마치고, 신상(神像)을 수습하고, 곧바로 대조종(大祖宗)을 청하여 원래 자리에 안치한다. [25a]

圖-26 두행(頭行) : 행례(行禮) 의식 [25b]

圖-27 삼행(三行) : 신주(神主)를 영접하는 의식 [26a]

圖-28 이행(二行) : 신주(神主)를 청하는 의식 [26b]

圖-29 희생(犧牲)을 바치는 의식 [27a]

더르기 서 압칼라

덕더러 버 송콜로

니야술라 압칼라

니오훌러 타이지

경전(經典)을 강론(講論)하며

두루 다니는 때입니다.

천하(天下) 모든 백성들은

신(神)과 버이서[貝子]를 제사하고자 합니다!

떠오른 해가 지는 때입니다.

운행하는 해가 저녁 나절된 때입니다.

하늘로부터 주위 다니는 크신 부처[佛]들입니다.

땅으로부터 주위 다니는 금(金) 부처[佛]들입니다.

만(萬) 개의 별[星]이 나온 때입니다.

천(千) 개의 별[星]이 드러난 때입니다.

날아다니는 새는 날개를 거두고

목을 뒤틀어 구부리고 누운 때입니다.

내달리는 짐승은 원래의 길로 갔습니다.

머리와 발굽을 움츠리고 감춘 때입니다.

모든 짐승은 머리 숙인 때입니다.
일만(一萬) 마리의 짐승이 쉬는 때입니다.
쉬는 사람이 잠든 때입니다.
소와 말은 우리에 가둔 때입니다.
백성들은 숨은 때입니다.
큰 나라의 자녀 백성들은 누운 때입니다.
방문과 창문을 닫은 때입니다.
붉은 등불을 소등한 때입니다.
작은 샤먼은 치마와 요령(腰鈴)을 묶었습니다. [27b]
신모(神帽)를 머리에 쓰고
샤먼은 작은 북과 북채를 잡았습니다.
80근 요령(腰鈴)을 허리춤에 묶고
90근 신모(神帽)를 머리 위에 착용하십시오!
20개의 나부끼는 띠를
표면 위에 못 박았습니다.
40개의 나부끼는 띠를
신모(神帽) 위에 꾸몄습니다.
샤먼은 몸에 치장하고
방문 안에서 일어나서
참으로 신주(神主)를 청하고
진실로 신주(神主)를 맞이합니다.
저녁에 주위 다니며
예쁜 신주(神主)를 청합니다.

밤에 주위 다니며

예의바른 신주(神主)를 청합니다.

신주(神主)들 조상(祖上)님들,

내려오는 때입니다.

신주(神主)들 조상(祖上)들,

배회하며 다니는 때입니다.

성경(盛京)에서 오셨습니다.

들판으로부터 내려오십시오!

산골짝으로부터 오셨습니다.

여러 신주(神主)들은 내려오십시오!

흰 구름으로부터

가장자리 위에 내려오십시오!

짙푸른 구름으로부터

위로부터 당신들 들어오십시오!

금(金)으로 된 창문으로

크신 신(神)은 내려오십시오!

은(銀)으로 된 창문으로

지혜로운 신주(神主)는 들어오십시오!

작은 북 소리를 들으시고

천리(千里) 밖에서[28a] 오셨습니다.

북 소리를 들으시고

만리(萬里) 밖에서 내려오십시오!

신모(神帽)가 예쁘므로 얼른 들어오십시오!

나부끼는 띠가 좋으므로 오시고

속히 와서 당신들 들어오십시오!

요령(腰鈴)이 예쁘므로 흩어져서 들어오십시오!

치마가 예쁘므로 힘껏 들어오십시오!

어깨에서 굽히시고 샤먼의 몸에서 바꾸십시오!

곧장 들어오시고 위엄 있게 내려오십시오! [28b]

[공란] [29a]

圖-30 신위(神位)를 설립하는 의식 [29b]

圖-31 띠[술]를 누를 때 축사(逐邪)하는 의식 [30a]

圖-32 굿[跳神]하는 의식 [30b]

圖-33 축사(逐邪)하는 의식 [31a]

씨족의 신(神)

신위(神位)의 소키 신주(神主)

안출란 무리하

아이피니 타스하

커리머 커쿠

니야술라 무리하 신(神)

일만(一萬)의 북

일천(一千)의 쇼서 신주(神主)

모든 씨족 사람들은

여덟 신위(神位)의
신주(神主)들을 청하였으므로
신위(神位)에 내려오십시오!
불렀으므로
지혜로운 신위(神位)에 내려오십시오!
방문 안에 들어오십시오!
참된 신(神)은 내려오십시오!
창문 안으로 들어오십시오!
신위(神位) 진열한 곳에서 쉬십시오!
신(神)께서 오시느라 피곤하시고
신주(神主)께서 내려오시느라 피로하셨습니다.
피곤하다 해도 어찌하겠습니까?
피로하다 해도 염려하지 마십시오!
신위(神位) 위에서 쉬십시오!
청한 사연을 당신들에게 고하고
사정을 당신에게 상주하고자 합니다!
분명하게 구하는 것입니다.
부질없이 구하는 것 아니고
일들이 있어서 구하는 것입니다.
헛되이 청하는 것 아니고
모든 씨족과 관련되어 있기 때문입니다.
여러 성씨(姓氏) 중에
모씨(某氏)의 씨족입니다.

모년생(某年生)의

씨족의 주인

맞이한 처(妻)

모년생(某年生)의 몸

기른 자식들

맞이한 며느리

번성한 손자들

모든 씨족 사람들은

노인들이 남긴 예(禮)로

때를 맞춰서 헌주(獻酒)합니다.

조상이 남긴 규례(規例)로 [31b]

가신(家神)을 제사지냅니다.

참된 뜻을 드러내고

정성을 다하였습니다.

낮에 일찍 일어나고

밤을 또 지나고

흉한 날을 버리고

길한 날을 골라서

오늘로 정해서

가신(家神)을 제사지냅니다.

풍요로운 봄과

부유한 가을철

재물과 돈을 내고

공전(工錢)을 사용하고
집사인(執事人)은 돼지를 가져와
뜰에 놓았습니다.
이미 다 준비하였고
여러 신주(神主)를 제사합니다.
이후로
씨족의 주인을 인애(仁愛)하십시오!
행하는 일마다 증험(證驗)있게 하시고
가는 곳마다 영험(靈驗)있게 하십시오!
선한 일을 행하면
악한 일을 가리게 하십시오!
좋은 사람을 만나면
나쁜 사람을 피하게 하십시오!
20명은 걸어서
40명은 말 위에서,
앞에서 가로막게 하시고
뒤에서 대적하십시오!
오는 재해를 막아내게 하시고
나쁜 기운을 소멸하게 하십시오!
나쁜 때를 기억하게 하시고
좋은 시절로 돌아가게 하십시오!
실수한 것을 저버리고
잘못한 것을 너그럽게 용서하여 주십시오!

나쁜 말을 닫아버리게 하시고
좋은 말을 남기게 하십시오!
다만 앉아서 살게 하시고
잘 앉아서 늙게 하십시오!
머리카락은[32a] 은(銀)처럼 희게 하시고
입의 치아는 금(金)처럼 누렇게 하십시오!
할아버지의 나이까지 살게 하십시오!
할머니의 나이에 이르게 하십시오!
아버지의 나이에 따르게 하십시오!
어머니의 나이를 넘게 하십시오!
백 년 동안 탈 없게 하시고
60년 동안 병 없게 하십시오!
8자식들 가득하게 하시고
9자식들 기르게 하십시오!
씨족부터 평안하게 하시고
집안은 깨끗하게 하십시오!
뜰의 안에서 감격하시면
평안히 살게 하십시오! [32b]

신위(神位)를 다 안치하고, 한 차례 굿한다. 굿과 송념(誦念)을 마친 뒤, 곧 시얀추[祥初] 신주(神主)를 청하여 안치한다. [32b]

하늘로부터 내려왔습니다.

대시얀추[大祥初]를 청하였습니다.

땅의 표면으로부터 오셨습니다.

세밀한 시얀추[祥初]를 청합니다.

저녁에 주위 다니고

예쁜 시얀추[祥初] 내려오십시오!

밤에 주위 다니고

예의바른 시얀추[祥初] 내려오십시오!

호조 홍고 총명한 제사의 신(神)

위엄 있는 주인은 내려오십시오!

진열한 신위(神位)에서 쉬십시오!

신(神)께서 오시느라 피곤하시고

신주(神主)께서 내려오시느라 피로하셨습니다.

피곤하다 해도 어찌하겠습니까?

피로하다 해도 염려하지 마십시오!

진열된 신위(神位) 위에서 쉬십시오!

청한 사연을 당신들에게 고하고

사정을 당신들에게 상주하고자 합니다!

작은 샤먼은 치마와 요령(腰鈴)을 묶고

신모(神帽)를 머리에 쓰십시오!

샤먼은 작은 북과 북채를 잡고

신주(神主)의 앞에 일어납니다.

분명하게 구하는 것이고

부질없이 구하는 것 아닙니다.

모든 씨족과 관련되어 있기 때문입니다.

여러 성씨(姓氏) 중에

모씨(某氏)입니다.

모년생(某年生)의

씨족의 주인

맞이한 처(妻)

모년생(某年生)의 몸

모든 씨족 사람들은

정성을 다하였습니다.

노인들은 예(禮)를 인도하고

조상의 규례(規例)를 따릅니다. [33a]

낮에 일찍 일어나고

조리해서 떡 만들었습니다.

밤이 지나가고

무리하 떡을 만들었습니다.

독한 소주를 내리고 단술을 빚었습니다.

앞에 향(香) 피워서 향 접시에 놓았습니다.

신주(神主) 가까이 제사하는 예(禮)이고

제사지내는 규례(規例)입니다.

기물(器物)을 사용하고

크게 제사지내고자

재물과 돈을 내고

공전(工錢)을 사용하고

집사인(執事人)은 돼지를 사서
뜰에 놓았습니다.
이미 다 준비하였고
진실로 신주(神主)를 헌주(獻酒)합니다.
이후로
씨족의 주인을 인애(仁愛)하십시오!
행하는 일마다 증험(證驗)있게 하시고
가는 곳마다 영험(靈驗)있게 하십시오!
선한 일을 행하면
악한 일을 가리게 하십시오!
좋은 사람을 만나면
나쁜 사람을 피하게 하십시오!
20명은 걸어서
40명은 말 위에서,
앞에서 가로막게 하시고
뒤에서 대적하십시오!
복(福)은 신주(神主)의 은덕(恩德)입니다.
교화(教化)하여 또 높은 지위에 오르면
큰 주인[大官]에 오르게 하고
황상(皇上)을 만나게 하고
큰 주인[大官]을 만나게 하고
대신(大臣)들 곁에서 보좌하게 하고자 합니다!
대대로 왕(王)의 지위보다 넘어서고

잎은[33b] 무성하고
뿌리는 번성하게 하십시오!
부유하게 살게 하시고
귀한 데 승진하게 하십시오!
번성한 자식들
큰 구들에 가득하게 하십시오!
번성한 손자들
부뚜막 구들에서 뛰어다니게 하십시오!
낳은 자식들 많고
제사지내는 일 당신들에게 많습니다.
대대로 끊이지 않고
연이어 제사지냅니다.
해마다 원망 없고
살면서 질병 면하게 하십시오!
오는 재해를 막아내게 하시고
나쁜 기운을 소멸하게 하십시오!
나쁜 때를 기억하게 하시고
좋은 시절로 돌아가게 하십시오!
실수한 것을 저버리고
잘못한 것을 너그럽게 용서하여 주십시오!
집안은 깨끗하게 하십시오!
뜰의 안에서 감격하십니다. [34a]

신위(神位) 안치하는 의식 마치고, 조상께 살아 있는 희생(犧牲)을 바친다. 여러 사람들은 춤춘 뒤에 한 차례 굿하고, 곧바로 제사지내고 송념(誦念)한다. [34a]

圖-34 한 쌍 춤추도록 할 때 신주(神主)를 헌주(獻酒)하는 의식 [34b]
圖-35 희생(犧牲)을 죽이는 사이에 송념(誦念)하며 부르는 의식 [35a]
圖-36 부녀자들을 춤추게 하는 의식 [35b]
圖-37 춤추는 의식 [36a]

청하여 온 신(神)!
불러온 신주(神主)들!
피곤하다 하여 어찌하겠습니까?
피로하다 하여 염려하지 마십시오!
신위(神位) 위에서 쉬십시오!
청한 사연을 당신들에게 고하고자 합니다!
여러 성씨(姓氏) 중에
모씨(某氏)입니다.
모년생(某年生)의
씨족의 주인
맞이한 처(妻)
모년생(某年生)의 몸
모든 씨족 사람들은
풍요로운 봄과

부유한 가을철에
재물과 돈을 내고
공전(工錢)을 사용하고
집사인(執事人)은 돼지를 가져와
신주(神主)께 바치고자 합니다!
진실로 신주(神主)의 은덕(恩德)
받아서 가지게 하고자 합니다.
이후로
씨족의 주인을 인애(仁愛)하십시오!
행하는 일마다 증험(證驗)있게 하시고
가는 곳마다 영험(靈驗)있게 하십시오!
선한 일을 행하면
악한 일을 가리게 하십시오!
좋은 사람을 만나게 하시고
나쁜 사람을 피하게 하십시오!
실수한 것을
저버리고
잘못한 것을
너그럽게 용서하십시오!
오는 재해를 막아내게 하시고
나쁜 기운을 소멸하게 하십시오!
나쁜 때를 기억하게 하시고
좋은 시절로 돌아가게 하십시오! [36b]

『제사전서무인송념전록(祭祀全書巫人誦念全錄)』 하(下)

송념(誦念)하며 조상을 경배한다. [1a]

圖-1 신위(神位) 설립하는 의식 [1b]

圖-2 샤먼이 춤추는 의식 [2a]

圖-3 각종 무고(巫鼓)를 함께 연주하는 의식 [2b]

圖-4 [설명 없음] [3a]

신위(神位)대로 상응하시는

씨족의 옹코 신(神)들이여,

가신(家神)들이시여,

온 가족이 당신들에게 구하는 것입니다.

크신 신(神)들이여,

두루 당신들을 청하였습니다.

여러 신주(神主)들이여
명백하게 불렀습니다.
성경(盛京)으로부터 오셨습니다.
옛 지역으로부터 내려오십시오!
청했다고 오셨습니다.
불렀다고 내려오십시오!
흰 구름 위에서 다니시어
가장자리의 위에 내려오십시오!
짙푸른 구름 위에서 다니시어
위로부터 당신들 들어오십시오!
신(神)께서 오시느라 피곤하시고
신주(神主)께서 내려오시느라 피로하셨습니다.
피곤하다 해도 어찌하겠습니까?
피로하다 해도 염려하지 마십시오!
신위(神位) 위에서 쉬십시오!
청한 사연을 당신들에게 고하고
사정을 당신들에게 상주하고자 합니다!
분명하게 구하는 것이고
부질없이 구하는 것 아닙니다.
모든 씨족과 관련되어 있기 때문입니다.
여러 성씨(姓氏) 중에
모씨(某氏)의 씨족입니다.
모년생(某年生)의

씨족의 주인
맞이한 처(妻)
모년생(某年生)의 부인
기른 자식들
맞이한 며느리
번성한 손자들
모든 씨족 사람들은
노인들이 남긴 예(禮)로
때 맞춰서 헌주(獻酒)합니다.
조상이 남긴 규례(規例)로
가신(家神)을 제사합니다.
참된 뜻을 드러내고
정성을 다하였습니다.
낮에 일찍 일어나고
밤이 또 지나고,
흉한 날을 버리고
길한 날을 골라서
오늘로 정해서
가신(家神)을 제사합니다.
풍요로운 봄, 봄철에 제사합니다.
버드나무를 부유한 가을철에 얻었습니다.
제육(祭肉)의 예(禮)입니다.
풍요로운 가을철에

내려오셔서 제육(祭肉)을 드시는 때입니다.

각종 풀을 대지 위에서 자라게 한 시절입니다.

씨족 신주(神主)를 [3b]

제사하는 규례(規例)입니다.

노인의 예(禮)

조상의 규례(規例)를 따라서

와제(瓦祭)하는 예규(禮規)로

헌주(獻酒)합니다.

가신(家神)을 제사하고자 제물 바쳐서

가신(家神)을 제사지냅니다.

경작한 곡물을 가져와

대(大) 제육(祭肉)을 만들었습니다.

농사지은 곡물을 가져와

정결한 제육(祭肉)을 준비하였습니다.

20개 쑥을 밖의 산[外山]에서 취했습니다.

40개 쑥을 높은 산[高山]에서 취했습니다.

낮에 일찍 일어나서 떡을 만들었습니다.

밤을 지나고 무리하 떡을 만들었습니다.

독한 소주 내리고 단술을 빚었습니다.

제사지내는 예(禮)이고

제사드리는 규례(規例)입니다.

노인들의 예(禮)를 버리지 않고

조상의 규례(規例)를 잊지 않습니다.

재물과 돈을 내고
공전(工錢)을 사용하고
집사인(執事人)은 돼지를 가져와
신주(神主)께 바치고자 합니다.
진실로 신주(神主)의 은덕(恩德)
받아서 가지셨습니다.
희생(犧牲)을 잡아서
정결한 제육(祭肉)을 만들었습니다.
대(大) 제육(祭肉)을 만들고
목반(木盤)의 탁상에 진열하였습니다.
진실로 신주(神主)를 헌주(獻酒)합니다.
참으로 신주(神主)를 제사지냅니다.
성경(盛京)으로부터 내려온 예(禮)입니다.
옛 지역으로부터 내려온 규례(規例)입니다.
이후로
씨족의 주인을 인애(仁愛)하고자 합니다!
참으로 신주(神主)를 인애(仁愛)하소서!
진실로 신주(神主)의 은덕(恩德)입니다.
행하는 일마다 증험(證驗)있게 하시고
가는 곳마다 영험(靈驗)있게 하십시오!
선한 일을 행하면
악한 일을 가리게 하십시오!
좋은 사람을 만나게 하시고

나쁜 사람을 피하게 하십시오!
20명은 걸어서
40명은 말 위에서,
앞에서 또 가로막게 하시고
뒤에서 또 대적하게 하십시오!
탄 말을 발 굽히지 않게 하십시오!
내는 발 내딛게 하시고
뒤의 발을 바치게 하십시오!
잡은 채찍을 전혀 떨어뜨리지 마십시오!
복(福)은 신주(神主)의 은덕(恩德)입니다.
교화(教化)하여 또 높은 지위에 오르면
큰 주인[大官]에[4a] 오르게 하시고
황상(皇上)을 만나게 하시고
큰 주인[大官]을 만나게 하시고
대신(大臣)들 곁에서 보좌하게 하십시오!
대대로
왕(王)의 지위보다 넘어서게 하십시오!
잎은 싹이 나고
뿌리는 번성하게 하십시오!
부유하게 살게 하시고
귀한 데 오르게 하십시오!
번성한 자식들이
큰 구들에 가득하게 하십시오!

번성한 손자들은
부뚜막 구들에서 뛰어다니게 하십시오!
낳은 자식들 많고
구하는 일 당신들에게 넘칩니다.
기른 손자들 넘치고
제사하는 일 당신들에게 많습니다.
대대로 끊이지 않고
연이어 제사합니다.
해마다 재해 없게 하시고
달마다 병 없게 하십시오!
오는 재해를 막아내게 하시고
나쁜 기운을 소멸하게 하십시오!
나쁜 때를 기억하게 하시고
좋은 시절로 돌아가게 하십시오!
실수한 것을 저버리고
잘못한 것을 너그럽게 용서하여 주소서!
나쁜 말을 닫아버리게 하시고
좋은 말을 남기게 하십시오!
다만 앉아서 살게 하시고
잘 앉아서 늙게 하십시오!
머리카락은 은(銀)처럼 희게 하시고
입의 치아는 금(金)처럼 누렇게 하십시오!
할아버지의 나이에 뒤따르게 하시고

할머니의 나이에 이르게 하십시오!

아버지의 나이에 따르게 하시고

어머니의 나이를 넘게 하십시오!

백 년 동안 또 탈 없고

60년 동안 병 없게 하십시오!

8자식들 가득하게 하고

9자식들 기르게 하십시오!

씨족부터 평안하게 하시고

집안은[4b] 깨끗하게 하십시오!

뜰의 안에서 감격하시면

평안히 살게 하여 주십시오! [5a]

圖-5 제육을 얻고 나서 먼저 3번 큰 소리로 송념(誦念)하고 뒤에 제육 바치고자 한다. [5b]

圖-6 제육 바치는 의식. 제헌(祭獻) 마치면 영혼[陽神]께 바치고자 한다. 제헌 마치면 여러 신주(神主)를 큰 소리로 송념(誦念)하여 보내고자 한다. [6a]

제육(祭肉)을 바칠 적에 소리쳐 송념(誦念)하고 바치는 말

큰 신(神)이시여!

두루 당신들을 청하였습니다.

여러 신주(神主)들이여!

분명하게 불렀습니다.
성경(盛京)에서 오셨습니다.
청했다고 오셨습니다.
옛 지역에서 내려오셨습니다.
불렀다고 내려오셨습니다.
지혜로운 신위(神位)에서 쉬십시오!
청한 사연을 당신들에게 고하고
사정을 당신들에게 상주하고자 합니다!
여러 성씨(姓氏) 중에
모씨(某氏)입니다.
모년생(某年生)의
씨족의 주인
맞이한 처(妻)
모년생(某年生)의 부인
모든 씨족 사람들은
정성을 다하였습니다.
풍요로운 봄
부유한 가을철에
재물과 돈을 내고
공전(工錢)을 사용하고
집사인(執事人)은 돼지를 사서
준비한 제육(祭肉)을
신주(神主)께 바치고자 합니다!

참으로 신주(神主)의 은덕(恩德)
받아서 가지셨습니다.
이후로
신주(神主)를 인애(仁愛)하십시오!
행하는 일마다 증험(證驗)있게 하시고
가는 곳마다 영험(靈驗)있게 하십시오!
선한 일을 행하면
악한 일을 가리게 하십시오!
좋은 사람을 만나게 하시고
나쁜 사람을 피하게 하십시오!
20명은 걸어서
40명은 말 위에서,
앞에서 가로막게 하시고
뒤에서 대적하게 하십시오!
오는 재해를 막아내게 하시고
나쁜 기운을 소멸하게 하십시오!
나쁜 때를 기억하게 하시고
좋은 시절로 돌아가게 하십시오!

세 번 소리쳐서 송념(誦念)을 마치면 즉시 신모(神帽)와 요령(腰鈴)을 착용하고 준비한 제육(祭肉)을 바치고자 합니다. 바치는 것을 마치면 한 번 굿합니다. 굿하는 것을 마치면 다시 세 번 소리쳐 송념(誦念)하고 신주(神主)를 전송하고자 합니다. 마치면 비로소 배등(背燈) 제사하게 하십시오! 이어서 제육(祭肉)을 드리는 말을[6b] 영혼(靈魂)께 바치고자 합니다!

씨족의 신(神)

신위(神位)의 소키 신주(神主)입니다.

안출란 무리하 신(神)

아이피니 타스하

키리머 커쿠

니야솰라 무리하 신(神)들

일만(一萬)의 북

일천(一千)의 쇼서 신주(神主)들

하늘에서 내려오셨습니다.

대시얀추[大祥初] 신주(神主)들

땅으로부터 주위 다닙니다.

금(金)으로 된 시얀추[祥初] 신(神)

호조 훙고의 신(神)

위엄 있는 주인에게 구하는 것입니다.

작은 샤먼은

치마와 요령(腰鈴)을 묶고

신모(神帽)를 머리에 쓰고

작은 북을 손으로 잡고

신주(神主)의 앞에서 일어납니다.

분명하게 구하는 것이고

부질없이 구하는 것 아닙니다.
사정이 있어서 구하는 것이고
헛되이 청하는 것 아닙니다.
모든 씨족과 관련되어 있기 때문입니다.
여러 성씨(姓氏) 중에
모씨(某氏)의 씨족입니다.
모년생(某年生)의
씨족의 주인
맞이한 처(妻)
모년생(某年生)의 부인
기른 자식들
맞이한 며느리
번성한 손자들
모든 씨족 사람들은
노인들이 남긴 예(禮)로
때 맞춰서 헌주(獻酒)하고
가신(家神)을 제사지냅니다.
참된 뜻 드러내고
정성을 다하였습니다.
낮에 일찍 일어나고
밤이 또 지나가고
나쁜 날을 버리고
좋은 날을 골라서

오늘로 정해서
가신(家神)을 제사드립니다.
풍요로운 봄과
부유한 가을철입니다.
금(金)으로 된 향로(香爐)에 담게 하였습니다.
한 쌍의 향(香)을 켜고
술판 향(香)을 켰습니다.
쑥향(香)을 바치고
독한 술을 담그고 단술[甘酒]을 빚었습니다.
정결한 떡을 준비하였고 무리하 떡을 만들었습니다.
갖가지 물건을 가져와[7a]
신주(神主) 가까이에 제물 바칩니다.
제사지내는 예(禮)이고
제사드리는 규례(規例)입니다.
노인들의 예(禮)를 버리지 않고
조상의 규례(規例)를 잊지 않습니다.
재물과 돈을 내고
공전(工錢)을 사용하고
집사인(執事人)은 돼지를 가져와
신주(神主)께 바치고자 합니다!
참으로 신주(神主)의 은덕(恩德)
받아서 가지셨습니다.
희생(犧牲)을 잡아서

정결한 제육(祭肉)을 만들었습니다.
대(大) 제육(祭肉)을 만들고
목반(木盤)의 탁상에 진열하였습니다.
진실로 신주(神主)를 헌주(獻酒)하고
참으로 신주(神主)를 제사드립니다.
성경(盛京)으로부터 전해온 예(禮)입니다.
옛 지역에서 내려온 규례(規例)입니다.
제기(祭器)를 사용하여
크게 제사지냅니다.
이후로
씨족의 주인을 인애(仁愛)하소서!
참으로 신주(神主) 인애(仁愛)하소서!
진실로 신주(神主)의 은덕(恩德)입니다.
어른으로부터 젊은이들까지
행하는 일마다 증험(證驗)있게 하시고
가는 곳마다 영험(靈驗)있게 하십시오!
선한 일을 행하면
악한 일을 가리게 하십시오!
좋은 사람 만나면
나쁜 사람 피하게 하십시오!
20명은 걸어서
40명은 말 위에서,
앞에서 가로막게 하시고

뒤에서 대적하게 하십시오!

좋은 기회를 만나게 하시고

나쁜 기운을 소멸하게 하십시오!

재물을 모두 얻게 하시고

식구 수를 모두 늘어나게 하십시오!

복록(福祿)을 증가하게 하시고

풍요롭게 살게 하십시오!

신주(神主)께서 은덕(恩德)을 베푸시고

자애(慈愛)하시고 베풀어 주십시오!

모은 복(福)을 전부 다 얻게 하십시오!

만년(萬年) 복(福)을

가슴 속에 얻게 하시고

천년(千年) 복(福)을

축적하여 얻게 하십시오!

아홉 가지의 복(福)을

익숙하게 얻게 하시고

여덟 가지의 복(福)을

가득히 얻게 하십시오!

복(福)을 베풀어 주십시오! [7b]

신주(神主)들을 돌보고

신주(神主)를 거들어 돕고

신(神)을 인애(仁愛)합니다.

머리에 이고 어깨에 메고

기쁘고 좋은 일을 만나게 하십시오!

함께 또 늙고

짝으로 또 살게 하십시오!

살면서 또 부유하게 하시고

도와서 또 높은 지위에 오르게 하십시오!

잎에는 싹이 나고

뿌리는 번성하게 하십시오!

영원히 살게 하십시오!

먹은 음식을 살[肉]이 되게 하시고

마신 물을 골수(骨髓)에 스며들게 하십시오!

입의 음식을 맛있게 먹게 하시고

혀의 음식을 입맛에 맞게끔 보태십시오!

흰 얼굴을 잘라내고

붉은 얼굴을 자라게 하십시오!

장수하게 하시고

뿌리는 깊게 하십시오!

부유한 데 살게 하시고

귀한 데 오르게 하십시오!

효도하는 자식들 낳고

순종하는 손자들 번성하게 하십시오!

오는 재해를 막아내게 하시고

나쁜 기운을 소멸하게 하십시오!

나쁜 때를 기억하게 하시고

좋은 시절로 돌아가게 하십시오!
실수한 것을 저버리고
잘못한 것을 너그럽게 용서하여 주소서!
나쁜 말을 닫아버리게 하시고
좋은 말을 남기십시오!
다만 앉아서 살게 하시고
잘 앉아서 늙게 하십시오!
머리카락은 은(銀)처럼 희게 하시고
입의 치아는 금(金)처럼 누렇게 하십시오!
할아버지의 나이까지 살게 하시고
할머니의 나이에 이르게 하십시오!
아버지의 나이에 뒤따르고
어머니의 나이를 넘게 하십시오!
백 년 탈 없이 살게 하시고
60년 병 없이 살게 하십시오!
8자식 가득하게 하게 하시고
9자식 기르게 하십시오!
씨족부터 평안하게 하시고
집안은 깨끗하게 하십시오!
뜰의 안에서 감격하시면
평안히 살게 하여 주십시오! [8a]

제육(祭肉)을 바치는 일을 마치면 한 번 굿합니다. 굿하기 마치면 세

번 큰 소리로 송념(誦念)하고 신주(神主)를 전송하게 합니다. 이어서 제육(祭肉)을 바치는 말

할아버지, 할머니
아버지, 어머니
씨족의 정결한
영혼을 청하고자 합니다!
청했다고 오셨고
불렀다고 내려오셨습니다.
어둑한 곳으로부터 와서
영혼(靈魂)을 제사합니다.
성(省)으로부터 와서
노인들을 헌주(獻酒)합니다.
할아버지, 할머니의 영혼
아버지, 어머니의 영혼
노인들 영혼이여,
당신들은 들으십시오!
신주(神主)의 곁에
신위(神位)를 진열하고
신주(神主)처럼 헌주(獻酒)합니다.
참된 뜻 드러내고
정성을 다하였습니다.
당신의 번성한 자손들은

모년생(某年生)의 몸[을]
성심껏 효도하고
노인들께 헌주(獻酒)합니다.
재물과 돈을 내고
작은 새끼돼지를 가져와서
준비한 제육(祭肉)을
노인들의 영혼 앞에 바치고자 합니다!
노인들 자신들의 은덕(恩德)
받아서 가지셨습니다.
이후로
당신의 자손들을 인애(仁愛)하소서!
행하는 일마다 증험(證驗)있게 하시고
가는 곳마다 영험(靈驗)있게 하십시오!
선한 일을 행하면
악한 일을 가리게 하십시오!
좋은 사람을 만나게 하시고
나쁜 사람을 피하게 하십시오!
20명은 걸어서
40명은 말 위에서,
앞에서 가로막게 하시고
뒤에서 대적하게 하십시오!
오는 재해를 막아내게 하시고
나쁜 기운을 소멸하게 하십시오!

나쁜 때를 기억하게 하시고
좋은 시절로 돌아가게 하십시오! [8b]

영혼의 앞에 제육(祭肉) 바치는 것을 마치면 즉시 대(大) 신주(神主)의 앞에 제육(祭肉)을 바치고자 합니다. 이어서 제육(祭肉) 바치는 말. 제육(祭肉) 바칠 적에 큰 소리로 하는 말

씨족의 신(神)
신위(神位)의 신주(神主)
안출란 무리하
아이피니 타스하
키루머 커쿠
니야슐라 무리하
일만(一萬)의 북[鼓]
일천(一千)의 쇼서 신주(神主)
모든 씨족 사람들
여덟 신위(神位)의 신주(神主)들을 청했으므로
신위(神位)에서 또 쉬십시오!
불렀으므로 몸으로 들어오십시오!
신(神) 오시느라 피곤하시고
신주(神主) 내려오시느라 피로하셨습니다.
피곤하다 해도 어찌하겠습니까?
피로하다 해도 염려하지 마십시오!

청한 사연을 당신들에게 고하고
사정을 당신들에게 상주하고자 합니다!
여러 성씨(姓氏) 중에
모씨(某氏)의 씨족입니다.
모년생(某年生)의
씨족의 주인
맞이한 처(妻)
모년생(某年生)의 부인
재물과 돈을 내고
공전(工錢)을 사용하고
집사인(執事人)은 돼지를 가져와
준비한 제육(祭肉)을
신주(神主)께 바치고자 합니다!
참으로 신주(神主)의 은덕(恩德)
풍요롭게 얻게 하고자 합니다.
이후로
씨족의 주인을 인애(仁愛)하소서!
행하는 일마다 증험(證驗)있게 하시고
가는 곳마다 영험(靈驗)있게 하십시오!
선한 일을 행하면
악한 일을 가리게 하십시오!
좋은 사람을 만나면
나쁜[9a] 사람을 피하게 하십시오!

20명은 걸어서
40명은 말 위에서,
앞에서 가로막게 하시고
뒤에서 대적하게 하십시오!
신주(神主)의 은덕(恩德)에 인애(仁愛)하소서!
복록(福祿)을 얻게 하십시오!
여러 신주(神主)들,
준비한 제육(祭肉)을
풍요롭게 얻게 하였으므로
원래의 신위(神位)에 오르게 하고
여러 신주(神主)들을 전송하고자 합니다!
다만 배등(背燈) 제사하는 신주(神主)를 남기고
규례(規例)대로 배등(背燈) 제사하고자 합니다!

이어서 배등(背燈) 제사하는 말 [9b]

圖-7 등잔 끄고 배등(背燈) 제사하는 의식
시얀추[祥初] 신주 [10a]
圖-8 [설명 없음] [10b]

신위(神位)에 앉은 시얀추[祥初]
신주(神主)께 빌고자 합니다.
여러 성씨(姓氏) 중에

모씨(某氏)입니다.

모년생(某年生)의

씨족의 주인

맞이한 처(妻)

모년생(某年生)의 부인

모든 씨족 사람들은

한마음으로

일심동체 되어

재물과 돈을 내고

공전(工錢)을 사용하고

집사인(執事人)은 돼지를 가져와

신주(神主)께 바치고자 합니다!

신주(神主)의 은덕(恩德)에 인애(仁愛)하시고

받아서 가지셨습니다.

시얀추[祥初] 신주(神主)를 남기고

규례(規例)대로 배등(背燈) 제사합니다.

우리 세대에서 해야 하는 일입니다.

나쁘게 생각하지 마십시오!

이후로

씨족의 주인을 인애(仁愛)하십시오!

행하는 일마다 증험(證驗)있게 하시고

가는 곳마다 영험(靈驗)있게 하십시오!

선한 일을 행하면

악한 일을 가리게 하십시오!
좋은 사람을 만나게 하시고
나쁜 사람을 피하게 하십시오!
20명은 걸어서
40명은 말 위에서,
앞에서 가로막게 하시고
뒤에서 대적하게 하십시오!
오는 재해를 막아내게 하시고
나쁜 기운을 소멸하게 하십시오!
나쁜 때를 기억하게 하시고
좋은 시절로 돌아가게 하십시오! [11a]

[공란] [11b]

자손줄 바꾸기[換索] 제1차

실내(室內)에서 식탁을 놓고, 서쪽 구들[炕] 아래 탁자 위에 맑은 물[淨水] 1잔, 수병(水餠) 떡 2접시, 매 접시마다 9개를 놓는다. 향(香) 접시 1개에는 향을 피우기 시작한다. 살진 새끼돼지를 연결된 끈으로 묶고, 다시 왼쪽 [오른쪽] 뒷다리를 묶어서 위쪽으로 해서 실내 탁자 앞에 눕혀 둔다. 사람을 1명 보내서 버들가지를 청해오고, 왼손으로는 자손줄을 잡아당기고 오른손으로는 버들가지를 청한다. 송념(誦念)을 마치면, 두 사람을 보내서 탁자를 뜰로 들어내고, 돼지와 자손줄과 버들가지를 뒤따르게 한다. '성모신간[聖母, 媽媽神杆]' 앞에 이르러 탁자를 내려놓고 돼지는 탁자 앞에서 묶는다. 버들가지는 신간(神杆) 위에 매어두고, 3가닥의 새 삼끈으로 고정시킨다. 자손줄을 첫 번째 고정시킨 가닥 위에 묶는다. 버들가지 위의 이삭가지[수술] 3개 중에, 위쪽은 9가닥, 왼쪽은 7가닥, 오른쪽은 5가닥으로 드리운다. [12a]

圖-9 방문 안에서 불다성모(佛多聖母)를 제사할 때 신위(神位) 진열하는 의식 [12b]

圖-10 씨족의 여러 사람들이 무릎 꿇은 의식 [13a]

하늘에서 내려오신 크신 성모(聖母)
위로부터 내려오신 영광의 성모(聖母)
바다에서 오신 지혜의 성모(聖母)
나라를 다스리는 공훈의 성모(聖母)
현자(賢者)를 다스리는 밝은 성모(聖母)
일가친척을 다스리는 솜씨 있는 성모(聖母)
자손들을 번창하게 하는 인애(仁愛)로운 성모(聖母)
굳센 버들가지 자손성모(子孫聖母)
예(禮)를 갖춘 신령한 성모(聖母)
신위(神位)께 분명하게 구하는 것입니다.
여러 성씨(姓氏) 중에
모씨(某氏)입니다.
모년생(某年生)의
씨족의 주인

맞이한 처(妻)

모년생(某年生)의 부인

기른 자식들

맞이한 며느리

번성한 손자들

모든 씨족 사람들은

한마음으로

일심동체 되어

정성을 다하였습니다.

풍요로운 봄과

부유한 가을철에

재물과 돈을 내고

공전(工錢)을 사용하고

집사인(執事人)은 새끼돼지를 가져와

신령하신 성모(聖母)께 바치고자 합니다!

참으로 자손성모(子孫聖母)의 은덕(恩德)

받아서 가지셨습니다.

이후로

씨족의 주인을 인애(仁愛)하십시오!

행하는 일마다 증험(證驗)있게 하시고

가는 곳마다 영험(靈驗)있게 합니다.

선한 일을 행하면

악한 일을 가리게 하십시오!

좋은 사람을 만나게 하시고

나쁜 사람을 피하게 하십시오!

20명은 걸어서

40명은 말 위에서,

실수한 바 있으면[13b] 저버리고

잘못한 바 있으면 너그럽게 용서하여 주소서!

오는 재해를 막아내게 하시고

나쁜 기운을 소멸하게 하십시오!

나쁜 때를 기억하게 하시고

좋은 시절로 돌아가게 하십시오! [14a]

[자손줄 바꾸기] 제2차

뜰 안에서 살아 있는 희생을 바친다. 제사 주관하는 남자는 향(香) 접시를 받들고, 여자는 샤먼[巫人]의 송념(誦念)이 끝나기를 기다렸다가 맑은 물[淨水]을 사용하여 돼지의 귀에 뿌린다. 돼지가 머리를 흔들고 소리를 지르면 신령(神靈)께 응납된 것이다. 이어서 곧바로 소리나게 고두(叩頭)하고 일어나서 돼지 잡는 것을 기다린다. [14a]

圖-11 뜰에서 불다성모(佛多聖母)께 희생 바치는 의식 [14b]

圖-12 무릎 꿇고 향(香) 피우고 바치는 의식 [15a]

하늘로부터 내려오셨습니다. 크신 성모(聖母) 위로부터 오셨습니다. 영광의 성모(聖母) 바다로부터 오셨습니다.

천선성모, 벽하원군(天仙聖母, 碧霞元君)

자손성모, 광사원군(子孫聖母, 廣嗣元君)

영광성모, 갑구원군(榮光聖母, 閘口元君)

지용성모, 현묘원군(智勇聖母, 玄妙元君)

공훈성모, 운용원군(功勳聖母, 運用元君)

명량성모, 청목원군(明亮聖母, 淸目元君)

교승성모, 인몽원군(巧勝聖母, 引蒙元君)

인덕성모, 배시원군(仁德聖母, 陪始元君)

문리성모, 두진원군(文理聖母, 豆疹元君) [15b]

[자손줄 바꾸기] 제3차

제육(祭肉)을 얻고서, 첫 번째 사발은 창미반(倉米飯)과 숟가락 1개를 둔다. 두 번째 사발의 제육(祭肉) 위에는 1촌(寸) 길이의 혈장(血腸) 다섯 덩이를 놓는데, 위로 오른쪽 갈빗대 3개, 젓가락 한 쌍을 덮어 놓는다. 세 번째 사발에는 창미반 한 그릇에 숟가락 1개를 둔다. 네 번째 사발의 제육(祭肉) 위에는 1촌 길이의 혈장(血腸) 일곱 마디, 위에 왼쪽 갈빗대 5개, 젓가락 한 쌍을 덮어 놓는다. 제사를 주관하는 사람은 손으로 향(香) 접시를 들고 제사지내고, 샤먼은 송념(誦念)한다. [16a]

圖-13 제육 얻어서 불다성모(佛多聖母)께 바치는 의식 [16b]

圖-14 씨족 사람 전부가 무릎 꿇고 제육 바치며 고두한다. [17a]

하늘에서 내려오셨습니다.

크신 성모(聖母)

위에서 오셨습니다.

영광의 성모(聖母)

바다에서 오셨습니다.

지혜의 성모(聖母)

나라를 다스리는

공훈(功勳)의 성모(聖母)

현자(賢者)를 다스리는

밝으신 성모(聖母)

씨족을 다스리는

솜씨 좋으신 성모(聖母)

자손들을 번창하게 하는

인애(仁愛)로우신 성모(聖母)

버드나무 가지

자손 성모(聖母)

위엄 있는 신령한 성모(聖母)

신위(神位)께

분명하게 구하는 것

여러 성씨(姓氏) 중에

서서각라씨(舒舒覺羅氏)

모년생(某年生)의

씨족의 주인

맞이한 모년생(某年生)의 처(妻)

친아우

모든 친자식

조카 손자들

집안 전부

모든 씨족 사람들은

한마음으로

일심동체 되어

정성을 다하였습니다.

풍요로운 봄과

부유한 가을철에

재물과 돈을 내고

공전(工錢)[17b] 돈을 사용하고

노란 떡을 사오고

집사인(執事人)은 새끼돼지를 가져와

신령한 성모(聖母)께 바치고자 합니다!

구하는 것은 여러 성모(聖母)의 은덕(恩德)

받아서 가지셨습니다.

이후로

씨족의 주인을 인애(仁愛)하십시오!

공적인 일과 사사로운 일을

모두 순탄하게 하십시오!

행하는 일마다 증험(證驗)있게 하시고

가는 곳마다 영험(靈驗)있게 하십시오!

선한 일을 행하면
악한 일을 가리게 하십시오!
좋은 사람을 만나게 하시고
나쁜 사람을 피하게 하십시오!
20명은 걸어서
40명은 말 위에서,
앞에서 가로막게 하시고
뒤에서 대적하게 하십시오!
실수한 일 있으면 저버리고
잘못한 일 있으면 너그럽게 용서하십시오!
대대로 끊어지지 않고
연이어 제사하고
자손들 많게 하십시오!
백 년 동안 재해 없게 하시고
달마다 오는 재해를 막아내십시오!
나쁜 기운을 소멸하게 하십시오!
나쁜 때를 기억하게 하시고
좋은 시절로[18a] 돌아가게 하십시오!
가족 전부 병 없게 하시고
집안은 깨끗하게 하십시오!
뜰의 안에서 감격하시면
평안히 살게 하여 주십시오! [18b]

圖-15 제사 마치고서 어린 아이들 남아있게 하고, 씨족 사람들은 방문으로 들어가고 뒤따라서 돌[石]에서 제육을 먹고 다시 들어가게 하는 의식 [18b]

圖-16 제사 마치고 그로부터 복(福)을 거두려는 의식 [19a]

圖-17 수병(水餠) 떡 먹는 의식 [19b]

圖-18 [설명 없음] [20a]

圖-19 [설명 없음] [20b]

圖-20 [설명 없음] [21a]

圖-21 [설명 없음] [21b]

각 항목의 제사를 온전히 마치고, 뒤에 혹 부모에게 질병 있으면 허원(許愿) 제사를 한다. 제사지낼 여력이 없으면 정결한 종이 보내기를 1백일을 한다. 작은 궤(几)에서 떨어져서 면저신(麵猪神)을 제사하는데, 또한 살아 있는 희생(犧牲)을 대신하고, 살아 있는 희생과 같은 규례(規例)로 제사한다.

고두(叩頭)를 마치고, 기장수숫대 1개에 경문(經文)을 쓴 흰 종이 3장을 끼운다. 실내에 이르러 병자의 아픈 부위에 마찰하고 한 차례 송념(誦念)을 마친다. 그 종이를 들고서 병자를 한 번 응시하고, 고개를 돌려서 곧장 문밖으로 종이를 내보낸다. 날짜[期日]는 자신이 직접 결정하는데, 3・6・9일이나 2・5・8일이나 1・4・7일 모두 가능하다. 자신이 출생한 같은 날은 제외하는데, 하루 전이나 하루 미루어도 또한 가능하다. [22a]

圖-22 [설명 없음] [22b]

圖-22 [설명 없음] [23a]

푸른 하늘이시여,
푸른 타이지이시여,
천신(天神)이시여,
금(金) 기둥을 지탱하십시오!
부처님 한(汗)이시여,
현령(顯靈)하십시오!
정결하고 검소한 것을 보내드리기 위하여
정결한 희생의 시신을 보내드리는 까닭에
뜰 안에서 준비하고
천신(天神)께서 들으시게 하고자 합니다.
여러 성씨(姓氏) 중에
모씨(某氏)입니다.
모년생(某年生)의
씨족의 주인
맞이한 처(妻)
모년생(某年生)의 부인
기른 자식들
모년생(某年生)의 몸
맞이한 며느리
모년생(某年生)의 부인

번성한 손자들
모년생(某年生)의 몸
모든 씨족 사람들은
정성을 다하였습니다.
어떤 기쁜 일을 위하여
한마음으로
일심동체 되어
부유한 가을철에
길한 날을 고르고[23b]
흉한 날을 버려서
오늘로 정해서
높으신 하늘[上天]을 헌주(獻酒)하고자 합니다.
재물과 돈을 내고
공전(工錢)을 사용합니다.
은덕(恩德)을 베풀게 하시고
받아서 당신들에게 가지게 하고자 합니다!
희생(犧牲)을 잡아서
정결한 제육(祭肉)을 바쳤습니다.
이후로
모년생(某年生)의
작은 몸 사내
맞이한 처(妻)
모년생(某年生)의 부인

참된 뜻을 드러내고

정성을 다하였습니다.

천은(天恩)을 베풀게 하고자 합니다.

씨족의 주인을 인애(仁愛)하십시오!

행하는 일마다 증험(證驗)있게 하시고

가는 곳마다 영험(靈驗)있게 하십시오!

선한 일을 행하면

악한 일을 가리게 하십시오!

좋은 사람을 만나게 하시고

나쁜 사람을 피하게 하십시오!

20명은 걸어서

40명은 말 위에서,

앞에서 가로막게 하시고

뒤에서 대적하게 하십시오!

탄 말을 발 굽히지 않게 하십시오!

내는 발 내딛게 하시고

뒤의 발을 바치게 하십시오!

잡은 채찍을 전혀 떨어뜨리지 마십시오!

하늘의 은덕[天恩] [24a]

베풀게 하고자 합니다.

교화(敎化)하여 또 높은 지위에 오르면

큰 주인[大官]을 만나게 하고

대신(大臣)들 곁에서 보좌하게 하고자 합니다!

대대로 왕(王)의 지위보다 넘어서게 하십시오!

잎은 싹이 나고

뿌리는 번성하게 하십시오!

훌륭한 인재로 성장하고

귀한 데 번영하게 하십시오!

번성한 자식들

큰 구들에 가득 차게 하십시오!

번성한 손자들

부뚜막 구들에서 뛰어다니게 하십시오!

낳은 친자식들 많고

구하는 일 당신들에게 가득합니다.

기른 손자들 가득하고

제사하는 일 당신들에게 많습니다.

대대로 끊이지 않고

연이어 제사합니다.

해마다 재해 없게 하시고

달마다 질병 없게 하십시오!

오는 재해를 막아내게 하시고

나쁜 기운을 소멸하게 하십시오!

나쁜 때를 기억하게 하시고

좋은 시절로 돌아가게 하십시오!

실수한 것을 저버리고

잘못한 것을 너그럽게 용서하십시오!

나쁜 말을 닫아버리게 하시고
좋은 말을 남기게 하십시오!
다만 앉아서 살게 하시고
잘 앉아서 늙게 하십시오!
머리카락은 은(銀)처럼 희게 하시고
입의 치아는 금(金)처럼 누렇게 하십시오!
할아버지의 나이까지 살게 하시고
할머니의 나이에 뒤따르게 하시고
어머니의 나이를 넘어서게 하십시오!
백 년 동안 탈 없고
60년 병 없게 하십시오!
8자식들 가득하게 하시고
9자식들 기르게 하십시오!
씨족부터 평안하게 하시고
집안은 깨끗하게 하십시오!
뜰의 안에서 감격하시면
평안히 살게 하여 주십시오!

송정지(送淨紙) 의식을 마치면 정결한 종이를 사람을 보내서 길거리로 보낼 적에 보내게 합니다. [24b / 25a]

건륭(乾隆) 36년 정묘년(丁卯年), 본 씨족(氏族) 중 정(正) 샤먼, 휘(諱) 상청(常靑)은 경건한 마음으로 예(禮)를 갖추고, 서서각라(舒舒覺羅) 씨의 영원한 규례 의식을 계승하여 지었다.

제사전서무인송념전록(祭祀全書巫人誦念全錄)

圖-24 [설명 없음] [25b]

[공란] [26a]

圖-25 [설명 없음] [26b]

圖-26 [설명 없음] [27a]

圖-27 [설명 없음] [27b]

圖-28 [설명 없음] [28a]

圖-29 [설명 없음] [28b]

圖-30 신간(神杆)의 앞에 바치는 의식. 제문(祭文) 완비하였다. [29a]

圖-31 [설명 없음] [29b]

圖-32 [설명 없음] [30a]

[공란] [30b]

일항(一項)

환원식양(還愿式樣)

일항(一項)

배등식양(背燈式樣)

일항(一項)

도신식양(跳神式樣)

일항(一項)

제몽고조종식양(祭蒙古祖宗式樣)

일항(一項)

환쇄식양(換鎖式樣)

일항(一項)

타망식양(打蟒式樣)

일항(一項)

송정지식양(送淨紙式樣)

일항(一項)

중수세보인등(重修世譜人等) [31a/b]

찾아보기

ㄹ

ㅁ

ㅂ

ㅅ

ㅇ

ㅎ

필자 소개

최용철 崔溶澈, Choe, Yong-Chul

고려대학교 교수, 민족문화연구원 원장. 고려대 중문과를 졸업하고 국립대만(臺灣)대학에서 『청대 홍학의 연구』로 박사학위를 취득하였다. 『금오신화의 판본』, 『홍루몽의 전파와 번역』, 『전등삼종』(상・하), 『홍루몽』 1~6(공역), 「中國小說의 滿洲語 번역본 目錄에 대한 고찰」 등의 저술이 있으며, 명청소설과 번역학, 만주학, 동아시아교류사 등에 관심을 두고 있다.

박종천 朴鍾天, Park, Jong-Chun

고려대학교 민족문화연구원 HK교수. 종교학과 철학을 전공했으며 조선시대 의례에 대한 연구를 진행 중이다. 저서에 『서울의 제사, 감사와 기원의 몸짓』, 『다산 정약용의 의례이론』, 『예, 3천 년 동양을 지배하다』, 『역주 국조전례고』 등이 있고, 「성호학파의 친족의식과 의례생활－광주안씨 종계를 중심으로」, 「16~17세기 禮問答으로 살펴본 退溪와 退溪學派 禮學」 외 다수의 논문이 있다.

김수경 金洙景, Kim, Soo-Kyoung

고려대학교 민족문화연구원 만주학센터 연구원. 중일비교문학을 전공했으며 동아시아 설화의 영향관계에 대한 연구를 진행하고 있다. 만주족 설화집 『언두리가 들려주는 끝나지 않는 이야기』(공역)를 번역했으며, 「17세기 『三才子書』의 韓・日傳播와 刊行」, 「滿文『尸語故事』의 소개와 번역」, 「滿文本『언두리가 들려주는 끝나지 않는 이야기』의 문학사적 의의」 등의 논문이 있다.

송강호 宋康鎬, Song, Kang-Ho

고려대학교 민족문화연구원 만주학센터 연구원. 중문학을 전공했으며 북경어, 만주어, 삼국지연의 등에 관심을 두고 연구를 진행하고 있다. 논저 및 번역에 『만한합벽 삼국지』, 『중국어 한자의 어원』, 「『清文啓蒙』의 滿洲式 漢語에 대한 考察」, 「三田渡大清皇帝功德碑의 研究」, 「『삼역총해』의 한글 번역과 판본학적 고찰」, 「청대 만주어로 번역된 한적 연구」 등이 있다.